福岡市文学館選書 1

黒田如水

福本日南

発行—福岡市文学館
発売—海鳥社

「福岡市文学館選書」の刊行について

福岡市文学館は、多くの皆様のご支援により、おかげさまで平成二十五年度に十一周年を迎えました。

福岡ゆかりの文学者の優れた著作の中には、絶版や未刊行などにより、手に取って読むことのできなくなったものがあります。そのような作品をもっと多くの方に読んでいただきたいという思いから、福岡市文学館は新たな事業として、「福岡市文学館選書」を刊行することにいたしました。

第一巻目は、平成二十五年度企画展「さとはふくおか ―― 作家たちに愛された黒田官兵衛」において展示資料の一つとしてご紹介いたしました明治期の文人、ジャーナリストである福本日南著『黒田如水』（明治四十四年、東亜堂書房刊）です。解説は、石瀧豊美氏にお願いいたしました。広くご愛読いただければ幸いです。

刊行にあたり、福本家はじめ多くの皆様にご協力いただきましたことを深く感謝いたします。

平成二十五年十一月

福岡市文学振興事業実行委員会
福岡市教育委員会総合図書館

黒田如水

福本日南著

・前頁の口絵は、『黒田如水』（明治44年5月1日、東亜堂書房刊）の表紙をそのまま収録しました。篆刻で刻んだような特徴的な題字は、日南自身の書をあしらったものです。
・次頁の口絵は、『黒田如水』所載の黒田如水の筆跡と洗礼名シメオン・ジョスイのローマ字印です。
・本文は明治44年5月1日発刊、東亜堂書房を使用しました。
・本文中には、人権の観点から見て不適切な語句、表現、現在では明らかな学問上の間違いもありますが、原文のテキストを尊重し、そのまま収載しました。
・原文における明らかな活字の欠け等は、一部修訂を加えています。

敍言

彼戲園に看よ。劇の一世に稱せらるゝものは、作者の作、優者の優と、雙絶なるものならずばあらず。一世の洪業に於ても亦然り。殷湯、夏を伐てば、伊尹之を扶け、周武、殷を征すれば、呂望之を翼く。高祖何に由りて乎龍驤せし。其後車に張良あり。昭烈何に由りて乎虎嘯せし。

其帷中に諸葛あり。太閤一代の事業に察するも、我其の二兵衛に負ふもの、尠少ならざるを知れり。

二兵衛とは誰ぞや。竹中半兵衛重治なり。黒田官兵衛孝高なり。一は太閤を筑前守時代に扶け、他は之を筑前守より關白及太閤時代まで翼く。一は太閤より廿年の前に死し、他は太閤より七年の後に逝けり。扶翼時を同くせずと雖も、其の太閤の爲に參畫せしや、則ち一なり。故に太閤の事業を知らんと欲せば、半面に二兵衞を看んことを要す。何となれば、二兵衞は作者、太閤は名優なればなり。唯重治の死や太だ早し。其行實概見せず。之に反し、孝高の太閤に追隨する廿餘年、鱗甲首尾悉く露はる。且つ彼の人となり、作者にして優者を兼ぬ。其規模固より太閤に及ばずと雖も、亦裕に良優の域に入れるものあり。　彼の意氣　畫策、言動、宛として太閤の小模型にあらざる無し。　太閤若し其器度を現今の角觝に視なば、太閤は常陸、　孝高は小常陸に幾からん乎。　太閤の一たび目を瞑するや、天下復た大に亂る。　是時に當り、　意を大局に留め、手に大勢を掣せんと試みたる者は、　家康、三成、　兼續を除くの外は、　獨り此孝高入道如水軒これあるのみ。　唯彼れ不幸にして身病羸、又不幸にして西陲に僻在し、時運の會に後れたりと雖も、隱居事業に九州を征定し、旗を中原に樹てんと志したるもの、亦故太閤幕下の一參謀たるに負かず。同時に故太閤身後の一模型たるに愧ぢず。

今の時は、何の秋ぞ。世界は方に文祿慶長の再現なり。而も一世愉安風を成し、復た人の草履一隻《カタ〳〵》・下駄一隻《カタ〳〵》、以て大に爲す有る可きを思ふ無し。是れ豈興國の氣象ならんや。古人いふ、我之を空言に載するは、之を行事に見はすの信切著明なるには如かずと。是に於て平太閤の小模型に擇み、此に黑田如水傳を作る。

明治四十四年四月

日南學人識

黒田如水

（目次）

一　黒田氏家系……………………………………一
緒言……宇多源氏
二　黒田氏發祥の地……………………………………五
備前の福岡……七小路・七ッ井戸……如水由來
伯樂に非ず
三　如水の起身……………………………………一〇
如水誕生の瑞……大勢の洞察

四　羽柴秀吉との遇合……………………一五
信長への進説……秀吉を迎へて姫路城に奉ず……秀吉如水に與ふるの書
五　小寺政職の背叛……………………二一
佐田上月二城の攻略……別府城外の勇戰……宇喜多直家の招降……小寺政職の背叛
六　如水の奇厄……………………二六
小寺政職への忠諫……伊丹城への使……奇厄
七　如水と基督教……………………三〇
サン・セヴァスチャン寺の古文書……基督敎歸

依の大名五十餘名……シモン・カムビヨキドノ

八　竹中重治の友誼……三六
如水家士の忠節……竹中重治の友誼

九　如水の脱歸……四一
栗山利安の苦忠……如水の脱歸……如水始めて封侯を得たり

十　高松城の水攻……四七
四國土豪の招諭……高松城の水攻……如水の巧思

十一　媾和使の來營……五一
如水惠瓊の會見……惠瓊の先見

十二　如水の折衝……………………………………五五
媾和談判……如水の折衝……惠瓊の獨斷
十三　媾和の成立……………………………………五九
如水隆景の會見……本能寺變の凶報……清水宗治兄弟の屠腹……媾和の成立……秀吉の誓書
十四　秀吉の東上……………………………………六六
秀吉の英略……吉川元春の憤恨……小早川隆景の思慮
十五　山崎の大戰……………………………………七一

如水の獻策……姫路の曉發……秀吉の書……如水の戰功

十六　四國征討……七五

如水賤ヶ岳の戰功……長政の驍果……中國劃界委員……四國征討軍の監軍……阿讃諸城の攻略……長曾我部元親の頓足……職隆の病歿

十七　九州征討の開始……八一

島津父子の驕傲……征討前軍の電發……如水の敍任……前軍の監軍……秀吉の訓令

十八　如水の機略……八六

原田信種の降伏……田漢の好標本……如水の

機略……豐後口の敗
十九　秀吉の西下……九〇
南軍の戰鬪……如水中津十八萬石に封ぜらる……如水肥後の土寇を鎭壓す……土豪の解散
二十　封内の肅清……九四
如水の法三章……封内土寇の鎭壓
二十一　宇都宮鎭房の背叛……九九
城井谷の激戰……長政の敗北……風流の一隊長
二十二　鎭房一家の族滅……一〇四

鎭房の降伏……長政の詭計……鎭房一家の族滅
二十三　俗說妄傳……………………………………一〇八
六妄傳……如水の詭計
二十四　城井谷の懷古……………………………………一一三
城井鄕民の怨詛……福澤翁の談
二十五　如水隆景の智勇……………………………………一一六
廣島城の創建……隆景の如水評……隆景の自覺
二十六　如水の引退……………………………………一二〇

二十七　關東征討……………………………………一二七
政派の軋轢……太閤に對する誣罔
如水の獻策……如水の明斷
二十八　朝鮮征伐の開始……………………………一三三
名護屋の大本營……遠征軍の總數……如水の
地位……黒田軍の部署……如水に就きての俗
說
二十九　京城の軍議…………………………………一三八
如水の畫策……如水と日根野高吉
三十　如水の薙髮……………………………………一四二

如水唯一の失錯……如水軒の號

三十一　如水の明鑑（上）……………………一四六
如水の放言……太閤の感悟……秀次の庸才……如水の自知

三十二　同（下）……………………………一五〇
如水と秀次……如水及秀郷の諷諫……太閤如水の遇合

三十三　太閤の薨去……………………………一五四
朝鮮の再征……蔚山城下の激戰……如水の城守……太閤の薨去

三十四　大亂の發生……………………………………一五八
長政の勇武……家康の禍心……上杉景勝の擧兵……石田三成の擧兵……如水掉尾の一飛躍
三十五　諸將の年齡……………………………………一六二
三十六　上國の變報……………………………………一六六
上國の變報……三成の甘誘、如水の機略
三十七　如水の募兵……………………………………一七一
金穀の發出……浮浪の四聚……如水の寛大……收攬の妙味
三十八　豐後の諸城……………………………………一七五

如水の密偵……杵築の救護
三十九　大友義統の西下……………………一八〇
大友義統の西下……如水の南征
四　十　如水の南征……………………一八四
高田城の制定……杵築城の救援
四十一　石垣原の血戰……………………一八八
吉弘統幸の忠勇……黒田大友兩軍の對抗
四十二　同………………………………一九二
黒田軍二前隊の敗北……最後の勝利……統幸の戰死

四十三　如水の南豐經略……一九六
大友義統の投降……安岐城の降伏
四十四　同……二〇〇
富來城の降伏……如水の寛大……海上の一小戰
四十五　同……二〇五
竹田城の制定……臼杵・角牟禮・日隈三城の降伏
四十六　如水の筑豐經略……二一〇
香春・小倉兩城の降伏……久留米城の降伏
四十七　如水の筑日經略……二一四

柳河城の降伏……日向方面の節度……薩隅征討の畫策

四十八　大勢一變……二九

長政筑前に封せらる……左手を何とかしたる……如水の方寸

四十九　如水の希望……三三

藤堂高虎に與ふる書……英雄、英雄を知る

五十　如水の超脱……三八

如水、家康に致されず……其大言……福岡の隱栖

黒田如水

五十一　如水の風韻……………………………………二三二
茶の妙味……如水の茶法……如水の歌句
五十二　如水の言行……………………………………二三六
蔦八の敵……太閤如水の將才を認む……如水父子の斤量……如水三罰を畏る
五十三　同……………………………………二四一
如水の處世訓……時代に卓出せし大平民
五十四　同……………………………………二四五
晝盜……旱の傘、夏の火鉢……犬死
五十五　同……………………………………二四九

五十六　盗を宥免す……首と財とを保たしむ
同……………………………………………………二五三
明敏……神識……厚生……利用……特種の懲戒法

五十七　同……………………………………………………二五七
長政への遺訓……父子の優劣……草履一隻、足駄一隻

五十八　同……………………………………………………二六一
末期の状態……殉死の停止……豫め死期を知る……太閤の如水評

附録

黒田氏の家系……二六五
黒田氏と黒田……二六六
黒田氏と福岡(其一)……二六八
同　　(其二)……二六九
黒田氏と姫路……二七三
如水の年壽……二七七
如水父子の羅馬字印……二八〇
孝高年譜……二八六

黒田如水目次終

黒田如水

福本日南

一　黒田氏家系

緒言……宇多源氏

司《し》馬《ば》子《し》長《ちやう》の伯《はく》夷《い》を傳《でん》するや、賈《か》生《せい》が言《げん》を引《ひ》きて曰《いは》く、貪《たん》夫《ぷ》は財《ざい》に狥《じゆん》し、烈《れつ》士《し》は名《な》に狥《じゆん》し、夸《こ》者《しや》は權《けん》に死《し》し、衆《しう》庶《しよ》は生《せい》を馮《たの》む。同《どう》明《めい》相《あひ》照《てら》し、同《どう》類《るゐ》相《あひ》求《もと》む。雲《くも》は龍《りう》に從《したが》ひ、風《かぜ》は虎《とら》に從《したが》ふ。聖《せい》人《じん》作《おこ》りて、萬《ばん》物《ぶつ》覩《み》ゆと。子《し》長《ちやう》此《この》意《い》を推《すゐ》擴《くわく》して曰《いは》く、夷《い》齊《せい》賢《けん》なりと雖《いへど》も、夫《ふう》子《し》を得《え》て、名《な》益《ます〱》彰《あらは》れ、顏《がん》淵《えん》篤《とく》學《がく》なりと雖《いへど》も、驥《き》尾《び》に附《ふ》して、行《おこなひ》益《ます〳〵》〻顯《あらは》る。巖穴《がんけつ》の士《し》、趨舍時《すうしやとき》あり。閭巷《りよこう》の人《ひと》行《おこなひ》を砥《と》ぎ名《な》を立《た》てんと欲《ほつ》する者《もの》は、青雲《せいうん》の士《し》に附《ふ》するに非《あら》ざれば、惡《いづく》んぞ能《よ》く後世《こうせい》に施《ほどこ》さんやと。我《われ》今《いま》此《この》二子《し》の言《げん》を擧《あ》げなば、天下《てんか》の氣《き》を負《お》ひたる者《もの》は吁咈《うふつ》して曰《い》はん、已《や》め〳〵！豪傑《がうけつ》の士《し》は文《ぶん》王《わう》なしと雖《いへど》も亦《また》興《おこ》る。何《なん》ぞ其《そ》れ附攀《ふはん》を事《こと》とせんやと。然《しか》り、斯《か》くの如《ごと》きは固《もと》より大丈夫《だいぢやうぶ》の志《こゝろざし》なり。然《しか》りと雖《いへど》も雲龍《うんりう》の際《さい》と風虎《ふうこ》の會《くわい》に視《み》よ。兩々相待《りやう〳〵あひま》ちて、上《かみ》は碧落《へきらく》に夭矯《ようけう》し、下《しも》は山谷《さんこく》を震《しん》動《どう》するに非《あら》ずや。之《これ》を戰國《せんごく》の間《あひだ》に察《さつ》せよ。彼《かれ》豐臣《とよとみ》太閤《たいかふ》の如《ごと》き、亦是《またこ》れ文王《ぶんわう》なしと雖《いへど》も興《おこ》る可《べ》き所《ところ》の英雄《えいゆう》なり。然《しか》も織田《おだ》信長《のぶなが》に附攀《ふはん》して、以《もつ》て昇天《せうてん》最初《さいしよ》の龍髯《りうぜん》としたりしに非《あら》ずや。我《われ》の居常《きよじやう》太閤《たいかふ》に偉《ゐ》とする所《ところ》の一は此《こゝ》に在《あ》り。蓋《けだ》し惟《おも》ふに太閤《たいかふ》其初《そのはじ》めチャンパタ刀《がたな》を腰《こし》にし、尻切《しりき》れ草鞋《わらじ》を足《あし》にして清洲城下《きよすじやうか》に就《つ》くに當《あた》りては、信長《のぶなが》は眇々《べう〱》たる尾張《をはり》の一小名《せうみやう》のみ。若《も》し其《そ》れ大者《たいしや》を求《もと》むれば、東《ひがし》には北條《ほうでう》あり。北《きた》には上杉《うへすぎ》あり。又《また》其《その》中間《ちうかん》には武田《たけだ》あり。更《さら》に西及極西《にしおよびきよくせい》はと顧《かへりみ》れば、毛利《もうり》もあれば、島津《しまづ》もあり。然《しか》も一切《さい》是等《これら》に矚目《しよくもく》せず。獨《ひと》り眇々《べう〱》の一小名《せうみやう》たるヤンチヤ先生《せんせい》の馬前《ばぜん》に走《はし》り、好《この》みて其草履《そのざうり》を攫《つか》みたる處《ところ》、即《すなは》ち太閤《たいかふ》の太閤《たいかふ》たる所以《ゆゑん》を看《み》る。之《これ》と同《どう》一の眼識《がんしき》を具《そな》へ、太閤《たいかふ》眞《しん》の英雄《えいゆう》たるを、其《その》人《ひと》偏裨《へんぴ》の一將佐《しやうさ》たる際《さい》より透見《とうけん》し、早《はや》くも其門下《そのもんか》より身《み》を起《おこ》し、小太閤《せうたいかふ》たるの一模型《はけい》を史上《しじやう》に遺留《ゐりう》したる者《もの》、我《われ》、黒田如水《くろだじよすゐ》に於《おい》て乎《か》再《ふた》び焉《これ》を観《み》る。

＊　＊　＊　＊

史《し》に稱《しよう》す、黒田氏《くろだし》は宇多天皇《うだてんわう》より出《い》づ。天皇《てんわう》の裔《えい》宗清《むねきよ》近江《あふみ》の黒田《くろだ》の邑《いふ》に居《ゐ》たり。依《よ》りて黒田《くろだ》を氏《うぢ》とせり。宗清《むねきよ》六世《せい》の孫《そん》右《う》近《こん》太《のた》夫《いふ》高政《たかまさ》、州《しう》の守護《しゆご》佐々木氏《さゝきし》に屬《ぞく》し、永正《えいしやう》八年《ねん》山城《やましろ》船岡山《ふなをかやま》の戰《たゝかひ》に、軍令《ぐんれい》に違《たが》ひて譴《けん》を獲《え》。備前《びぜん》の邑久郡《おほくごほり》福岡《ふくをか》の邑《いふ》に移《うつ》る、高政《たかまさ》の子《こ》下野守《しもづけのかみ》重隆《しげたか》、浦上村宗《うらかみむらむね》が侵掠《しんりやく》を避《さ》けて、播磨《はりま》の姫路《ひめぢ》に移《うつ》る。重隆《しげたか》の子《こ》美濃守《みのゝかみ》職隆《もとたか》、亦《また》父《ちゝ》に從《したが》ひて姫路《ひめぢ》に入《い》れり。職隆《もとたか》の長子《ちやうし》官兵衛《くわんべゑ》孝高《よしたか》。即《すなは》ち如水《じよすゐ》なりと。是《こ》れ封建《ほうけん》の三百年間《ねんかん》、福岡《ふくをか》の一藩《はん》は勿論《もちろん》、幕府《はくふ》より諸侯《しよこう》に通《つう》じ。公《おほやけ》に受取《うけと》られたる家系品流《かけいひんりう》なりき。

然《しか》れども口碑《こうひ》は別《べつ》に民間《みんかん》に在《あ》り。福岡《ふくなか》の一藩《はん》が外《ほか》に對《たい》しては面《おもて》を抗《こう》し、我《わが》侯家《こうけ》は宇多源氏《うだげんじ》の正流《せいりう》なりと號稱《がうしよう》し來《きた》りしにも關《かゝ》はらず、内《うち》に在《あ》りては、職隆《もとたか》は備前《びぜん》に在《あ》りては、目藥賣《めぐすりうり》を爲《な》し、孝高《よしたか》は播磨《はりま》に於《おい》て伯樂《はくらう》を事《こと》とし居《ゐ》られたりと云《い》ふ者《もの》あり。

我等《われら》も當時《たうじ》此《この》口碑《こうひ》を疑《うたが》ひにき。何《なん》となれば、源平《げんぺい》以來《いらい》の大小《だいせう》名《みやう》は概《おほむ》ね元龜天正《げんきてんしやう》の頃《ころ》ほひまでに滅亡《めつぼう》し盡《つ》き、次《つ》ぎて興《おこ》りたる所《ところ》の豪傑《がうけつ》は。其《そ》の十の七八まで、編戸《へんこ》の民《たみ》、屠《と》博《はく》の徒《と》より崛起《くつき》し來《きた》りたる者《もの》にして、而《しか》して如水《じよすゐ》の行動《かうどう》運爲《うんゐ》に察《さつ》すれば、劍南《けんなん》が所謂《いはゆる》『頗疑屠博裏。可與倶奇謀』の概《がい》ありつればなり。

二　黒田家發祥の地

備前の福岡……七小路七ッ井戸……如水由來伯樂に非ず

慶長《けいちやう》五年《ねん》十月《ぐわつ》、黒田《くろだ》長政《ながまさ》筑前《ちくぜん》五十二萬三千石《ごく》に封《ほう》ぜられ、治《ち》城《じやう》を博多《はかた》の西《にし》に築《きづ》かるゝや、備前《びぜん》の福岡《ふくをか》が家祖《かそ》高政《たかまさ》・重隆《しげたか》・職隆《もとたか》三世《せい》發祥《はつしやう》の地《ち》たりしを回想《くわいさう》し、其稱《そのしよう》を取《と》りて、新城《しんじやう》に命名《めい》し、之《これ》を福岡城《ふくをかじやう》と號《がう》したり。今日《こんにち》此城下《このじやうか》を福岡市《ふくをかし》と稱《しやう》し、又此地方《またこのちはう》の行政區《ぎやうせいく》を福岡縣《ふくをかけん》と名《な》づけたるも、皆之《みなこれ》を因襲《いんしふ》したりしなり。長政父子《まさふし》が然《しか》く發祥《はつしやう》の地《ち》を回想《くわいさう》し、之《これ》を新城《しんじやう》に命名《めい〱》して、一藩《はん》一家《か》の名譽《めいよ》を記念《きねん》する、必《かなら》ずや記念《きねん》す可《べ》き事實《じじつ》の存《そん》するもの無《な》かる可《べ》からず。我《われ》の之《これ》を憶《おも》ふや久《ひさ》し。偶《たま〳〵》備前《ぜん》の古地圖《こちづ》を閲《けみ》すれば、其近傍《そのきんばう》の一邑《いふ》には、我氏《わがうぢ》に因《ちな》める福本村《ふくもとむら》まであり。扨《さて》は我家祖《わがかそ》の一人《にん》無名《むめい》の某《それがし》も、陣笠《ぢんがさ》を戴《いたゞ》き、挾箱《はさみばこ》を擔《かつ》ぎ、ハレバイサノサを高呼《かうこ》して、此《これ》より從《したが》ひ出《い》でたる乎《か》を思《おも》へば、末世《まつせ》の孝孫《かうそん》坐《そゞ》ろ追遠《つゐゑん》の孝思《かうし》と痼癖《こへき》の好奇心《かうきしん》とを禁《きん》ぜず。明治《めいぢ》四十三年《ねん》五月《ぐわつ》、岡《をか》山《やま》に遊《あそ》ぶの次《ついで》、福岡郷《ふくをかがう》の何處《いづこ》に在《あ》るやを問《と》へば、今《いま》は邑久郡《おほくぐん》の行幸村《みゆきむら》に屬《ぞく》し、此岡山市《このをかやまし》の東《ひがし》四里《り》に在《あ》りといふ。乃《すなは》ち其地《そのち》の郷《きやう》紳《しん》を介《かい》し、車《くるま》を趣《うなが》して往《ゆ》きて訪《と》ふ。古來有名《こらいいうめい》なる備前鍛冶《びぜんかぢ》が其《その》刀《かたな》を淬《さい》厲《れい》したる吉《よし》井《ゐ》川《がは》を渡《わた》れば、對《たい》岸《がん》に意《い》衷《ちう》的《てき》一落《らく》は出《い》でたり。是《こ》れ行《み》幸《ゆき》村《むら》の福《ふく》岡《をか》なり。

邑《いふ》たる今《こん》日《にち》は純《じゆん》然《ぜん》たる農《のう》家《か》の聚《しう》落《らく》たるも、其《その》規《き》模《ぼ》たるや、秩《ちつ》序《じよ》整《せい》然《ぜん》として、阡《せん》陌《はく》を分《わか》ち、一邑《いふ》稱《しよう》して七《なゝ》小《こう》路《ぢ》七《なゝ》ッ井《ゐ》戸《ど》といふ。其《その》七《なゝ》小《こう》路《ぢ》は東《ひがし》小《こう》路《ぢ》・西《にし》小《こう》路《ぢ》・上《かみ》小《こう》路《ぢ》・下《しも》小《こう》路《ぢ》・後《うしろ》小《こう》路《ぢ》・横《よこ》小《こう》路《ぢ》・市《いち》場《ば》小《こう》路《ぢ》を數《かぞ》へ、之《これ》に加《くは》ふるに殿《との》屋《や》敷《しき》・堂《だう》屋《や》敷《しき》の二街《がい》さへあり。其《その》殿《との》屋《や》敷《しき》の殿《との》は即《すなは》ち言《い》ふまでも無《な》く黑《くろ》田《だ》殿《どの》にして、殿《との》を初《はじ》め、殿《との》の家《いへ》の兒《こ》郎《らう》黨《たう》等《ら》が邸《てい》宅《たく》を連《つら》ねし跡《あと》なりといふ。獨《ひと》り是《これ》のみにはあらず。邑《いふ》に敎《けう》意《い》山《ざん》妙《めう》興《こう》寺《じ》といふ日《にち》蓮《れん》宗《しう》の古《こ》刹《さつ》あり。開《かい》基《き》以《い》來《らい》約《およ》そ五百年《ねん》を經《へ》たりと傳《つた》ふ。鄕《きやう》紳《しん》我《われ》に敎《をし》へて曰《いは》く、是《こ》れ黑《くろ》田《だ》侯《こう》祖《そ》墳《ふん》のある處《ところ》、昔《せき》時《じ》黑《くろ》田《だ》侯《こう》東《とう》觀《きん》の上《じやう》下《げ》、吉《よし》井《ゐ》川《がは》を過《す》ぎたまふ毎《ごと》に、必《かなら》ず侍《じ》臣《しん》を遣《つか》はして、其《その》墓《はか》を展《てん》掃《さう》せしめられたり。今《いま》に至《いた》り邑《いふ》民《みん》は崇《そう》敬《けい》を絶《た》たず、相《あひ》謀《はか》りて之《これ》を保《ほ》存《そん》しつゝありと。乃《すなは》ち相伴《あひともな》ひて寺《じ》裏《り》に入《い》れば、亂《らん》塔《たふ》碁《き》布《ふ》の間《あひだ》に、數《すう》基《き》の古《こ》碑《ひ》の叢《そう》表《へう》に屹《きつ》たるあり。其《その》一は五輪《りん》の塔《たふ》形《けい》を爲《な》し、上《うへ》に妙《めう》法《はふ》蓮《れん》華《げ》經《きやう》の五字《じ》を題《だい》し、下《しも》に妙清靈の三字《じ》あり。左《さ》右《いう》に天文廿年辛亥正月十一日と刻《こく》したり。是《こ》れ一基《き》。又《また》其《その》隣《となり》に高《たか》さ約《およそ》六尺《しやく》許《ばかり》有《いう》蓋《がい》矗《ちよく》立《りつ》形《けい》の石《せき》碑《ひ》あり。表《へう》面《めん》には南《な》無《む》妙《めう》法《はふ》蓮《れん》華《げ》經《きやう》高口口愉位の十二字《じ》ありて、二字《じ》讀《よ》む可《べ》からず。傍《かたはら》に己丑六月十三日と刻《こく》せり。意《い》の屬《ぞく》する所《ところ》あるも、今《いま》は輕《かる》々しく之《これ》を言《い》はず。是《こ》れ一基《き》。次《つぎ》に之《これ》と相《あひ》並《なら》び、同《どう》高《かう》の碑《ひ》又《また》二基《き》あり。一基《き》は文《もん》字《じ》漫《まん》滅《めつ》して、知《し》る可《べ》からず。最《さい》後《ご》の一基《き》には邑久郡の三字《じ》の下《した》に數《すう》人《にん》の名《めい》稱《しよう》の列《れつ》刻《こく》せらるゝあり。曰《いは》く友閑。曰《いは》く、又兵衛慶友。曰《いは》く助八郎淨口。曰《いは》く彌九郎等《ら》の文《もん》字《じ》指《し》點《てん》す可《べ》し。鄕《きやう》紳《しん》いふ、是《こ》れ皆《みな》黑《くろ》田《だ》侯《こう》の祖《そ》墳《ふん》なりと語《かた》り傳《つた》ふる所《ところ》のものなりと。惜《をし》い哉《かな》本寺《ほんじ》の過去牒《くわこてう》、亡佚《はういつ》して傳《つた》はらず。之《これ》を遺憾《ゐかん》と爲《な》すのみ。我今《われいま》來《きた》りて福岡《ふくをか》の一邑《いふ》九街《がい》を察《さつ》して、又古《またこ》刹裏《さつり》の舊墳《きうふん》を掃《はら》ひ、兼《か》ねて邑人《いふじん》の今《いま》に至《いた》り黒田氏《くろだし》を忘《わす》れざるを看《み》、緬然《めんぜん》として之《これ》を懷《おも》へば、當時《たうじ》の黒田氏《くろだし》たる、未《いま》だ大《おほい》に振《ふる》ふに至《いた》らざるも、既《すで》に居然《きよぜん》たる地方《ちはう》の一豪族《がうぞく》を爲《な》して、制《せい》を郷曲《きやうきよく》に稱《しよう》し、事《こと》あれば、五十騎《き》百騎《き》を率《ひき》ゐ、地方《ちはう》の競爭《きやうさう》に入込《いりこ》み居《ゐ》たる名譽《めいよ》の一家門《かもん》なる可《べ》きことを。由《よ》りて更《さら》に之《これ》を思《おも》ふに、此《この》邊《へん》一帶《たい》赤松氏《あかまつし》の領有《りやういう》に屬《ぞく》したれば、高政《たかまさ》・重隆《しげたか》の間《あひだ》に、早《はや》く其《その》部《ほう》下《か》に歸《き》し、浦上村宗《うらかみむらむね》が備前《びぜん》を專制《せんせい》するに及《およ》び、重隆《しげたか》難《なん》を避《さ》けて、播磨《はりま》の姫路《ひめぢ》には移《うつ》りしならん。何《なに》となれば、重隆《しげたか》の子《こ》職隆《もとたか》の投《とう》じたる小寺政職《こでらまさもと》は、亦赤松氏《またあかまつし》の黨類《たうるゐ》なればなり。後年《こうねん》赤松氏《あかまつし》の滅《ほろ》ぶるや、如水父子《じよすゐふし》の之《これ》が救護《きうご》に力《ちから》を盡《つく》しゝも、其《そ》れ亦是《またこれ》にこれ由《よ》る歟《か》。

是《これ》に由《よ》りて之《これ》を觀《み》れば、職隆《もとたか》を舊福岡《きうふくをか》の目藥賣《めぐすりうり》といひ、如水《じよすゐ》を姫路《ひめぢ》の伯樂《はくらう》と稱《しよう》するが如《ごと》き、言《い》ふに足《た》らざる妄傳《はうでん》なり。畢竟《ひつきやう》如水《じよすゐ》の倜儻磊落《てきたうらいらく》にして、小節《せうせつ》に拘々《こうく》たらず、其《その》微時《びじ》、士《し》を獲《え》んが爲《ため》に、屠博《とはく》の輩《はい》とまで結交《けつかう》せしより、好事者《かうずしや》説《せつ》を作《つく》りしのみ。

如水伯樂の説は武功雜記より出づ。好事者察せず、妄傳を播げしのみ。

三　如水の起身

如水誕生の瑞……大勢の洞察

一家《か》の興《おこ》る、自《おのづか》ら由來《ゆらい》する所《ところ》あり。如水《じよすゐ》の父《ちゝ》、職隆《もとたか》既《すで》に凡物《ぼんぶつ》に

黑田如水

非《あら》ず。其《そ》の初《はじ》め黑田《くろだ》兵庫助《ひやうごのすけ》と稱《しよう》し。備前《びぜん》の福岡《ふくをか》に在《あ》りし時《とき》より、早《はや》くも威望《ゐぼう》あり。去《さ》りて播磨《はりま》の姬路《ひめぢ》に移《うつ》るに及《およ》び、御著《ごちやく》の城主《じやうしゆ》小寺藤兵衛《こでらとうべゑ》政職《まさもと》の麾下《きか》に屬《ぞく》して、屢々戰功《しばしばせんこう》を建《た》てたれば、政職《まさもと》其《その》忠勇《ちうゆう》に感《かん》じ、其氏《そのうぢ》及《および》偏諱《へんゐ》を加《くは》へ、小寺兵庫助《こでらひやうごのすけ》職隆《もとたか》と稱《しよう》せしめしが、後《のち》には美濃《みの》の守《かみ》と名乘《なの》りたり。政職《まさもと》乃《やが》て之《これ》に姬路《ひめぢ》城《じやう》を守《まも》らしめ、且《か》つ明石《あかし》の城主《じやうしゆ》明石《あかし》備前守《びぜんのかみ》正風《まさかぜ》の女《ぢよ》を養《やしな》ひて、己《おの》が子《こ》とし、之《これ》を職隆《もとたか》に嫁《か》せしめたり。如水《じよすゐ》は即《すなは》ち其《そ》の出《しゆつ》なり。如水《じよすゐ》名《な》は孝《よし》高《たか》、幼《えう》の字《あざな》は萬吉《まんきち》、後《のち》に官兵衛《くわんべゑ》と改《あらた》む。天文《てんもん》十五年《ねん》十一月《ぐわつ》廿九日《にち》姬路《ひめぢ》に生《うま》る。其《その》生《うま》るゝ時《とき》、密雲《みつうん》合《がつ》して屋上《をくじやう》を蓋《おほ》ふあり。觀《み》る者《もの》以《もつ》て奇瑞《きずゐ》と爲《な》しゝといふ。十七八歳《さい》の頃《ころ》、頗《すこ》ぶる國風《こくふう》を嗜《たし》み、優悠《いう〳〵》自適《じてき》して、世《よ》と相忘《あひわす》る。僧圓滿房《そうゑんまんばう》といふ者《もの》あり。之《これ》を諫《いさ》めて曰《いは》く、今《いま》の時《とき》に當《あた》り、豪傑《がうけつ》四方《はう》に起《おこ》り、大《だい》は小《せう》を併《あは》せ、强《きやう》は弱《じやく》を取《と》り、互《たがひ》に雄《いう》を爭《あらそ》へり。是《こ》れ吟《ぎん》詠《えい》を事《こと》とするの秋《とき》には非《あら》ず。郎《らう》君《くん》曩《なん》ぞ熟〻《つら〳〵》之《これ》を思《おも》はざると。如《じよ》水《すゐ》頗《すこぶ》る感《か》悟《ご》する所《ところ》あり。是《これ》より意《い》を當《たう》世《せい》の事《こと》に注《そゝ》めたり。顧《おも》ふに如《じよ》水《すゐ》や、夙《つと》に有《いう》爲《ゐ》の資《し》を負《お》ひて、海《かい》內《だい》亂《らん》離《り》の際《さい》に合《あ》ふ。戰《せん》鬪《とう》攻《こう》伐《ばつ》豈《あに》其《それ》の心《こゝろ》に經《けい》せざらん。然《しか》も此間《このあひだ》に生《うま》れて、尙《な》ほ風《ふう》流《りう》の業《げふ》を棄《す》てず。彼《かれ》の胸《きよう》中《ちう》に別《べつ》に自《おのづか》ら閑《かん》日《じつ》月《げつ》ありたるを想《さう》見《けん》す可《べ》きなり。

永《えい》祿《ろく》十二年《ねん》、彼《かれ》甫《はじ》めて二十四歲《さい》、父《ち》に從《したが》ひて姬《ひめ》路《ぢ》に在《あ》り。館《たて》野《の》の城《じやう》主《しゆ》赤《あか》松《まつ》下《しも》野《づけの》守《かみ》政《まさ》秀《ひで》兵《へい》三千を率《ひき》ゐて姬《ひめ》路《ぢ》に迫《せま》る。如《じよ》水《すゐ》父《ち》と議《ぎ》し、自《みづか》ら寡《くわ》兵《へい》を督《とく》して城《しつ》を出《い》で、敵《てき》を城《じやう》西《せい》一里《り》青《あを》山《やま》に迎《むか》へ、力《りよく》戰《せん》之《これ》を破《やぶ》り、敵《てき》をして再《ふた》び姬《ひめ》路《ぢ》を窺《うかゞ》はしめず。由《ゆ》來《らい》風《ふう》詠《えい》自《じ》適《てき》の青《せい》襟《きん》一朝《てう》此《この》技《ぎ》倆《りやう》を示《しめ》す。是《これ》に於《おい》て乎《か》小《こ》寺《でら》官《くわん》兵《べ》衞《ゑ》孝《よし》高《たか》の名《な》、漸《やうや》く地《ち》方《はう》に聞《きこ》ゆるに至《いた》れり。

然《しか》れども是《これ》れ單《た》だ地方《ちはう》の一小爭《せうさう》。未《いま》だ以《もつ》て言《い》ふに足《た》らず。如《じよ》水《すゐ》の始《はじ》めて世局《せいきよく》に入込《いりこ》みたるは、天正《てんしやう》三年以降《ねんいかう》に在《あ》り。是時《このとき》に當《あた》りて織田氏《おだし》の勢力《せいりよく》漸《やうや》く近畿《きんき》に伸《の》び、地《ち》を中國《ちうごく》に開《ひら》くの意《い》あり。而《しか》も中國《ちうごく》には毛利氏《もうりし》の在《あ》るあり。十州《しう》に蟠踞《はんきよ》して、傲然《がうぜん》關西《くわんせい》に雄視《いうし》し、織田氏《おだし》と拮抗《きつかう》して相下《あひくだ》らず。播州《はんしゆう》は兩強《りやうきやう》の衝區《しようく》に當《あた》れり。小《こ》寺《でら》政職《まさもと》鄉曲《きやうきよく》の諸將《しよしやう》を聚《あつ》めて、向背《かうはい》を議《ぎ》す。如水《じよすゐ》時《とき》に三十歳《さい》、進《すゝ》みて議《ぎ》を建《た》てゝ曰《いは》く、今《いま》や關東《くわんとう》には北條氏《ほうでうし》あり。海道《かいだう》には德川氏《とくがはし》あり。北越《ほくゑつ》には上杉氏《うへすぎし》あり。近畿《きんき》には織田氏《おだし》あり。中《ちう》國《ごく》には毛利氏《もうりし》あり。九州《しう》には島津氏《しまづし》あり。雄強《いうきやう》互《たがひ》に相競《あひきそ》へり。然《しか》も孝高《よしたか》を以《もつ》て之《これ》を見《み》れば、北條氏《ほうでうし》大《だい》なりと雖《いへど》も、氏政《うぢまさ》頑鈍《ぐわんどん》、爲《な》するに足《た》らず。家康《いへやす》良將《りやうしやう》の聞《ぶん》あるも、領國《りやうこく》尚《な》は狹小《けふせう》なり。謙信《けんしん》の勇武《ゆうぶ》は一世《せい》に冠《くわん》たるも、其地《そのち》僻遠《へきゑん》、旗《はた》を中原《ちうげん》に樹《た》てんは難《かた》し。九州《しう》の島津氏《しまづし》の如《ごと》きに至《いた》りては、是《こ》れ夜郎自《やらうみづか》ら大《だい》とするものゝみ。剩《あま》す所《ところ》のものは、毛利氏《もうりし》と織田氏《おだし》なり。毛利氏《もうりし》雄《いう》は則《すなは》ち雄《いう》なり。父祖《ふそ》の遺業《ゐげふ》に由《よ》り、兩川《りやうせん》の之《これ》を輔《たす》くるあり。虎視《こし》耽々《たんたん》たりと雖《いへど》も、輝元《てるもと》畢竟《ひつきやう》天下《てんか》の器《うつは》に非《あら》ず。要《えう》は領域《りやうゐき》を保守《ほしゆ》せんと欲《ほつ》する者《もの》に過《す》ぎざるのみ。其他《そのた》近江《あふみ》に佐《さ》々木氏《きし》の如《ごと》きあり、阿波《あは》に三好氏《よしし》の如《ごと》きあるも、皆是《みなこ》れ所謂《いはゆる》強弩《きやうど》の末《すゑ》、魯縞《ろかう》をも穿《うが》たざる者《もの》なり。獨《ひと》り織田氏《おだし》に至《いた》りては、之《これ》に異《こと》なり。其初《そのはじ》め尾《を》張《はり》より起《おこ》り、一戰《せん》して今川義元《いまがはよしもと》を取《と》り、再戰《さいせん》して齋藤道三《さいとうだうさん》を服《ふく》し、次《つ》ぎて朝倉《あさくら》を越前《ゑちぜん》に仆《たふ》し、淺井《あさゐ》を近江《あふみ》に滅《ほろぼ》し、今年《こんねん》に入《い》りては武田氏《たけだし》を覆《くつが》へし、今《いま》や東海《とうかい》・東山《とうざん》より畿甸《きでん》・北陸《ほくりく》に及《およ》ぶまで、其威《そのゐ》に偃伏《えんぷく》せざる無《な》く、且《か》つ上《かみ》は天子《てんし》を挾《さしはさ》みて、以《もつ》て天下《てんか》に號《がう》令《れい》す。海内《かいだい》を定《さだ》めんは、信長《のぶなが》に在《あ》らん。今《いま》の計《はかりごと》をなせば、早《はや》く毛利《もうり》氏《し》に絶《た》ち、欵《くわん》を織田《おだ》氏《し》に納《い》るゝに如《し》くは無《な》しと。諸將皆其《しよしやうみなその》明見《めいけん》に服《ふく》し、議《ぎ》は立《た》ちどころに決定《けつてい》せり。

四　秀吉との遇合

信長への進說…秀吉を迎へて姫城に奉ず…
秀吉、如水に與ふるの書

西棄東嚮《せいきとうかう》の議《ぎ》既《すで》に決《けつ》す。小寺氏《こでらし》の部曲皆《ぶきよくみな》如水《じよすゐ》の才幹《さいかん》の使命《しめい》を完《まつた》くするに足《た》る可《べ》きを信《しん》じ、之《これ》を推《お》す。如水乃《じよすゐすなは》ち命《めい》を奉《ほう》じて岐《ぎ》阜《ふ》に赴《おもむ》き、木下秀吉《きのしたひでよし》に由《よ》りて信長《のぶなが》に謁《えつ》し、進言《しんげん》しく曰《いは》く、明公《めいこう》中《ちう》國《こく》を戡《かん》定《てい》せんと欲《ほつ》したまはゞ、播《はん》州《しう》は則《すなは》ち要《えう》勝《しよう》の地《ち》なり。先《ま》づ此《この》地《ち》を定《さだ》むる者《もの》、以《もつ》て山《さん》陽《やう》山《さん》陰《いん》の大《たい》勢《せい》を制《せい》す可《べ》し。當《たう》今《こん》播《はん》州《しう》土《ど》豪《がう》の大《だい》なる者《もの》は、三木《き》の別《べつ》所《しよ》と、吾《わが》御《ご》著《ちやく》の小《こ》寺《でら》となり。其《その》他《た》小《せう》なる者《もの》に至《いた》りては、明《あか》石《し》の明《あか》石《し》氏《し》、高《たか》砂《さご》の梶《かぢ》原《はら》、志《し》方《かた》の櫛《くし》橋《はし》佐《さ》用《よ》の福《ふく》原《はら》、上《かう》月《づき》の上《かう》月《づき》氏《し》等《ら》を數《かぞ》へつ可《べ》し。今《こん》日《にち》是《これ》等《ら》は毛《もう》利《り》氏《し》の強《きやう》大《だい》に畏《おそ》れ、皆《みな》彼《かれ》に屬《ぞく》するも、明《めい》公《こう》一たび將《しやう》師《すゐ》に任《にん》じ、西《せい》征〱の軍《ぐん》を發《はつ》したまはゞ、孝《よし》高《たか》請《こ》ふ姫《ひめ》路《ぢ》に迎《むか》へ、小《こ》寺《でら》の一族《ぞく》と之《これ》が先《せん》導《だう》たらん。小《こ》寺《でら》の一族《ぞく》公《こう》に屬《ぞく》すれば、明《あか》石《し》・梶《かぢ》原《はら》・櫛《くし》橋《はし》等《ら》は風《ふう》を望《のぞ》みて偃《えん》服《ぷく》せん。獨《ひと》り別《べつ》所《しよ》は毛《もう》利《り》氏《し》の心《しん》腹《ぷく》にして、且《か》つ三木《き》の險《けん》城《じやう》に據《よ》れば、之《これ》を攻《こう》陷《かん》する、良《やゝ》力《りよく》戰《せん》を要《えう》す可《べ》きも、其《その》黨《たう》與《よ》福《ふく》原《はら》・上《かう》月《づき》輩《はい》の如《ごと》き、之《これ》を取《と》る朝《てう》飯《はん》事《じ》のみ。明《めい》公《こう》既《すで》に播《はん》州《しう》を收《をさ》めたまはゞ、是《これ》より以《い》降《かう》は、譬《たと》へば竹《たけ》を破《わ》るが如《ごと》くならん。數《す》節《せつ》の後《のち》及《やいは》を迎《むか》へて解《と》けんのみと。信《のぶ》長《なが》大《おほい》に喜《よろこ》びて曰《いは》く、我《われ》亦《また》之《これ》を思《おも》ふや久《ひさ》し。爾《なんぢ》が言《げん》深《ふか》く吾《わが》意《い》に協《かな》へり。目《もく》下《か》の軍《ぐん》事《じ》を了《れう》せば、藤《とう》吉《きち》郎《らう》を以《もつ》て之《これ》に當《あた》らしめ、乃《だい》公《こう》其《その》後《のち》に繼《つ》がんのみ。爾《なんぢ》還《かへ》りて密《ひそか》に之《これ》が準《じゆん》備《び》を爲《な》せと。刀《たう》を賜《たま》ひて遣《けん》歸《き》せり。如《じよ》水《すゐ》の秀《ひで》吉《よし》と相《あひ》識《し》りたるは、實《じつ》に是《この》時《とき》より始《はじ》まれり。

如《じよ》水《すゐ》既《すで》に還《かへ》り。小《こ》寺《でら》氏《し》の一黨《たう》密《ひそか》に戰《せん》備《び》を修《をさ》むるや、形《けい》勢《せい》漸《やうや》く見《あらは》る。天正《てんしやう》四年《ねん》の夏《なつ》毛《もう》利《り》氏《し》の軍《ぐん》海《かい》路《ろ》より英《あ》賀《がの》浦《うら》に達《たつ》し、將《まさ》に姫《ひめ》路《ぢ》に迫《せま》らんとす。如《じよ》水《すゐ》報《はう》を得《え》て、小《こ》寺《でら》政《まさ》職《もと》に勸《すゝ》めて曰《いは》く、敵《てき》は衆《しゆう》にして我《われ》は寡《くわ》なり。寡《くわ》兵《へい》を以《もつ》て城《しろ》に嬰《かゝ》る。久《ひさし》く焉《これ》を保《たも》たんは難《かた》し。敵《てき》の未《いま》だ上《じやう》陸《りく》して其《その》備《そなへ》を完《まつた》くせざるに先《さきだ》ち、我《われ》多《おほ》く疑《ぎ》兵《へい》を張《は》り、急《きふ》に之《これ》を逆《ぎやく》撃《げき》せば、一戰《せん》敵《てき》を退《しりぞ》くるを得《え》んと。政《まさ》職《もと》直《たゞ》ちに之《これ》に從《したが》ふ。是《これ》に於《おい》て如《じよ》水《すゐ》地《ち》方《はう》の土《ど》民《みん》に檄《げき》し、之《これ》を聚《しう》合《がふ》して後方《こうはう》に屯《とん》せしめ、自《みづか》ら手兵《しゆへい》を率《ひき》ゐて先頭《せんとう》に立《た》ち、敵軍《しきぐん》の僅《わづか》に上陸《じやうりく》したるを迎《むか》へ、奮闘《ふんとう》して之《これ》に當《あた》りたれば、敵軍《てきぐん》衆《しゆう》と雖《いへど》も支《さゝ》ふる能《あた》はず、且《か》つ其《その》後繼《こうけい》の山野《さんや》に瀰《び》漫《まん》するを望見《はうけん》し、誤《あやま》りて大《たい》兵《へい》と爲《な》し、爭《あらそ》ひて船《ふね》に入《い》り、悉《こと〴〵》く退去《たいきよ》したり。信長《のぶなが》報《はう》を聞《き》き、書《しよ》を與《あた》へて、政職《まさもと》・孝高《よしたか》を褒賞《はうしやう》せり。

天正《てんしやう》五年《ねん》、信長《のぶなが》意《い》を西征《せいく》に決《けつ》し、先《ま》づ秀吉《ひでよし》を播磨《はりま》に合《あは》せ封《ほう》じ、其《そ》れをして西下《せいか》せしむ。是《これ》より先《さ》き如水《じよすゐ》は其長子《そのちやうし》松壽《まつじゆ》を拉《と》りて、安土《あづち》に詣《いた》り、之《これ》を質《ち》として、益《ます》〻其《そ》の二なきを表《へう》す。信長《のぶなが》之《これ》を收《をさ》めて秀吉《ひでよし》に附《ふ》し、其治城《そのちじやう》江州《こうしう》の長濱《ながはま》に監寘《かんし》せしむ。松壽《まつじゆ》時《とき》に甫《はじ》めて十歳《さい》、後《のち》の甲《か》斐守《ひのかみ》長政《ながまさ》は即《すなは》ち是《これ》なり。是《これ》に由《よ》りて秀吉《ひでよし》・如水《じよすゐ》の際會《さいくわい》漸《やうや》く開《ひら》く。惟《おも》ふに秀吉《ひでよし》が如水《じよすゐ》の大用《たいよう》す可《べ》きを察《さつ》し、如水《じよすゐ》亦《また》秀吉《ひでよし》の倚《き》頼《らい》す可《べ》きを知《し》りたるは、蓋《けだ》し此間《このかん》に在《あ》らん。而《しか》して今《いま》や秀吉《ひでよし》の西下《せいか》に會《くわい》す。如水《じよすゐ》迎《むか》へて姫路《ひめぢ》の居城《きよじやう》に容《い》れ、且《か》つ之《これ》を本丸《ほんまる》に奉《ほう》じ、己《おのれ》は下《くだ》りて二の丸《まる》に就《つ》き、心《こゝろ》を傾《かたむ》けて之《これ》に忠事《ちうじ》せり。

當時《たうじ》秀吉《ひでよし》が如水《じよすゐ》に與《あた》へたる書《しよ》に曰《いは》く、

『内々《ないく》の御狀《ごじやう》うけ給《たまはり》、いまにはじめざると申《まをし》ながら、御懇《ごこん》のだん、ぜひにをよばず候《そろ》。其方《そなた》のぎは、我《われ》らおとゝの小《こ》一郎《らう》めどぜん(同然)に心《こゝろ》やすく存候間《ぞんじそろあひだ》、なに事《ごと》をみな〱申《まをす》とも、其方《そなた》ぢきだんのもて、ぜし(是非)は御《おん》さばきあるべく候《そろ》。此《この》くにゝおいては、せじよ(世上)からは、御兩人《ごりやうにん》の御《ご》ちさう(馳走)のやうに申《まをし》なし候《そろ》まゝ、其方《そなた》も御《ご》ゆだん候《そろ》てはいかゞに候間《そろあひだ》、御《ご》たいくつなく、ぜし(是非)御心《おんこゝろ》がけ候《そろ》て、御《ご》ちさうあるべく候《そろ》。御狀《ごじやう》のおもて、一々心得《こゝろえ》存候《ぞんじそろ》。かしこ。

七月廿三日　　ちくせん

小くわん

なを〳〵其方《そなた》と我《われ》ら間《あひだ》がらのぎは、よそより人々《ひと〴〵》さげすみもあるまじく候間《そろあひだ》、なに事《こと》をも、それへまかせ申候《まをしそろ》ても、よそよりのひたち(隔歟)あるまじく候《そろ》。人《ひと》もはやみおよび(見及)候《そろ》と存候《ぞんじそろ》。我《われ》らにくみ申物《まをすもの》は、其方《そなた》までにくみ申事《まをすこと》あるべく候《そろ》。其心《そのこゝろ》へ候《そろ》て、やうじんあるべく候《そろ》。さい〳〵はねんごろにはも(申《まを》)されず候間《そろあひだ》、ついでをもて、ねんごろに可申入候《まをしいるべくそろ》。此文《このふみ》みゐもすまじく候間《そろあひだ》、さげすみにて御《おん》よみあるべく候。以上《いじやう》。』

然《しか》り、草澤《さうたく》より起《おこ》りたる無《む》文《ぶん》の英雄《えいゆう》筑前《ちくぜん》が此書《このしよ》、甚《はなは》だ能《よ》くいゐずと雖《いへど》も、さげすみを以《もつ》て之《これ》を讀《よ》めば、人言《じんげん》を排《はい》して如水父子《じよすゐふし》を延《ひ》き。誠意《せいい》を彼等《かれら》の心腹《しんぷく》に敷《し》きたるもの、書表《しよへう》に躍如《やくじよ》たり。二人《にん》の遇合《ぐうがふ》是《これ》に於《おい》て乎《か》乃《すなは》ち見《あらは》る。

五　小寺政職の背叛

佐用上月二城の攻畧……別府城外の勇戰……宇喜多直家の招降……小寺政職の背叛

如水《じよすゐ》既《すで》に秀吉《ひでよし》を迎《むか》へて姫路《ひめぢ》に容《い》る。果《はた》して疇昔《ちうせき》の圖《はか》る所《ところ》に違《たが》はず、東播《とうはん》の土豪《どがう》風《ふう》を望《の》みて、秀吉《ひでよし》に歸降《きかう》せり。是《これ》に於《おい》て自《みづか》ら先鋒《せんぽう》となり。此歳《このとし》西播《せいはん》に入《い》りて、遠近《ゑんきん》を徇《とな》へ、福原主膳助《ふくはらしゆぜんすけ》就《なり》を

黒田如水

佐《さ》用《よ》城《じやう》に攻《せ》め、城《しろ》を陥《おとしい》れて、助就《すけなり》兄弟《けいてい》を仆《たふ》し、轉《てん》じて上月《かうづき》十郎《らう》景貞《かげさだ》が上月城《かうづきじやう》を圍《かこ》む。毛利《もうり》氏《し》の援軍《えんぐん》來《きた》り救《すく》ふに會《くわい》し、如水《じよすゐ》乃《すなは》ち之《これ》と戰《たゝか》ひ、其軍《そのぐん》を破《やぶ》る。城兵《じやうへい》力屈《ちからくつ》し、其《そ》の支《さゝ》へざるを覺《さと》り、景《かげ》貞《さだ》を斬《き》りて以《もつ》て降《くだ》れり。野史は此二役を天正四年に繫く。今は黒田家譜に從ふ。

天正《てんしやう》六年《ねん》三月《ぐわつ》、秀吉《ひでよし》軍《いくさ》を進《すゝ》めて、別所小《べつしよこ》三郎《らう》長治《ながはる》が三木城《みきじやう》を圍《かこ》む。如水《じよすゐ》亦《また》先鋒《せんぽう》となりて、屢《しば〳〵》戰功《せんこう》を建《た》つ。既《すで》にして毛利《もうり》氏《し》紀《き》淡《たん》の兵《へい》を合《あは》せ、其軍《そのぐん》八千、來《きた》りて別府城《べつぷじやう》に迫《せま》る。城《しろ》は新附《しんぷ》の將《しやう》別所某《べつしよそれがし》が守《まも》る所《ところ》なり。秀吉《ひでよし》之《これ》を危《あやぶ》み、如水《じよすゐ》に命《めい》じ、入《い》りて倶《とも》に嬰守《えいしゆ》せしむ。敵軍城兵《てきぐんじやうへい》の寡單《くわたん》を侮《あなど》り、一擧《きよ》之《これ》に乘《の》らんとす。如《じよ》水《すゐ》衆《しゆう》を戒《いまし》めて、敢《あへ》て動《うご》かず。其《そ》の壁《へき》に蟻附《ぎふ》するを待《ま》ち、城上《じやう〳〵》より木石《ぼくせき》を投《とう》じ、且《か》つ一齊《せい》に射撃《しやげき》せしむ。敵軍驚擾《てきぐんきやうぜう》して正《まさ》に退《しりぞ》かんとす。如水即《じよすゐすなは》ち手兵《しゆへい》を提《ひつさ》げて突出《とつしゆつ》し、奮闘大《ふんとうおほい》に之《これ》を破《やぶ》り、終《つひ》に城《しろ》の圍《かこみ》を釋《と》かしめたり。

此役《このえき》に關《くわん》し一佳話《かわ》あり。信長《のぶなが》は秀吉《ひでよし》の節度《せつと》を嘉《よみ》し、鞍馬《あんば》一頭《とう》を賜《たま》ふ。秀吉《ひでよし》以爲《おも》へらく、功《こう》は如水《じよすゐ》に在《あ》りと。乃《すなは》ち之《これ》を如水《じよすゐ》に贈《おく》る。如水《じよすゐ》受《う》けて謂《おも》へらく、此《こノ》捷《かち》は家士《かし》母里《ぼり》太兵衞《たへゑ》が首勳《しゆくん》の致《いた》す所《ところ》なりと。復《ま》た之《これ》を太兵衞《たへゑ》に與《あた》へたり。秀吉《ひでよし》・如水《じよすゐ》の士心《ししん》を得《え》たる、是《これ》に由《よ》りても察《さつ》す可《べ》きなり。

　如水《じよすゐ》の秀吉《ひでよし》に屬《ぞく》するや、業《すで》に已《すで》に彼《かれ》が如《ごと》く攻城《こうじやう》野戰《やせん》の功《こう》を建《た》つ。然《しか》れども如水《じよすゐ》に在《あ》りては、是《こ》れ寧《むし》ろ其緒餘《そのしよよ》なるのみ。彼《かれ》の最《もつと》も得意《とくい》とする所《ところ》は、全局《ぜんきよく》に視《み》、大勢《たいせい》に察《さつ》し、智《ち》を出《いだ》すこと窮《きは》まり無《な》き處《ところ》に在《あ》り。是時《このとき》に當《あた》り、宇喜多《うきた》和泉守《いづみのかみ》直家《なほいへ》備前《びぜん》に在《あ》り。備中《びつちう》・美作《みまさか》の大分《だいぶ》をも併領《へいりやう》し、居然《きよぜん》たる一勢力《せいりよく》を有《いう》して、款《くわん》を毛《もう》利氏《りし》に通《つう》じ、密《ひそか》に三木《みき》に聲援《せいえん》し、秀吉《ひでよし》の軍《ぐん》を牽制《けんせい》せり。信長《のぶなが》怒《いか》り、秀吉《ひでよし》に命《めい》じて、先《ま》づ是《これ》より征《せい》せしむ。如水《じよすゐ》以爲《おも》へらく、三《み》木《き》の一城《じやう》すら險要《けんえう》に據《よ》れば、之《これ》を破《やぶ》ること容易《ようゐ》ならず。況《いはん》や其《その》領有《りやういう》の三州《しう》に跨《またが》れるものに於《おい》てをや。招撫《せうぶ》して以《もつ》て我《われ》に收《をさ》むるに如《し》かずと。乃《すなは》ち秀吉《ひでよし》に請《こ》ひて、己《おの》れ招撫《せうぶ》の任《にん》に膺《あた》り、人《ひと》を遣《つか》はして、織田《おだ》毛利《もうり》兩氏《りやうし》の現勢《げんせい》を說《と》かしめ、威《ゐ》するに利害《りがい》を以《もつ》てす。直家《なほいへ》感悟《かんご》し、如水《じよすゐ》に賴《よ》りて降《かう》を請《こ》ひ、遂《つひ》に織田氏《おだし》に服《ふく》せり。是《これ》より秀吉《ひでよし》の勢力《せいりよく》始《はじ》めて中國《ちうごく》に伸《の》びたり。

唯《たゞ》其《そ》れ朝《あした》に夕《ゆふ》べを計《はか》らざるは、戰國《せんごく》の形勢《けいせい》なり。此際《このさい》・織田氏《おだし》の驍將《げうしやう》にして、嘗《かつ》て自《みづか》ら攝津《せつつ》の十三郡《ぐん》を截取《きりと》り、近《ちか》くは中國《ちうごく》征《せい》略《りやく》の軍《ぐん》に屬《ぞく》し、秀吉《ひでよし》を援《たす》けて神吉城《かんきじやう》をすら攻陷《こうかん》したる荒木《あらき》攝津《せつつ》守村重《のかみむらしげ》が、事《こと》に由《よ》りて信長《のぶなが》の疑《うたがひ》を被《かうむ》り、伊丹《いたみ》の有岡城《ありをかじやう》に據《よ》りて叛《そむ》くあり。近《ちか》くは石山《いしやま》の本願寺《ほんぐわんじ》に連《つら》なり、遠《とほ》くは中國《ちうごく》の毛利氏《もうりし》と呼應《こおう》し、此《こゝ》に公然《こうぜん》抵敵《ていてき》の擧《きよ》を開始《かいし》せり。是《これ》に於《おい》て乎《か》畿《き》內《ない》復《ま》た亂《みだ》れ、信長《のぶなが》の親《しん》伐《はつ》を待《ま》つには至《いた》れり。而《しか》して如水《じよすゐ》の由來《ゆらい》屬《ぞく》したる小寺政職《こでらまさもと》は固《もと》より凡庸《ぼんよう》の人《ひと》、其《そ》の初《はじ》め織田氏《おだし》に歸服《きふく》したるも、專《もつぱ》ら如水《じよすゐ》父子《ふし》の奬慂《しやうゆう》に聽《き》きたるものにして、固《もと》より其衷心《そのちうしん》に發《はつ》せしに非《あら》ず。織田氏《おだし》に歸服《きふく》したる後《のち》と雖《いへど》も、常《つね》に毛利氏《もうりし》畏怖《ゐふ》の念《ねん》を絕《た》たず。加之《しかのみならず》、今《いま》は村重《むらしげ》叛《はん》して、畿內《きない》すら亂《みだ》るに會《あ》ふ。是《これ》に於《おい》て亦《また》反覆《はんぷく》して、將《さゝ》に毛利氏《もうりし》に歸降《きかう》せんとす。如水《じよすゐ》謂《い》ふ、是《こ》れ小寺氏《こでらし》存亡《そんばう》の決《けつ》なりと。即《すなは》ち起《た》ちて之《これ》が匡救《きやうきう》に從事《じゆうじ》せり。

六　如水の奇厄

小寺政職への忠諫……伊丹城への使……奇厄

小寺《こでら》政職《まさもと》の叛形《はんけい》漸《やうや》く見《あら》はるゝや、如水《じよすゐ》將《まさ》に赴《おもむ》きて之《これ》を爭止《さうし》せんとす。部下《ほうか》交《こもぐ》ゝ諫《いさ》めて曰《いは》く、主公《しゆこう》の夙《つと》に心《こゝろ》を織田家《おだけ》に歸《き》したまふは、御著《ごちやく》の皆《みな》知《し》れる所《ところ》なり。今《いま》や御著《ごちやく》の人心《じんしん》測《はか》られず。往《ゆ》かせたまはゞ、恐《おそ》らくは變《へん》あらん。今日《こんにち》の計《けい》を爲《な》せば、疾《やまひ》と稱《しよう》して往《ゆ》かず。暫《しばら》く其情《そのじやう》を察《さつ》したまふには如《し》かず。彼若《かれも》し來《きた》り攻《せ》めなば、一戰《せん》に之《これ》を破《やぶ》り、御著《ごちやく》を滅《ほろ》ぼす何《なに》かあらんと。如水《じよすゐ》之《これ》を斥《しりぞ》けて曰《いは》く、吾家《わがいへ》久《ひさ》しく小寺氏《こでらし》の恩《おん》を被《かうむ》れり。今其《いまその》嚮背《かうはい》を誤《あやま》るを睹《み》ながら、之《これ》を諫《いさ》めざるは、忠《ちう》に非《あら》ず。又其《またその》害心《がいしん》あらんを疑《うたが》ひ、往《ゆ》かざるは、勇《ゆう》なきに似《に》たり。忠勇《ちうゆう》を廢《す》てゝ生《せい》を全《まつた》くするは、我《わが》の爲《な》さゞる所《ところ》なり。萬《まん》一不幸《ふかう》にして害《がい》に遭《あ》ふとも、家《いへ》には嚴《げん》君《くん》の在《ま》しますあり。爾等《なんぢら》奉《ほう》じて以《もつ》て後圖《こうと》を成《な》す可《べ》きのみと。職隆《もとたか》も亦之《またこれ》を賛《さん》す。是《これ》に於《おい》て單騎《たんき》御著《ごちやく》に到《いた》り、政職《まさもと》に見《まみ》えて渝《ゆ》盟《めい》の不可《ふか》を極言《きよくげん》せり。

初《はじ》め政職《まさもと》の荒木《あらき》に黨《たう》するや、如水《じよすゐ》父子《ふし》の必《かな》らず離《はな》る可《べ》きを豫《よ》想《さう》したるに、如水《じよすゐ》の來《きた》る、平生《へいぜい》に異《こと》ならず。事《こと》實《じつ》に意外《いぐわい》に出《い》でたり。乃《すなは》ち密《ひそか》に人《ひと》を姫路《ひめぢ》に遣《つか》はし、城中《じやうちう》の動靜《どうせい》を窺《うかゞ》はしむ。時《とき》に秀吉《ひでよし》は三木《き》に陣《ちん》して、此《こ》に在《あ》らず。職隆《もとたか》獨《ひと》り留守《りうしゆ》に當《あた》れり。職《もと》隆《たか》固《もと》より亦《また》多智《たち》なり。御著《ごちやく》の上下《じやうげ》吾《わが》父子《ふし》を疑《うたが》ひ、必《かな》らず如水《じよすゐ》に不利《ふり》ならんことを慮《おもんぱか》り、如水《じよすゐ》を御著《ごちやく》に遣《や》りたる後《のち》、金剛《こんがう》太夫《だいふ》を城中《じやうちう》に召《め》し、日《ひ》に能樂《のうがく》を催《もよほ》して、以《もつ》て他《た》なきを示《しめ》したり。密使《みつし》歸《かへ》りて之《これ》を報《ほう》ず。亦又《またく》政職《まさもと》等《ら》の意外《いぐわい》に出《い》でたり。

如水《じよすゐ》父子《ふし》の溫順《をんじゆん》や斯《か》くの如《ごと》し。然《しか》も其心《そのこゝろ》東《ひがし》に嚮《むか》ひて、西《にし》に在《あ》らざるは、如水《じよすゐ》の諫爭《かんさう》にても亦《また》知《し》る可《べ》し。政職《まさもと》乃《すなは》ち荒木氏《あらきし》の手《て》を以《もつ》て如水《じよすゐ》を殺《ころ》し、眼上《がんじやう》の疣《こぶ》を除《のぞ》かんと欲《ほつ》し、一日《じつ》如水《じよすゐ》を召《め》して、之《これ》に命《めい》じて曰《いは》く、我初《われはじめ》より織田氏《おだし》に對《たい》し、他意《たい》ありしに非《あら》ず、唯《た》だ攝津守《せつつのかみ》との宿契《しゆくけい》空《むなし》くす可《べ》からざるが爲《ため》に、義此《ぎこゝ》に至《いた》れるなり。攝津守《せつつのかみ》にして其圖《そのと》を改《あらた》めなば、我亦爾《われまたなんぢ》の言《げん》に從《したが》はんのみ。爾《なんぢ》往《ゆ》きて伊丹《いたみ》に使《つかひ》し、我爲《わがため》に攝津守《せつつのかみ》に說《と》き、以《もつ》て其心《そのこゝろ》を飜《ひるがへ》さしめよと。是《こ》れ如水《じよすゐ》に取《と》りては、一期《ご》の難題《なんだい》なり。他人《たにん》をして此場合《このはあひ》に際《さい》せしめなば、其坐《そのざ》に於《おい》て之《これ》を辭《じ》する歟《か》、否《しか》らざれば、途《みち》より逃《のが》れ歸《かへ》り、城《しろ》に據《よ》りて絕《ぜつ》を告《つ》ぐる歟《か》、二者《しや》其《その》一に出《い》でんのみ。而《しか》も如水《じよすゐ》の多智《たち》にして大膽《だいたん》なる、早《はや》くも計較《けいかく》する所《ところ》あり。一諾《だく》直《たゞ》ちに伊丹《いたみ》に向《むか》ひたり。

黑田如水

此間《このあひだ》の事情《じじやう》に就《つ》きては、頗《すこぶ》る省察《しやうさつ》の要《えう》あるなり。抑《そも／＼》荒木《あらき》村重《むらしげ》の叛《はん》は、元《もと》讒者《ざんしや》の爲《ため》に構成《こうせい》せられ、已《や》むを得《え》ずして干戈《かんくわ》を執《と》るに至《いた》りたり。筑前守《ちくぜんのかみ》秀吉《ひでよし》は居常《きよじやう》最《もつと》も村重《むらしげ》と親善《しんぜん》なりしかば、三《み》木《き》の營《えい》に在《あ》りて、其《その》叛《はん》を聞《き》くや、單騎《たんき》馳《は》せて伊丹《いたみ》に入《い》り、開諭《かいゆ》懇々《こん／＼》其《その》反《はん》省《せい》を求《もと》めたるも。戰端《せんたん》既《すで》に發《はつ》して、復《また》收《をさ》む可《べ》からず。遂《つひ》に意《い》を得《え》ずして歸《かへ》れり。如水《じよすゐ》の發行《はつかう》は其後《そのご》に在《あ》り。顧《おも》ふに如《じよ》水《すゐ》の御著《ごちやく》を發《はつ》する、豫《あらかじ》め其意《そのい》を三木《みき》の秀吉《ひでよし》の營《えい》にも稟《りん》せしならん。是時《このとき》に當《あた》りて、秀吉《ひでよし》の村重《むらしげ》を愛惜《あいせき》するの情《じやう》は尚《な》ほ已《や》まず。而《しか》して如水《じよすゐ》の善《よ》く秀吉《ひでよし》の意《い》を體《たい》し。又《また》其《その》意《い》を說盡《せつじん》す可《べ》きは、秀《ひで》吉《よし》の信《しん》じて疑《うたが》はざる所《ところ》。從《したが》ひて其《その》行《かう》を嘉《よ》みし、更《さら》に村重《むらしげ》に對《たい》し、前意《ぜんい》を重《かさね》しめたるならん。黑田家譜には單に政職の爲に使すと記し、溫故私記、寶錄等には專ら秀吉の發遣に係ると記すものは、彼是倶に其一面を傳へしのみ。

如水《じよすゐ》は乃《やが》て伊丹《いたみ》に抵《いた》り、村重《むらしげ》に見《まみ》えて、大《おほい》に背叛《はいはん》の非計《ひけい》を説《と》く。其言《そのげん》剴切《がいせつ》、村重《むらしげ》之《これ》を感《かん》せざるに非《あら》ざりしも、彼《かれ》は既《すで》に秀吉《ひでよし》にだも聴《き》かず。今《いま》奈《い》何《かん》ぞ如水《じよすゐ》に從《したが》はん。其儘《そのまゝ》彼《かれ》を城中《じやうちう》に抑留《よくりう》せり。是《こ》れ實《じつ》に十月《ぐわつ》の事《こと》なり。而《しか》して初《はじめ》は善《よ》く彼《かれ》を遇《ぐう》したるも、戰鬪《せんとう》の慘憺《さんたん》を加《くは》へ、敵意《てきい》の憤慨《ふんがい》を增《ま》すに隨《したが》ひ、後《のち》には之《これ》を一幽《いう》室《しつ》に囚禁《しうきん》し、警卒《けいそつ》を附《ふ》して、晝夜《ちうや》嚴監《げんかん》せしめたり。吁《あゝ》是《こ》れ如水《じよすゐ》の行路上《かうろじやう》、寔《まこと》に一生《しやう》の困厄《こんやく》なりき。

七　如水と基督教

サンセヴアスチヤン寺の古文書……基督教歸依の

黒田如水

大名五十餘名…シモン・カムピヨイドノ

如《じよ》水《すゐ》の遊《いう》説《ぜい》たる、是《こ》れ人《じん》世《せい》の危《き》道《だう》を履《ふみ》たるものなり。而《しか》して村《むら》重《しげ》の之《これ》を殺《ころ》さゞりしものは、一つには如《じよ》水《すゐ》の誠《せい》意《い》を諒《りやう》とせしにも由《よ》る可《べ》けれど、二つには宗《しう》教《けう》上《じやう》の關《くわん》係《けい》なきを必《ひつ》せず。我《われ》嘗《かつ》て菲《フイ》立《リツ》賓《ピン》の馬《マ》尼《ニ》拉《ラ》府《ふ》に遊《あそ》び、一日《じつ》ゼジュイット教《けう》の本《ほん》山《ざん》サン・セヴャスチャン寺《じ》に詣《いた》りて、同《どう》寺《じ》の古《こ》文《ぶん》書《しよ》を讀《よ》み、頗《すこぶ》る吾《わが》天《てん》正《しやう》・文《ぶん》祿《ろく》・慶《けい》長《ちやう》前《ぜん》後《ご》の國《こく》情《じやう》に獲《え》たる所《ところ》あり。當《たう》時《じ》ゼジュイット派《は》は首《しゆ》として基《キリ》督《スト》教《けう》を吾《わが》日《に》本《ほん》に傳《でん》道《だう》したりし者《もの》なり。從《したが》ひて當《たう》時《じ》吾《わが》國《くに》の宗《しう》教《けう》的《てき》事《じ》情《じやう》を記《き》する、觀《み》る可《べ》きもの實《じつ》に尠《すくな》からず。永《えい》祿《ろく》十一年《ねん》、織《お》田《だ》信《のぶ》長《なが》がゼジュイット派《は》の爲《ため》に京《きやう》都《と》に南《なん》蠻《はん》寺《じ》を建《た》てたる以《い》來《らい》、一世《せい》は靡《ひ》然《ぜん》として西《せい》教《けう》に嚮《むか》ひ、當《たう》時《じ》の豪《がう》傑《けつ》にして之《これ》に歸《き》依《え》したる者《もの》は五十名以上に達《たつ》せり。現《げん》にセヴャスチアン寺《じ》記《き》に其《その》名《な》を留《とゞ》めたる人々《ひと〴〵》のみを擧《あ》ぐるも、前田《まへだ》利家《としいへ》はオーギュスチン、蒲生《がまふ》氏郷《うぢさと》はジャン、高山友祥《たかやまともゆき》はジュスト、其父《そのちゝ》飛騨守《ひだのかみ》はダリオ、内藤忠俊《ないとうたゞとし》も亦《また》ジャンにして、此人《このひと》は此教名《このけうめい》を國字《こくじ》にまで寫《うつ》し、内藤《ないとう》如安と自記《じき》すあり。是《こ》れ蓋《けだ》し吾國《わがくに》に於《お》ける高襟黨《ハイカラたう》の元祖《ぐわんそ》なる歟《か》。而《しか》して其弟某《そのおとうとそれがし》はトーマスと稱《しよう》したりと。此他《このた》織田《おだ》右府《うふ》の第《だい》三子《し》神戸《かんべ》信孝《のぶたか》、羽柴秀吉《はしばひでよし》の弟秀長《おとうとひでなが》、前田利家《まへだとしいへ》の長子《ちやうし》利長《としなが》の如《ごと》き、皆《みな》信教《しんけう》者《しや》の列《れつ》に在《あ》り。顧《おも》ふに畿内《きない》は西海《さいかい》に次《つ》ぎ、最《もつと》も早《はや》く西教《せいけう》の傳播《でんぱ》したりし處《ところ》。荒木村重《あらきむらしげ》の如《ごと》き、恐《おそ》らく亦其《またその》一人《にん》なりけん歟《か》。現《げん》に彼《かれ》が部下《ぶか》の一英物《えいぶつ》にして、其關係《そのくわんけい》は恰《あたか》も如水《じよすゐ》の政職《まさもと》に於《お》けるが如《ごと》くなる、高槻《たかつき》の城主《じやうしゆ》高山右近大夫《たかやまうこんのだいふ》友祥《ともゆき》は、最《もつと》も熱心《ねつしん》なる信《しん》教者《けうしや》として知《し》られ、畿内《きない》同教徒《どうけうと》の保護者《パトロン》を以《もつ》て自《みづか》ら居《ゐ》たりしが、今回村重《こんくわいむらしげ》の信長《のぶなが》に叛《そむ》くや、信長《のぶなが》先《ま》づ友祥《ともゆき》を誘降《いうかう》し、彼《か》れ若《も》し降《くだ》らざれば、畿《き》内《ない》の敎徒《けうと》を悉《ことごと》く鏖殺《ちうさつ》す可《べ》しと威脅《ゐけう》せり。時《とき》に友祥《ともゆき》の一子《し》一妹《まい》質《ち》となりて伊丹《いたみ》に在《あ》り。是《これ》を以《もつ》て降《くだ》らん乎《か》、最愛《さいあい》の子《し》妹《まい》を棄《す》てざる可《べ》からず。降《くだ》らざらん乎《か》、哀々《あいあい》たる畿《き》内《ない》の同敎《どうけう》者《しや》に辜負《こふ》す可《べ》し。乃《すなは》ち意《い》を決《けつ》して信長《のぶなが》に降《くだ》りたり。而《しか》も村重《むらしげ》は終《つひ》に其質子《そのちし》質妹《ちまい》を殺《ころ》さず。

如水《じよすゐ》の上《うへ》にも、亦《また》思半《おもひなか》ばに過《す》ぐるものあり。同《おな》じセヴァスチャン寺《じ》記《き》に曰《いは》く、『五十餘《よ》名《めい》の聖敎《せいけう》歸依《きえ》大名《だいみやう》中《ちう》、オーギュスチンと同《おな》じく羽柴殿《はしはどの》の眷顧《けんこ》を受《う》けたる一貴《き》族《ぞく》にクデラ・カムビヨイドノあり。ジュスト(友祥《ともゆき》)の勸誘《くわんいう》に由《よ》りて、聖敎《せいけう》に入《い》り、爾來《じらい》其名《そのな》をシモン・クデラと稱《しよう》し、ジュストを鑑《かゞみ》として、大《おほい》に其德《そのとく》を修《をさ》めたり』と。クデラは小《こ》寺《でら》にして、カムビヨイドノは官兵衛殿《くわんびやうゑどの》なり。即《すなは》ち如《じよ》水《すゐ》の亦《また》一時《じ》西敎《せいけう》に聽從《ていじゆう》したりしを觀《み》るに足《た》らん。而《しか》して彼《かれ》の斯《この》教《けう》に觸接《しよくせつ》し、友祥《ともゆき》に衿式《ぎんしき》したるの、何《いづれ》の時《とき》に發《はつ》したるやを知《し》らずと雖《いへど》も、彼《かれ》が伊《い》丹《たみ》に抑留《よくりう》せられたる後《のち》、秀吉《ひでよし》が如水《じよすゐ》の叔父《をぢ》休《きう》夢《む》齋《さい》に與《あた》へたる書中《しよちゆう》に『官兵衛《くわんべゑ》事《こと》、別而《べつして》荒攝と無《なほ》ニ等《ざり》閑《なく》一候《そろ》。今度《このたび》之《の》仕合《しあはせ》、不《ぜ》レ及《ひ》ニ是《におよ》非《はず》一候《そろ》』とあるに徵《ちよう》すれば、如水《じよすゐ》と村重《むらしげ》との交誼《かうぎ》は一日《じつ》に非《あら》ず。其頃《そのころ》はひより友祥《ともゆき》とも相識《あひし》り、早《はや》く基督《キリスト》の教義《けうぎ》に嚮《むか》ひたる歟《か》。且《か》つ之《これ》に嚮《むか》ひたるは、黒田氏《くろだし》の一門中《もんちう》、獨《ひと》り如《じよ》水《すゐ》軒《けん》一人《にん》のみならず。同《おな》じセヴァスチャン寺記《じき》に據《よ》れば、『シモンクデラの改宗《かいしう》に次《つ》ぎて、其《その》同胞《どうはう》左《さ》衛《ゑ》門殿《もんどの》も、亦《また》同《おな》じく聖教《せいけう》に入《い》れり。彼等《かれら》兄弟《きやうだい》は後年《こうねん》筑前《ちくぜん》に於《おい》て秋月《あきづき》・甘木《あまぎ》・其他《そのた》の各地《かくち》に聖教會《せいけうくわい》を創立《さうりつ》したり』と。同記《どうき》には尚《な》ほ記載《きさい》すらく、『關白殿《くわんはくどの》が下《しも》九州征《せい》討《とう》の役《えき》には、其《その》前《ぜん》衛將軍《ゑいしやうぐん》クデラ・カムビョイドノ等《とう》は其《その》旗幟《きし》の徽《き》章《しやう》に十字架を用《もち》ゐたり』と。是《これ》に由《よ》りて之《これ》を觀《み》れば、村重《むらしげ》のシモン如水を殺《ころ》さゞりしは、同時《どうじ》同城中《どうじやうちう》に在《あ》りしジュスト友祥の質《ち》子《し》妹《まい》を害《がい》せざりしと一般《はん》、同《おな》じ信仰上《しんかうじやう》の關係《くわんけい》も、亦《また》其《その》一因《いん》に居《を》らざる無《な》きを知《し》らんや。暫《しばら》く錄《ろく》して後考《こうかう》を待《ま》つ。

尚《な》ほ彼《かれ》如水《じよすゐ》の一時《じ》西教《せいけう》に歸嚮《きかう》し、シモンの基督教名《キリストけうめい》までも稱《しよう》したるを公證《こうしよう》す可《べ》き一左券《さけん》あり。黒田侯爵家《くろだこうしやくけ》の古文書中《こぶんしよちう》に如水《じよすゐ》軒自用《けんじよう》の一印蹟《いんせき》を藏《ざう》す。封建《ほうけん》の代《よ》に在《あ》りては、印上刻《いんじやうこく》する所《ところ》、不可識《ふかしき》の文字《もんじ》とのみ傳《つた》へしが、今日《こんにち》之《これ》を睹《み》れば、中央《ちうわう》には明《あきら》かに十字架《じふじか》を畫《ゑが》き。周圍《しうゐ》に Simon（シモン）……の羅馬字《ローマじ》あり。是《これ》に於《おい》て乎《か》サン・セヴァスチャン寺《じ》記《き》の益〻信《ますますしん》なるを知《し》るに足《た》らん。巻頭の寫眞を參看す可し。

由《よ》りて再《ふた》たび之《これ》を思《おも》へば、如水《じよすゐ》の戰《たゝかひ》を交《まじ》ふるや、常《つね》に全局《ぜんきよく》を制《せい》するに勉《つと》め、毎戰《まいせん》毫《がう》も殺《さつ》を嗜《たしな》まず、是《こ》れ其天性《そのてんせい》の弘度《こうど》に加《くは》へ太閤《たいかふ》の戰略《せんりやく》に私淑《ししゆく》したるにも因《よ》る可《べ》けれど、一つには博愛《はくあい》の敎《けう》義《ぎ》に獲《え》たるものゝ、亦《また》必《かな》らず寡少《くわせう》ならざる可《べ》きを追想《つゐさう》せしむ。人道《じんだう》は托《たく》して彼《かれ》の神識《しんしき》に在《あ》り。是《こ》れ豈偉《あにゐ》として崇《そう》せざるを得《え》んや。

八　竹中重治の友誼

如水家士の忠節……竹中重治の友誼

如水《じよすゐ》の留置《りうち》せらるゝや、小寺政職《こでらまさもと》佯《いつは》り驚《おどろ》き、之《これ》を姫路《ひめぢ》に報《ほう》じて。故《こと》さらに好意《かうい》を示《しめ》す。職隆《もとたか》怒《いか》りて曰《いは》く、吾家《わがいへ》の小寺氏《こでらし》に對《たい》し誠《せい》意を輸《いた》すもの、啻《たゞ》に一世《せい》のみならず。而《しか》るに政職《まさもと》の陰險《いんけん》斯《か》くの如《ごと》し。我《われ》設《たと》ひ孝高《よしたか》を失《うしな》ふとも、豈《あに》織田氏《おだし》に背《そむ》きて、毛利氏《もうりし》に嚮《むか》はんやと。泰然《たいぜん》動《うご》かず。部下《ほうか》の士《し》之《これ》を視《み》て、各《おの〳〵》誓書《せいしよ》を作《つく》りて、之《これ》を職隆《もとたか》に納《い》れ、死《し》生《せい》渝《かは》らざるを表《へう》せり。栗山善助《くりやまぜんすけ》後の備後母《ぼ》里《り》太兵衛《たへゑ》後の但馬宮田治兵衛《みやたぢへゑ》・上原右助《うへはらうすけ》、喜多村甚左衛門《きたむらじんざゑもん》　中村喜《なかむらき》右衛門《ゑもん》、篠原治部左衛門《しのはらぢぶざゑもん》、宮井彌助《みやゐやすけ》、尾江右京亮《をのえうきやうのすけ》、中村與一兵《なかむらよへ》衛《ゑ》、志方左介《しかたさすけ》、衣笠久右衛門《きぬがさきうゑもん》後の因幡後藤右衛門《ごとうゑもん》、長田三助《ながたすけ》、小川《をがは》與三左衛門《よざゑもん》、藤岡甚兵衛《ふぢをかじんべゑ》、金川六右衛門《かながはゑもん》、尾江宗二郎《おのえそうらう》、母里九《ぼり》右衛門《ゑもん》、同三郎右衛門《どうらうゑもん》、同三兵衛《どうべゑ》、鳩岡二郎兵衛《はとをかろうべゑ》、久野四兵衛《ひさのへゑ》、井上彌太郎《ゐのうへやたらう》、吉田七郎兵衛《よしだらうべゑ》、桐山孫兵衛《きりやままごべゑ》後の丹後大野權右衛門《おほのごんゑもん》、首《す》藤太郎兵衛《どうたらうべゑ》、尾江與七《をのえよ》、小河源太郎《をがはげんたらう》、宮内味介《みやうちあぢすけ》、東山助二郎《ひがしやますけらう》、津田藤五郎《つだとうらう》、宮崎與太郎《みやざきよたらう》、河原理兵衛《かははらりへゑ》、鳩岡與次《はとをかよじ》、桂藤三郎《かつらとうらう》、山元彌介《やまもとやすけ》、倉與四郎《くらよらう》、本所新六《ほんじよしん》、栗山與三太郎《くりやまよたらう》等《ら》は其最《そのさい》なりき。

黒田如水

初《はじ》め職《もと》隆《たか》父《ふ》子《し》の未《いま》だ世《よ》に顯《あら》はれざるや、廣《ひろ》く地《ち》方《はう》の豪《がう》俠《けふ》に交《まじは》り、且《か》つ其《その》家の傍《かたはら》に百間《けん》長屋《ながや》二棟《むね》を作《つく》り、行人《かうじん》、旅客《りよかく》、流氓《りうばう》、浮《ふ》浪《らう》と雖《いへど》も、來《きた》り投《とう》ずるあれば、之《これ》を收容《しうよう》し。務《つと》めて之《これ》を撫恤《ぶじゆつ》せり。是《これ》を以《もつ》て人《ひと》多《おほ》く父《ふ》子《し》に歸《き》し、皆《みな》其《その》用《よう》を爲《な》すを樂《たのし》めり。以《もつ》て職《もと》隆《たか》父《ふ》子《し》が大《たい》志《し》の存《そん》せし所《ところ》を想《おも》ふ可《べ》し。顧《かへり》みるに如水《じよすい》の伊丹《いたみ》に拘囚《こうしう》せらるゝに當《あた》りては、毛利《もうり》・石山《いしやま》・荒木《あらき》等《ら》の連合《れんがふ》始《はじ》めて成《な》り、其勢《そのいきほひ》太《はなは》だ強盛《きやうせい》にして、東西《とうざい》の優劣《いうれつ》未《いま》だ判《はん》せず。而《しか》して頼《たの》む所《ところ》の主將《しゆしやう》は他人《たにん》の手《て》に落《お》ち、宗黨《そうたう》の御著《ごちやく》も亦《また》西軍《せいぐん》に歸屬《きぞく》せり。姫路《ひめぢ》の一城《じやう》好《よ》し宗圓《そうゑん》老《らう》職《もと》隆《たか》の留《とゞ》まるありとはいへ、其家《そのか》運《うん》は微《び》茫《ばう》にして、朝《あした》夕《ゆふ》べを測《はか》らざるの時《とき》なるなり。然《しか》るに一騎《き》當《たう》百の士《し》の四十餘《よ》人《にん》連署《れんしよ》して、死生《しせい》之《これ》に奉《ほう》せんと誓《ちか》ふもの、平生《へいぜい》の豢養《けんやう》善《よ》く到《いた》り。士《し》心《しん》を獲《う》るの深《ふか》きに非《あら》ざれば、之《これ》を奈《い》何《かん》ぞ此《こゝ》に至《いた》る

黒田如水

を得《え》んや。

* * * * *

唯《た》だ其《そ》れ多《た》智《ち》の人《ひと》は、疑《うたがひ》を招《まね》くことも亦《また》それだけ尠《すくな》からず。如水《じよすゐ》の初《はじ》め御著《ごちやく》より伊丹《いたみ》に遊説《いうぜい》する、小寺家《こでらけ》を保全《ほぜん》すると同時《どうじ》に、兼《か》ねて荒木氏《あらきし》を悔悟《くわいご》せしめんと欲《ほつ》するに在《あ》り。故《ゆゑ》に外形《ぐわいけい》より之《これ》を視《み》れば、寧《むし》ろ有岡城《ありをかじやう》に入《い》り、村重《むらしげ》の參謀《さんぼう》たるの觀《くわん》なからず。是《これ》を以《もつ》て織田右府《おだうふ》怒《いか》ること甚《はなは》だしく、竹中半兵衛《たけなかはんべゑ》重治《しげはる》に如水《じよすゐ》が質子《ちし》松壽《まつじゆ》を殺《ころ》して、以《もつ》て如水《じよすゐ》の反覆《はんふく》に報《むく》ゆ可《べ》しと命《めい》じたり。重治《しげはる》之《これ》を諫《いさ》めて曰《いは》く、孝高《よしたか》我《われ》に屬《ぞく》せしより、忠《ちう》を盡《つく》し、誠《せい》を容《い》れ、未《いま》だ曾《かつ》て他意《たい》あるを睹《み》ず。且《か》つ彼《かれ》の人《ひと》となりを察《さつ》するに、穎悟《えいご》敏達《びんたつ》なり。今日《こんにち》東《ひがし》を棄《す》てゝ西《にし》に就《つ》くが如《ごと》き、彼《かれ》必《かな》らず之《これ》を爲《な》さじ。其《そ》の一旦《たん》有岡《ありをか》に入《い》るものは、恐《おそ》らくは思慮《しりよ》あらん。今《いま》俄《にはか》に其質子《そのちし》を戮《りく》し、宗圓如水《そうゑんじよすゐ》を驅《か》りて敵用《てきよう》を爲《な》さしむるは、是《こ》れ太《はなは》だ得計《とくけい》に非《あら》ずと。然《しか》も短氣《たんき》大將軍《たいしやうぐん》一たび意《い》を決《けつ》すれば、亦《また》回《かへ》らず。時《とき》に松壽《まつじゆ》は秀吉《ひでよし》に附《ふ》せられ、置《お》かれて其治城長濱《そのちじやうながはま》に在《あ》り。重治《しげはる》乃《すなは》ち陽《やう》に命《めい》を奉《ほう》じ、之《これ》を刑死《けいし》したりと稱《しよう》し。密《ひそか》に人《ひと》を遣《つか》はして、之《これ》を領邑濃州不破郡《りやういふのうしうふはぐん》の菩提城《ぼだいじやう》に送致《そうち》せしめ、善《よ》く之《これ》を扶養《ふやう》したり。是《これ》を以《もつ》て恙《つゝが》なきを得《え》たり。

此間《このかん》の機微《きび》に就《つ》きても、亦省察《またせいさつ》す可《べ》きものあり。如水最初《じよすゐさいしよ》より秀吉《ひでよし》の部下《ほうか》に屬《ぞく》し、秀吉《ひでよし》と親善《しんぜん》なるは、右府《うふ》の夙《つと》に看取《かんしゆ》せし所《ところ》なり。故《ゆゑ》に特《とく》に重治《しげはる》に命《めい》ずるに松壽《まつじゆ》の刑《けい》の執行《しつかう》を以《もつ》てしゝなり。而《しか》るに重治《しげはる》も亦秀吉《またひでよし》と相得《あひえ》て親《したし》かりしかば、相議《あひはか》りて陽《やう》には奉命《ほうめい》し、實《じつ》は之《これ》を匿《かく》しゝのみ。蓋《けだ》し惟《おも》ふに秀吉前《ひでよしさき》には單身有岡《たんしんありをか》に入《い》りて、村重《むらしげ》に說《と》き、更《さら》に復《ま》た如水《じよすゐ》を遣《つか》はして之《これ》を重《かさ》ねしめ、而《しか》して如水《じよすゐ》は留《と》まりて還《かへ》らず。此際《このさい》秀吉《ひでよし》にして松壽《まつじゆ》の刑《けい》を爭《あらそ》はゞ、其身《そのみ》も亦右府《またうふ》の猜疑《さいぎ》に觸《ふ》れん。故《ゆゑ》に緘默《かんもく》の裏《うち》に事宜《じぎ》を處《しよ》せしのみ。否《しか》らざれば、重治《しげはる》安《いづく》んぞ秀吉《ひでよし》保管《ほくわん》の質子《ちし》を其治城《そのちじやう》長濱《ながはま》より拔去《ぬきさ》るを得《え》んや。黒田《くろだ》家譜《かふ》の編者《へんしや》貝原《かひはら》益軒《えきけん》之《これ》を察《さつ》せず、秀吉《ひでよし》亦《また》如水《じよすゐ》の叛《はん》を疑《うたが》ふと爲《な》す。我《われ》は取《と》らず。

九　如水の脫歸

栗山利安の苦忠……如水の脫歸……如水始めて封侯たり

如水《じよすゐ》の拘囚《こうしう》せらるゝや、以《もつ》て其動靜《そのどうせい》の知《し》る可《べ》き無《な》し。部下《ほうか》の士《し》栗山《くりやま》善助《ぜんすけ》備後利安行賈《かうか》に扮《ふん》して有岡《ありをか》の城下《じやうか》に抵《いた》り、嘗《かつ》て相識《あひし》れる銀屋某《しろかねやそれがし》に頼《よ》り、消息《せうそく》を通《つう》ぜんことを囑《しよく》す。某然諾《それがしぜんだく》し、城中《じやうちう》を窺《うかが》ふも、間《かん》の以《もつ》て投《とう》ず可《べ》き無《な》し。只《たゞ》其囹圄《そのれいご》の城後《じやうご》に在《あ》りて一池《ち》を隔《へだ》つるを偵知《ていち》し、還《かへ》りて之《これ》を報《はう》じたれば、即夜《そくや》善助《ぜんすけ》泅《をよ》ぎて彼岸《ひがん》に達《たつ》し、藪裏《すうり》より出《い》でゝ、囹圄《れいご》に接近《せつきん》し、此《こゝ》に始《はじ》めて如水《じよすゐ》を見《み》るを得《え》たり。爾後《じご》銀屋《しろかねや》は屢〻《しば〳〵》警卒《けいそつ》に贈饋《ぞうくわい》し、多《おほ》く其歓心《そのくわんしん》を迎《むか》へたれば、是《これ》より良《やゝ》消息《せうそく》の便宜《べんぎ》を得《え》たり。

如水《じよすゐ》此《こゝ》に在《あ》ること一歳餘《さいよ》にして、天正《てんしやう》七年《ねん》十一月《ぐわつ》、城陷《しろおち》いり、城兵《じやうへい》或《あるひ》は死《し》し、或《あるひ》は遁《のが》る。善助《ぜんすけ》機《き》を得《え》て、銀屋《しろかねや》と城中《じやうちう》に混入《こんにふ》し、囹圄《れいご》を訪《と》へば、守者《しゆしや》亦《また》散《さん》じて、一人《にん》を見《み》ず。乃《すなは》ち守者《しゆしや》が遺《のこ》す所《ところ》の鐵挺《てつてい》を揮《ふる》ひ、錠《ぢやう》を毀《こほ》ちて、室《しつ》に入《い》り、如水《じよすゐ》の手《て》を把《と》りて扶《たす》け出《だ》さんとすれば、幽居《いうきよ》以來《いらい》一脚《きやく》の膝《ひざ》に瘡《さう》を生《しやう》じ、加之《しかのみならず》歳餘《さいよ》の久《ひさ》しき癘《れい》濕《しつ》の氣《き》を受《う》けたれば、雙脛《さうけい》屈《くつ》して、容易《ようい》に伸《の》びず。强《しひ》て起《た》たしめたるも、亦《また》歩《ほ》する能《あた》はず。即《すなは》ち銀屋《しろかねや》と議《はか》りて、一健脚《けんきやく》を傭《やと》ひ、負《お》はしめて出《い》で、先《ま》づ一民家《みんか》に投《とう》じ、近傍《きんばう》に屯《たむろ》せる攻《こう》城軍《じやうぐん》の一隊長《たいちやう》に就《つ》きて救《すくひ》を請《こ》へば、隊長《たいちやう》爲《ため》に衣食《いしよく》を給《きふ》し、卒數《そつすう》人《にん》をして護送《ごそう》せしむ。如水《じよすゐ》の困憊《こんぱい》實《じつ》に甚《はなはだ》し。乃《すなは》ち有馬《ありま》の溫泉《をんせん》に浴《よく》すること數日《すうじつ》、而《しか》る後《の》ち始《はじ》めて姫路《ひめぢ》に歸《かへ》れり。是《こ》れより如水《じよすゐ》は永《なが》く跛者《ひしや》とはなれり。爾後《じご》快濶《くわいくわつ》の秀吉《ひでよし》が此人《このひと》を指《さ》してチンバ、チンバと呼《よ》びたるは、即《すなは》ち是《これ》を以《もつ》ての故《ゆゑ》なり。（諸書に如水の拘留を三年に亘れりと記すは誤なり。）

如水《じよすゐ》既《すで》に姫路《ひめぢ》に歸《かへ》るや、彼《かれ》が胸中《きようちう》の經略《けいりやく》は、彼《かれ》をして暫時《しばし》も寧居《ねいきよ》せしめず。數日《すうじつ》にして秀吉《ひでよし》の本營《ほんえい》に赴《おもむ》き、入《い》りて見《まみ》ゆ。是《これ》より先《さ》き有岡城《ありをかじやう》の將《まさ》に陷落《かんらく》せんとするや、秀吉《ひでよし》は豫《あらかじ》め慮《おもんはか》る所《ところ》あり。右《う》府《ふ》に請《こ》ふに、如《じよ》水《すゐ》の處《しよ》分《ぶん》一に便《べん》宜《ぎ》に委《まか》せられんことを以《もつ》てしたり。當《たう》時《じ》秀《ひで》吉《よし》が如《じよ》水《すゐ》の叔《を》父《ぢ》休《きう》夢《む》に與《あた》へたる手《しゆ》書《しよ》中《ちう》に、『くわんびやうぎも、我《われ》らしだいと御《おん》申《まをし》候《そろ》間《あひだ》、御《おん》心《こゝろ》やすく候《そふら》へかし』といふもの、以《もつ》て徴《ちよう》す可《べ》し。是《これ》に至《いた》りて入《い》りて見《まみ》ゆ。秀《ひで》吉《よし》歡《よろこ》ぶこと甚《はなはだ》しく、益〻《ます〳〵》之《これ》を信《しん》任《にん》したり。

唯《た》だ其《そ》れ何《いづ》れの時《とき》も憐《あはれ》む可《べ》きは、鄭《てい》衞《ゑい》に等《ひと》しき小《せう》國《こく》なり。其《その》政《せい》策《さく》とする所《ところ》は、齊《せい》に事《つな》へん乎《か》楚《そ》に事《つか》へん乎《か》の一あるのみ。是《これ》を以《もつ》て小《こ》寺《でら》政《まさ》職《もと》は織《お》田《だ》毛《もう》利《り》兩《りやう》強《きやう》の間《あひだ》に依《い》違《ゐ》し、僅《わづか》に此《この》際《さい》まで存《そん》在《ざい》したりしも、荒《あら》木《き》氏《し》既《すで》に滅《ほろ》び、織《お》田《だ》氏《し》の勢《せい》力《りよく》益〻《ます〳〵》中《ちう》國《ごく》に加《くは》はらんとするを視《み》ては、如《じよ》水《すゐ》の前《ぜん》言《げん》に從《したが》はざりしを悔《くわい》恨《こん》するも、既《すで》に及《およ》ばず。御《ご》著《ちやく》の城《しろ》を棄《す》てゝ遁《のが》れ、其《その》家《いへ》亦《また》終《つひ》に亡《ほろ》びたり。而《しか》して黒《くろ》田《だ》氏《し》は是《これ》より獨《どく》立《りつ》の一小《せう》名《みやう》とはなれり。此《この》際《さい》尚《な》ほ一事《じ》の附《ふ》記《き》す可《べ》きは、如《じよ》水《すゐ》の前《ぜん》奇《き》厄《やく》たる、主《しゆ》として政《まさ》職《もと》の險《けん》計《けい》に發《はつ》したるも、如《じよ》水《すゐ》は是《これ》を以《もつ》て小《こ》寺《でら》氏《し》を棄《す》てず。後《のち》に秀《ひで》吉《よし》に請《こ》ひて、政《まさ》職《もと》の遺《ゐ》族《ぞく》の鞆《とも》ノ津《つ》に流《りう》寓《ぐう》せるを迎《むか》へ取《と》り、永《なが》く之《これ》を收《しう》錄《ろく》したり。彼《かれ》の雅《が》量《りやう》なる、是《これ》に由《よ》りても察《さつ》す可《べ》からん。

畿《き》内《ない》の變《へん》亂《らん》既《すで》に平《へい》定《てい》したれば、秀《ひで》吉《よし》は復《ま》た大《おほい》に中《ちう》國《ごく》の開《かい》拓《たく》に從《じゆう》事《じ》し、天《てん》正《しやう》八年《ねん》正《しやう》月《ぐわつ》に及《およ》び。近《きん》數《すう》年《ねん》頑《ぐわん》强《きやう》に抵《てい》抗《かう》し、秀《ひで》吉《よし》が播《はん》州《しう》統《とう》一の擧《きよ》を沮《そ》碍《がい》したる三木《き》の險《けん》城《じやう》を攻《こう》略《りやく》したれば、姫《ひめ》路《ぢ》を如《じよ》水《すゐ》父《ふ》子《し》に還《くわん》附《ぷ》し、三木《き》に築《きづ》きて此《こゝ》に移《うつ》らんと欲《ほつ》す。如《じよ》水《すゐ》之《これ》を爭《あらそ》ひて曰《いは》く、三木《き》險《けん》は則《すなは》ち險《けん》なり。然《しか》も其《その》土《ど》偏《へん》僻《ぺき》、大《たい》勢《せい》を制《せい》するの地《ち》に非《あら》ず。之《これ》に反《はん》し、姫《ひめ》路《ぢ》は平《へい》衍《えん》にして、海《かい》陸《りく》の便《べん》あり。固《もと》より中《ちう》國《ごく》の樞《すう》要《えう》に當《あた》れり。何《なん》ぞ是《これ》を棄《す》てゝ彼《かれ》に就《つ》かんとはしたまふやと。秀《ひで》吉《よし》曰《いは》く、我《われ》亦《また》之《これ》を思《おも》はざるには非《あら》ず。然《しか》も吾《ご》子《し》等《ら》の忠節《ちうせつ》一日《じつ》に非《あら》ず。今《いま》其治城《そのちじやう》を奪《うば》ふは、我《われ》の忍《しの》びざる所《ところ》なり。如水之《じよすゐこれ》を遮《さへぎ》りて曰《いは》く、公何《こうなん》ぞ之《これ》を奪《うば》ふとのたまふや。孝高等《よしたから》が當初《たうしよ》より城《しろ》を開《ひら》きて大旆《たいはい》を迎《むか》へしものは、城《しろ》を以《もつ》て獻《けん》ずるなり。請《こ》ふ速《すみやか》に之《これ》を修《をさ》め、以《もつ》て公《こう》の治城《ちじやう》と爲《な》せと。秀吉偉《ひでよしゐ》として之《これ》に從《したが》ひ、新《あらた》に如水《じよすゐ》を同州宍粟郡《どうしうしさはごほり》二萬石に封《ほう》じ。山崎城《やまざきじやう》に居《を》らしめ、次《つ》ぎて九月《ぐわつ》朔《ついたち》更《さら》に揖東郡《いつとうごほり》一萬石を贈賜《ぞうし》せり。如水父子《じよすゐふし》の小寺氏《こでらし》を廢《や》め、黒田氏《くろだし》に復《ふく》したるは、其《そ》れ此頃《このころ》ほひに在《あ》らん歟《か》。現《げん》に揖東郡增賜《いつとうごほりぞうし》の書《しよ》に始《はじ》めて「黒田官兵衛尉殿《くろだくわんびやうゑのじようどの》」と見《み》えたるもの、以《もつ》て左《さ》とす可《べ》し。

野史及其他の諸書に秀吉の播州に封ぜられたるを今年と爲せるもの誤なり。

十　高松城の水攻

四國土豪の招諭……高松城の水攻……如水の巧思……

天正《てんしやう》九年《ねん》秀吉《ひでよし》大《おほい》に姫路《ひめぢ》に築《きづ》き、此《こゝ》に治城《ぢじやう》を定《さだ》む。士民《しみん》四方《はう》より輻輳《ふくそう》し來《きた》る。城下《じやうか》忽《たちま》ち殷闐《いんしん》を稱《しよう》するに至《いた》れり。是時《このとき》に當《あた》りて、秀吉《ひでよし》は既《すで》に播磨《はりま》を定《さだ》め、併《あは》して但馬《たじま》因幡《いなは》を略《りやく》し、兵《へい》を進《すゝ》めて伯《はう》耆《き》にまで入《い》り、宛《えん》たる織《お》田《だ》氏《し》の中國《ちうごく》探題《たんだい》となれり。是《これ》より先《さ》き、四國《こく》の三好《よし》氏衰《おとろ》へて、阿波《あは》淡路《あはぢ》大《おほい》に亂《みだ》れ、三好《よし》の族《ぞく》十《そ》河《がう》存保《まさやす》制《せい》する能《あた》はず。土佐《とさ》の長曾我部《ちやうそかべ》漸《ぜん》々此地《このち》方《はう》を蠶食《さんしよく》せんとす。此秋《このとき》阿波《あは》の土豪《どがう》篠原《しのはら》、赤澤《あかざは》等《ら》欵《くわん》を織田《おだし》氏に納《い》れて、内附《ないふ》を請《こ》ふ。右《う》府《ふ》亦《また》二州《しう》の經略《けいりやく》を秀吉《ひでよし》に命《めい》じたり。時《とき》に秀吉《ひでよし》は因幡《いなは》に在《あ》り。如《じよ》水《すゐ》を擧《あ》げて招討使《せうとうし》と爲《な》し、二州《しう》に入《い》らしむ。如水《じよすゐ》先《ま》づ淡路《あはぢ》に航《かう》して、志智《しち》城《じやう》を收《をさ》め、進《すゝ》みて阿波《あは》に入《い》り、多《おほ》く阿讃《あさん》土豪《どがう》の質子《ちし》を徴《ちよう》し、更《さら》に再《ふた》たび淡路《あはぢ》に轉《てん》じ、由良《ゆら》城《じやう》を攻《せ》めて之《これ》を降《くだ》し、淡《たん》州《しう》忽《たちま》ち平定《へいてい》したれば、歸《かへ》りて秀吉《ひでよし》に復命《ふくめい》したり。

歲序《さいじよ》は轉旋《てんせん》して、茲《こゝ》に記憶《きおく》す可《べ》き天正《てんしやう》十年《ねん》は來《きた》れり。此歲正《このとししやう》月《ぐわつ》九日《か》備《び》前《ぜん》美作《みまさか》及備中《およびびつちう》半《はん》州《しう》の領主《りやうしゆ》宇《う》喜《き》多《た》直家《なほいへ》病歿《びやうぼつ》せり。秀吉乃《ひでよしすなは》ち直家《なほいへ》が子《こ》秀家《ひでいへ》を子《し》養《やう》し、右《う》府《ふ》に申請《しんせい》して直家《なほいへ》の後《のち》を承《う》けしめ、三州《しう》の地《ち》を安堵《あんど》せしめたれば、播磨《はりま》・因幡《いなは》・但馬《たじま》・備《び》前《ぜん》・美作《みまさか》の五州《しう》と備中《びつちう》及伯耆《およびはうき》の各半州《かくはんしう》、皆《みな》秀吉《ひでよし》の節度《せつど》に歸《き》せり。是《これ》に於《おい》て乎《か》大《おほい》に其軍《そのぐん》を整《とゝの》へ、三月進《ぐわつすゝ》みて備中《びつちう》に入《い》り、行々《ゆく〳〵》巣《す》雲塚《ぐもづか》、冠《かむり》、河屋《かはや》等《とう》の城《しろ》を攻《せ》めて、或《あるひ》は破《やぶ》り、或《あるひ》は降《くだ》し、遂《つひ》に高松城《たかまつじやう》を圍《かこ》みたり。

抑〻此城《そも〳〵このしろ》は上邊《かうべ》川《がは》の流域《りうゐき》に在《あ》りて、中國第《ちうごくだい》一の險城《けんじやう》と稱《しよう》せらる。

而《しか》して毛利《もうり》氏《し》の驍將《げうしやう》清《し》水《みづ》長左《ちやうざ》衛《ゑ》門《もん》宗《むね》治《はる》其《その》兄《あに》入《にふ》道《だう》月清《げつしやう》と五千の精《せい》兵《へい》を以《もつ》て之《これ》を死《し》守《しゆ》し、秀《ひで》吉《よし》の軍《ぐん》をして是《これ》より一歩《ほ》も西《にし》するを得《え》ざらしめんと期《き》したるなり。秀《ひで》吉《よし》既《すで》に抵《いた》り、城東《じやうとう》の一高地《かうち》に本《ほん》營《えい》を敷《し》き、全《ぜん》軍《ぐん》に令《れい》して城《しろ》に逼《せま》らしむるも、水《みづ》に阻《そ》せられて近《ちか》づくを得《え》ず。且《か》つ城中《じやうちう》には多《おほ》く銃《じう》彈《だん》を蓄《たくは》へ、日《ひ》に城上《じやうく》より瞰《かん》射《しや》するを以《もつ》て、攻《こう》圍《ゐ》軍《ぐん》の死《し》傷《しやう》尠《すくな》からず。秀吉《ひでよし》策《さく》を按《あん》じて曰《いは》く、此《この》城《しろ》險《けん》要《えう》、急《きふ》に之《これ》を力取《りよくしゆ》せんとせば、徒《いたづら》に多《おほ》く士《し》卒《そつ》を殞《そん》せんのみ。我《われ》熟《つら〳〵》四近《しきん》の地《ち》理《り》を相《さう》するに、山《さん》系《けい》左《さ》右《いう》に連《つらな》り、中《ちう》間《かん》の平《へい》衍《えん》には大《だい》小《せう》七川《せん》の流《なが》るゝあり。若《も》し此《この》水《みづ》を阻《そ》して、城《しろ》に漑《そゝ》がん乎《か》、城《しろ》は湖《こ》底《てい》に沒《ぼつ》せんのみと。即時《そくじ》全《ぜん》軍《ぐん》に令《れい》し、城《しろ》の左《さ》右《いう》三十餘《よ》町《ちやう》に亘《わた》り、大《おほい》に長堤《ちやうてい》を築《きづ》きて、諸《しよ》川《せん》を阻《そ》止《し》せしむ。既《すで》にして長堤《ちやうてい》成《な》るや、七流《りう》合《がつ》して一となり、滔々《たう〳〵》汨々《べき〳〵》、忽《たちま》ち一口《こう》を決潰《けつくわい》し、怒《ど》

黒田如水

號《がう》して噴出《ふんしゆつ》す。水勢《すゐせい》實《じつ》に當《あた》る可《べ》からず。全軍《ぜんぐん》の諸隊手《しよたいて》を束《つか》ね、工《こう》の以《もつ》て施《ほどこ》す可《べ》き無《な》し。時《とき》に如水《じよすゐ》亦從《またしたが》ひて帷幕《ゐばく》に在《あ》り。秀吉《ひでよし》召《め》して之《これ》が修工《しうこう》を命《めい》ず。如水《じよすゐ》謂《い》ふ、是《こ》れ尋常工事《じんじやうこうじ》の能《よ》く成《な》す所《ところ》に非《あら》ずと。乃《すなは》ち下流《かりう》の河口《かこう》に抵《いた》り、巨船《きよせん》二十餘《よ》隻《せき》を募《つの》り、各船《かくせん》に多《おほ》く大石《たいせき》を積載《せきさい》せしめ、之《これ》を曳來《ひきた》りて、長堤《ちやうてい》の決口《けつこう》に駢列《へいれつ》し、重碇《ぢうてい》を附《ふ》して、豫《あらかじ》め其流下《そのりうか》を防《ふせ》ぎ、而《しか》る後《の》ち各船《かくせん》の底《そこ》を鑿《うが》たしめたれば、瞬間《しゆんかん》にして皆水底《みなすゐてい》に沒《ぼつ》せり。如水衆《じよすゐしゆう》を麾《さしまね》きて曰《いは》く、其《そ》れ速《すみやか》に塊石《くわいせき》を投《とう》ぜよと。衆爭《しゆうあらそ》ひて之《これ》を投《とう》ず。未《いま》だ其日《そのひ》を終《をは》らざるに、決口閉塞《けつこうへいそく》の功《こう》を完成《くわんせい》せり。人《ひと》其敏《そのびん》を稱《しよう》せざる無《な》し。

是《これ》より瀦水《ちよすゐ》日《ひ》に漫々《まん〱》、一旬《じゆん》の後《のち》、滿目《まんもく》淼淼《べう〱》大湖《たいこ》となれり。昔《むかし》は趙襄子《てうじやうし》の晉陽《しんやう》を水《みづ》にするや、城《しろ》の浸《ひた》らざる僅《わづか》に三版《はん》にして、竈《かまど》に蛙《かはづ》を生《しやう》せしといふも、今《いま》は啻《たゞ》に三版《はん》のみならず、五月《ぐわつ》に入《い》りては、五千の城兵《じやうへい》刻《こく》一刻《こく》其死《そのし》の迫《せま》るを待《ま》つのみとなれり。

十一　媾和使の來營

如水惠瓊の會見……惠瓊の先見

秀吉《ひでよし》既《すで》に管内《くわんない》及《および》宇喜多《うきた》の兵《へい》を合《あは》せ、其衆《そのしゆう》貳萬壹千、備中《びつちう》に入《い》りて、數城《すうじやう》を拔《ぬ》き、四月廿七日より高松城《たかまつじやう》を圍《かこ》み、之《これ》を水攻《みづぜめ》にするとの報《はう》を聞《き》き、毛利氏《もうりし》も亦其衆《またそのしゆう》を盡《つく》し、五月廿一日、吉川《きつかは》元春《もとはる》・小早川《こはやかは》隆景《たかかげ》は三萬餘を率《ひき》ゐ、出《い》でゝ岩崎《いはさき》・廂山《ひさしやま》等《とう》一帶《たい》の地《ち》に陣《ぢん》し、主將《しゆしやう》毛利輝元《もうりてるもと》も亦《また》二萬餘を督《とく》して之《これ》に次《つ》ぎ、猿掛《さるかけ》に陣《ぢん》す。

前軍《ぜんぐん》後軍《こうぐん》と合《あは》せて、其衆實《そのしゆうじつ》に六萬と號《がう》せり。是時《このとき》に當《あた》りて、東《とう》西兩軍《ざいりやうぐん》の距離《きより》は約《やく》二里《り》許《はかり》、其前哨《そのぜんせう》は往々《わう／＼》六七町《ちやう》の間《あひだ》にまで接近《せつきん》せり。是《これ》より先《さ》き秀吉《ひでよし》も亦《また》急使《きふし》を馳《は》せて、右府《うふ》の親伐《しんばつ》を稟請《りんせい》したれば、右府《うふ》は中國《ちうごく》を戡定《かんてい》する此《この》一擧《きよ》に在《あ》りと爲《な》し、明智光秀《あけちみつひで》・筒井順慶《つゝゐじゆんけい》・長岡忠興《ながをかたゞおき》・池田信輝《いけだのぶてる》・瀧川一益《たきがはかずます》・高山友祥《たかやまともゆき》等に各出兵《かくしゆつぺい》を命《めい》じ、右府《うふ》、信忠《のぶたゞ》と之《これ》を督《とく》して、日《ひ》ならず將《まさ》に雷發《らいはつ》せんとし、既《すで》に出《い》でゝ京都《きやうと》に次《じ》せり。此際兩軍《このさいりやうぐん》の主腦《しゆなう》には、各兩般《かくりやうはん》の思《おもひ》あり。元《もと》春隆景《はるたかかげ》は謂《おも》へらく、此瞬間《このしゆんかん》に淸《し》水《みづ》宗治《むねはる》を長圍《ちやうゐ》に救《すく》ひ、且《か》つ秀吉《ひでよし》毛《もう》利家《りけ》の軍《ぐん》を破《やぶ》るに非《あら》ざれば、織田氏《おだし》の大軍《たいぐん》將《まさ》に大《おほい》に到《いた》らんとす。利家《りけ》の存亡《そんばう》は旦夕《たんせき》に在《あ》りと。然《しか》も前面《ぜんめん》には長良川《ながらがは》の長流《ちやうりう》あるに加《くは》へ、足守川《あしもりがは》の下流《かりう》を堰止《せきと》められたれば、其水《そのみづ》氾濫《はんらん》し、軍《ぐん》を進《すゝ》むるの術《じゆつ》あらず。空《むな》しく高松《たかまつ》の困頓《こんとん》し、東軍《とうぐん》の得々《とく／＼》たるを望見《ばうけん》して、焦殺《せうさつ》せり。而《しか》して秀吉《ひでよし》に在《あ》りては、右府《うふ》の未《いま》だ到《いた》らざるに先《さき》だちて、高松《たかまつ》を陷《おとしい》れ、以《もつ》て西軍《せいぐん》の鋭氣《えいき》を挫《とりひし》がんと苦心《くしん》せり。

唯《た》だ其《そ》れ秀吉《ひでよし》の高松《たかまつ》水攻《みづぜめ》の計策《けいさく》は、地《ち》の理《り》を得《え》たるが上《うへ》に、天《てん》の時《とき》に合《がつ》し、さらぬだに長堤《ちやうてい》七川《せん》を遮斷《しやだん》して、水勢《すゐせい》日《ひ》に增嵩《ぞうかう》するに、五月《ぐわつ》の霖雨《りんう》淫々《ゐんゝ》として、亦日《またひ》に水量《すゐりやう》を加《くは》ふれば、一面《めん》には六萬《まん》の敵軍《てきぐん》眉捷《びせう》の間《あひだ》に迫《せま》りながら、一小戰鬪《せうせんとう》すら挑《いど》むを得《え》ず。他面《ためん》には高松《たかまつ》五千の城兵《じやうへい》、木末屋上《ほくまつをくじやう》に巣居《さうきよ》して、其死《そのし》の臻《いた》るを待《ま》てるのみ。是《これ》に至《いた》りて媾和《こうわ》の端《たん》は西軍《せいぐん》の一方《はう》より迸發《へいはつ》せり。

毛利《もうり》の陣僧《ぢんそう》に安國寺《あんこくじ》惠瓊《ゑけい》といふ者《もの》あり。智慧《ちけい》人《ひと》に殊絕《しゆぜつ》し、輝《てる》元《もと》に信任《しんにん》せられて、幕議《ばくぎ》に參與《さんよ》し、毎《つね》に行陣《かうぢん》の間《あひだ》に在《あ》りて、宣《せん》戰《せん》、媾和《こうわ》の使命《しめい》に從事《じゆうじ》せり。十年《ねん》の昔《むかし》、天正元年《てんしやうぐわんねん》、將軍《しやうぐん》足利《あしかゞ》義《よし》昭《あき》の事《こと》に關《くわん》し、毛《もう》利《り》氏《し》の遣《けん》使《し》となりて、河《かは》内《ち》の若《わか》江《え》に赴《おもむ》き、秀《ひで》吉《よし》に會《くわい》見《けん》して、事《じ》宜《ぎ》を議《ぎ》したることあり。是《これ》に由《よ》りて秀《ひで》吉《よし》を識《し》れり。當《たう》時《じ》彼《かれ》が吉《きつ》川《かは》元《もと》春《はる》に寄《よ》せたる書《しよ》あり。中《うち》にいふ。

『信《のぶ》長《なが》の代《よ》、五年《ねん》三年《ねん》は可《もた》レ被《る》レ持《べく》候《そろ》。明《みやう》年《ねん》邊《あたり》は公《く》家《げ》などに可《なら》レ被《る》レ成《べく》候《そろ》かと見《み》及《および》申《まをし》候《そろ》。左《さ》候《ふらう》而《て》後《のち》、高ころびに、あをのけに轉《ころ》ばれ候《さふらふ》ずると見え申候。藤吉郎さりとてはの者にて候。』と

其《その》著《ちやく》眼《がん》の透《とう》徹《てつ》なる、信《のぶ》長《なが》、秀《ひで》吉《よし》の未《み》來《らい》を預《よ》言《げん》する、龜《き》卜《ぼく》して犀《さい》照《て》らすとや稱《しよう》す可《べ》けん。是《これ》を以《もつ》て今《いま》彼《かれ》は新《あらた》に媾《かう》和《わ》使《し》となり、條《でう》件《けん》を齎《もた》らして、秀《ひで》吉《よし》が蛙《かへる》ケ鼻《はな》の本《ほん》營《えい》には來《きた》れり。而《しか》して之《これ》を引《いん》接《せつ》したる者《もの》は誰《たれ》ぞ。秀《ひで》吉《よし》の參《さん》謀《ぼう》長《ちやう》如《じよ》水《すゐ》其《その》人《ひと》なり。

黑《くろ》田《だ》家《か》譜《ふ》には如《じよ》水《すゐ》命《めい》を受《う》け、惠《ゑ》瓊《けい》を招《せう》致《ち》し、此《この》媾《かう》和《わ》談《だん》判《ぱん》を我《われ》より開《かい》始《し》したりと記《しる》せり。是《こ》れ事《じ》理《り》を辨《べん》ぜざるの記《き》事《じ》なり。

秀吉《ひでよし》既《すで》に高松《たかまつ》を圍《かこ》みて、之《これ》を攻陷《こうかん》する、旦夕《たんせき》に在《あ》り。且《か》つ信長《のぶなが》の大擧《たいきよ》親伐《しんばつ》を請《こ》ひて、大軍《たいぐん》の到《いた》る、亦《また》週旬《しうじゆん》を出《い》でざらんとす。秀吉《ひでよし》たる者《もの》、如水《じよすゐ》たる者《もの》、之《これ》を奈何《いかん》ぞ我《われ》より媾和《こうわ》を求《もと》めんや。益軒《えきけん》往々《わう〳〵》如水《じよすゐ》を時局《じきよく》の主《しゆ》たらしめんが爲《ため》に、此底《このてい》の誤《あやまり》を傳《つた》ふ。惜《をし》む可《べ》し。

十二　如水の折衝

媾和談判……如水の折衝……惠瓊の獨斷

惠《ゑ》瓊《けい》は如水《じよすゐ》に會見《くわいけん》し、媾和《こうわ》の條件《でうけん》を提出《ていしゆつ》して曰《いは》く、毛利家《もうりけ》の爲《ため》に周《す》防《はう》・長《なが》門《と》・安《あ》藝《き》・備《びん》後《ご》・伯《はう》耆《き》・出《いづ》雲《も》・石《いは》見《み》の七州《しう》及《およ》び備《びつ》中《ちう》半《はん》州《しう》の保《ほう》留《りう》を認《みと》められなば、其《その》他《た》の毛《もう》利《り》所《しよ》管《くわん》の諸《しよ》州《しう》は、之《これ》を織《お》田《だ》家《け》に割《かつ》讓《じやう》す可《べ》し。代《かは》りに貴《き》軍《ぐん》は高《たか》松《まつ》城《じやう》の圍《かこみ》を釋《と》き、在《ざい》城《じやう》將《しやう》卒《そつ》の助《じよ》命《めい》を諾《だく》せられよと。如《じよ》水《すゐ》は乃《すなは》ち入《い》りて秀《ひで》吉《よし》と圖《と》議《ぎ》する所《ところ》あり。出《い》でゝ之《これ》に對《たい》して曰《いは》く、毛《もう》利《り》家《け》は宜《よろし》く備《びつ》中《ちう》・備《びん》後《ご》・美《みま》作《さか》・因《いな》幡《ば》・伯《はう》耆《き》の五州《しう》を放《はう》棄《き》すべし。高《たか》松《まつ》の陷《かん》落《らく》は方《まさ》に旦《たん》夕《せき》に在《あ》り。城《じやう》將《しやう》切《せつ》腹《ぷく》して力《りよく》屈《くつ》の意《い》を表《へう》しなば、其《その》餘《よ》の士《し》卒《そつ》を助《じよ》命《めい》す可《べ》きのみと。惠《ゑ》瓊《けい》返《かへ》りて之《これ》を復《ふく》す。元《もと》春《はる》・隆《たか》景《かげ》相《あひ》議《ぎ》して曰《いは》く、割《かつ》地《ち》の境《きやう》域《ゐき》は讓《じやう》歩《ほ》するも可《か》なり。宗《むね》治《はる》の忠《ちう》節《せつ》彼《かれ》が如《ごと》くなるに、之《これ》を棄《す》てゝ苟《こう》安《あん》を圖《はか》らば、士《し》道《だう》其《そ》れ何《いづ》れに在《あ》る。宜《よろ》しく再《ふた》たび使《つかひ》して、宗《むね》治《はる》の一命《めい》を請《こ》ふべしと。惠《ゑ》瓊《けい》乃《すなは》ち復《ま》た來《きた》る。如《じよ》水《すゐ》復《ま》た拒《こば》みて應《おう》せず。談《だん》判《ぱん》は將《まさ》に破《は》裂《れつ》せんとせり。然《しか》れども秀《ひで》吉《よし》の急《いそ》ぐ所《ところ》は事《じ》功《こう》に在《あ》り。即《すなは》ち右《う》府《ふ》の未《いま》だ西下《せいか》せざるに先《さき》だちて、高松《たかまつ》を吾手《わがて》に收《をさ》むるに在《あ》り。而《しか》して如水《じよすゐ》は方《まさ》に樽爼《そんそ》の任《にん》に當《あた》れば、敵國《てきこく》の遣使《けんし》と私談《しだん》す可《べ》からず。智嚢《ちなう》の如水《じよすゐ》は亦《また》秀吉《ひでよし》と圖議《とぎ》せしならん。俄《にはか》にして蜂須賀《はちすか》正勝《まさかつ》。生駒親正《いこまちかまさ》は恵瓊《ゑけい》を別室《べつしつ》に招《まね》き、從容之《しようようこれ》に告《つ》げて曰《いは》く、今《いま》や右府《うふ》の大軍將《たいぐんまさ》に掩《おほ》ひ到《いた》らんとして、貴軍《きぐん》の諸將密《しよしやうひそか》に欵《くわん》を通《つう》ずる者《もの》、亦尠《またすくな》からず。現《げん》に小左《せうさ》の親信《しん〱》せる上原以下《うへはらいか》の誓詞《せいし》此《こ》に在《あ》りと。篋底《きやうてい》を探《さぐ》りて、數通《すうつう》を出《いだ》して之《これ》を示《しめ》し、且《か》つ曰《いは》く、此際《このさい》公等《こうら》尚《な》ほ一宗治《いちむねはる》を事《こと》とせんと欲《ほつ》する歟《か》と。恵瓊愕眙《ゑけいがくい》たり。

彼乃《かれすなは》ち謂《おも》へらく、宗治《むねはる》の死《し》、兩川《りやうせん》に議《はか》るも、之《これ》を聽《き》かず。而《しか》も宗治死《むねはるし》せざれば、談判《だんぱん》は刻下《こくか》に破裂《はれつ》せん。毛利家《もうりけ》の存亡此秋《そんぼうこのとき》に在《あ》り。如《し》かず我獨斷《われどくだん》して宗治《むねはる》に說《と》き、其《そ》れをして引決自裁《いんけつじさい》せしめんにはと。攻圍軍《こうゐぐん》に請《こ》ひて、小舸《せうか》を走《はし》らし、城《しろ》に入《い》りて、宗治《むねはる》を見《み》、具《つぶさ》に談《だん》ず。宗治《むねはる》涙《なみだ》を流《なが》して曰《いは》く、今《いま》の時《とき》に當《あた》りて、東西《とうざい》の勢力《せいりよく》相抗《あひかう》せず。媾和《こうわ》にして成《な》る可《べ》くば、設《たと》ひ宗治《むねはる》が如《ごと》き者《もの》五名《めい》十名《めい》を棄《す》つるとも何《なに》かあらん。然《しか》も兩川《りやうせん》は我《われ》一人《にん》の爲《ため》に此議《このぎ》を肯《がへん》ぜられざる歟《か》。高義《かうぎ》實《じつ》に佩《はい》するに餘《あま》りあり。宗治《むねはる》たる者《もの》、豈《あに》名節《めいせつ》を勵《はげ》まざる可《べ》けんやと。乃《すなは》ち惠瓊《ゑけい》を遣歸《けんき》して、秀吉《ひでよし》の軍《ぐん》に復《ふく》せしめ、次《つ》ぎて六月、二日、更《さら》に一介《かい》を派《は》して蜂須賀正《はちすかまさ》勝《かつ》の營《えい》に到《いた》らしめ、宗治《むねはる》防戰《はうせん》の力《ちから》爰《こゝ》に竭《つ》く、願《ねがは》くば一檢使《けんし》を得《え》、兄弟《けいてい》二人《にん》其《その》眼前《がんぜん》に自裁《じさい》し、以《もつ》て城中《じやうちう》五千の死命《しめい》を宥助《いうじよ》せられんことを請《こ》ふと。其意《そのい》剴切《がいせつ》、言表《げんへう》に見《あら》はる。秀吉《ひでよし》深《ふか》く之《これ》を義《ぎ》とし、一隻《せき》の船《ふね》を艤《ぎ》して、酒肴《しゆかう》を載《の》せ、船《ふね》を合《がつ》して之《これ》を贈《おく》り、來《きた》る四、日、を以《もつ》て臨檢切腹《りんけんせつぷく》の期《き》と定《さだ》めたり。而《しか》して其事《そのこと》亦《また》一に如水《じよすゐ》の企《き》圖中《とちう》に入《い》れり。

忽《たちま》ちにして三日の夜半、京都《きやうと》本能寺《ほんのうじ》の凶報《きようはう》は、秀吉《ひでよし》蛙《かへる》ケ鼻《はな》の本營《ほんえい》に落《お》ちたり。秀吉《ひでよし》及《および》如水《じよすゐ》の英才《えいさい》大略《たいりやく》は、是《これ》より一代《だい》の偉觀《ゐくわん》を開出《かいしゆつ》し來《きた》らんとす。

十三 媾和の成立

如水隆景の會見……本能寺變の凶報……清水宗治兄弟の屠腹……媾和の成立……秀吉の誓書

六月二日、如水《じよすゐ》は小早川左衛門佐隆景《こはやかはさゑもんのすけたかかげ》の營《えい》に赴《おもむ》き、媾和《かうわ》條件《でうけん》に關《くわん》し提議《ていぎ》する所《ところ》あり。蓋《けだ》し清水《しみづ》宗治《むねはる》が切腹《せつぷく》は、兩川《りやうせん》の當初《たうしよ》強《し》ふるに忍《しの》びざりし所《ところ》なりと雖《いへど》も、其《その》人自《ひとみづか》ら引決《いんけつ》して、旨《むね》を秀《ひで》吉《よし》の營《えい》に通《つう》じ、且《か》つ其期《そのき》をすら約《やく》したりと聞《き》きては、最《も》早《はや》其《そ》の爲《な》す所《ところ》に委《まか》し、媾和《こうわ》を進《すゝ》むるの勝《まさ》れるに若《し》かずとは、隆景《たかかげ》の方《はう》寸中《すんちう》に既《すで》に定《さだ》まりたる所《ところ》ならん。如水《じよすゐ》の智《ち》、豈《あに》之《これ》を察《さつ》せざらん。是《これ》に於《おい》て乎《か》今日《こんにち》の行《かう》とはなりたるなり。果《はた》せる哉《かな》、隆景《たかかげ》之《これ》を迎《むか》へて曰《いは》く、吾家《わがいへ》初《はじめ》より右府《うふ》と宿怨《しゆくゑん》あるに非《あら》ず。又《また》倶《とも》に鹿《しか》を中原《ちうげん》に爭《あらそ》ふの意《い》あるにも非《あら》ず。只《たゞ》荒木《あらき》攝津《せつつ》と光佐上人《くわうさしやうにん》との懇請《こんせい》あるに由《よ》り、義《ぎ》、之《これ》を援《たす》けしのみ。今《いま》や攝津《せつつ》は覆敗《ふくはい》し、上人《しやうにん》亦《また》勅《ちよく》を拜《はい》して和《わ》を媾《こう》ず。我《われ》其《そ》れ何《なに》をか爭《あらそ》はん。前日《ぜんじつ》請《こ》ふ所《ところ》の大體《だい〳〵》にして承認《しようにん》せらるゝを得《え》ば、餘《よ》は命《めい》のまゝならんのみと。如水《じよすゐ》の意《い》も亦略合《またほゞがつ》する所《ところ》あり。諸般《しよはん》の事宜《じぎ》を協商《けうしやう》し、返《かへ》りて之《これ》を秀吉《ひでよし》に復命《ふくめい》し、以《もつ》て明日宗治《みやうにちむねはる》の城《しろ》を出《いづ》るを待居《まちゐ》たり。

然《しか》るに同夜半子《ね》の刻《こ》今の十二時の頃《ころ》ほひ、京都《きやうと》の長谷川《はせがは》宗仁《そうじん》が急《きふ》使《し》の飛脚《ひきやく》は到《いた》り、昨暁明智《あけち》日向守《ひうがのかみ》光秀《みつひで》、右府《うふ》を本能寺《ほんのうじ》に襲《おそ》ひ、右府《うふ》は終《つひ》に自盡《じじん》したまひ、世子《せいし》信忠卿《のぶたゞきやう》も亦《また》二條《でう》に於《おい》て落命《らくめい》せられたりと報《はう》じたれば、如水《じよすゐ》直《たゞ》ちに其《その》飛脚《ひきやく》を一室《しつ》に置《お》き、戒《いまし》めて出《いだ》さず。且《か》つ人《ひと》と語《ご》を交《まじ》ふるを禁《きん》じおき、入《い》りて之《これ》を秀吉《ひでよし》に告《つ》ぐ。流石《さすが》の秀吉《ひでよし》も暫《しば》し默然《もくぜん》たり。是時《このとき》如水《じよすゐ》する〳〵と進《すゝ》み寄《よ》り、秀吉《ひでよし》の膝《ひざ》をほと〳〵と叩《たゝ》き、時來れり。主公の運に乘じ業を成したまふは、是時に在り。機や失ふ可からずと。秀吉《ひでよし》默《もく》して之《これ》を首肯《しゆこう》し、然《さ》らば急使《きふし》は相續《あひつ》ぎて到《いた》る可《べ》し。重《かさ》ねて其《その》報《はう》告《こく》を聽《き》くも、亦《また》何《なん》の用《よう》かこれあらん。宜《よろし》く之《これ》を中途《ちうと》に遏《とゞ》め、敵軍《てきぐん》の未《いま》だ聞知《ぶんち》せざるに先《さき》だち、明日《めうにち》媾和《こうわ》の約《やく》を贏《か》ち得《う》べきのみと。乃《すなは》ち人《ひと》を三四里《り》の外《ほか》に出《いだ》して、飛脚《ひきやく》の來《きた》るを要《えう》せしむ。果然《くわぜん》飛脚《ひきやく》は前後《ぜんこ》に相望《あひのぞ》む。悉《ことごと》く抑《おさ》へて西《にし》せしめず。本營《ほんえい》は夷然《いぜん》として平《へい》日《じつ》の如《ごと》く、以《もつ》て東天《とうてん》の明《あ》くるを待《ま》てり。吁《あゝ》秀吉《ひでよし》の英雄《えいゆう》たる、如《じよ》水《すゐ》の俊傑《しゆんけつ》たる、是《これ》に於《おい》て乎《か》何人《なにびと》も同意《どうい》せざるを得《え》ざる可《べ》し。

明《あ》くれば四日、清水《しみづ》長左衞門《ちやうざゑもん》宗治《むねはる》、其兄《そのあに》月清入道《げつしやうにふだう》と約《やく》を違《たが》へず、輕舸《けいか》に乘《じやう》じて、蛙《かへる》ケ鼻《はな》本營《ほんえい》の前面《ぜんめん》に來《きた》る。秀吉《ひでよし》即《すなは》ち堀尾《ほりを》茂《も》助吉晴《すけよしはる》を檢使《けんし》として其舸《そのふね》に臨檢《りんけん》せしむ。宗治兄弟《むねはるけいてい》欣然《きんぜん》之《これ》を迎《むか》へ、各《おの〳〵》切腹《せつぷく》して、此《こゝ》に名譽《めいよ》の忠死《ちうし》を遂《と》げたり。秀吉《ひでよし》直《たゞ》ちに惠瓊《ゑけい》を招《まね》きて曰《いは》く、長左《ちやうざ》既《すで》に約《やく》を履《ふ》みて切腹《せつぷく》せり。此上《このうへ》兩軍《りやうぐん》相對《あひたい》するも何《なに》をか爲《な》さん。須《すべか》らく前日の協商《けふしやう》に從《したが》ひ、速《すみやか》に媾和《かうわ》を成立《せいりつ》すべきのみ。長左《ちやうざ》の死《し》、吾《わが》要求《えうきう》を充《み》たしたれば、割地《かつち》の條件《でうけん》は我《われ》之《これ》を讓歩《じやうほ》せん。山陰《さんいん》は伯耆《はうき》の八橋川《はしがは》を限《かぎ》り、山陽《さんやう》は備中《びつちう》の河邊川《かはべがは》を界《さかひ》とし、以《もつ》て兩家《りやうけ》の封境《ほうきやう》を分《わか》つ可《べ》しと。更《さら》に誓書《せいしよ》を作《つく》り、之《これ》を陣僧《ぢんそう》大和坊《やまとばう》に附《ふ》し、惠瓊《ゑけい》と倶《とも》に西軍《せいぐん》に到《いた》らしめ、茲《こゝ》に輝元《てるもと》・元《もと》春《はる》・隆景《たかかげ》の誓書《せいしよ》と交換《かうくわん》せしめ、且《か》つ輝元《てるもと》よりは季父《きふ》元綱《もとつな》後の久留米侍従秀包及《および》桂廣繁《かつらひろしげ》を質《ち》として出《いだ》したり。此日《このひ》秀吉《ひでよし》の贈《おく》りたる誓書《せいしよ》の全《ぜん》文《ぶん》は左《さ》の如《ごと》し。

『起誓文之事《きしやうもんのこと》

一、被對公儀《かうぎにたいせられ》、御身上之義《ごしんじやうのぎ》、吾等《われら》受取申候條《うけとりまをしそろでう》、聊以不可粗略事《いさゝかもつてそりやくにすべからざること》。

一、雖不及申候《まをすにおよはずそろといへども》、輝元《てるもと》・元春《もとはる》・隆景《たかかげ》深座《しんざ》無如才《じよさいなく》、吾等《われら》掛進退《しんたいにかけ》、見《み》計申間敷事《はかりまをすまじきこと》。

一、如斯申談《かくのごとくまをすだん》ずる上《うへ》は表裏《へうり》・拔公事《ぬけくじ》、不可有之事《これあるべからざること》。

右之《みぎの》條々《でう〳〵》、若於有詐者《もしいつはりあるにおいては》、忝日本國中大小神祇《かたじけなくもにほんこくちうだいせうのじんぎ》、殊《こと》には八幡《はちまん》大《だい》菩薩《ぼさつ》・愛宕《あたご》・白山《はくさん》・摩利支天《まりしてん》、別而《べつして》氏神之《うじかみの》御罰可掛蒙者也《おんばつかゝりかうむるべきものなり》。依而《よつて》起《き》誓如件《しやうくだんのごとし》。

天正十年六月四日

羽柴筑前守秀吉　血判

毛利右馬頭殿

吉川駿河守殿

小早川左衛門佐殿』

斯《か》くの如《ごと》くにし媾和《こうわ》條約《でうやく》は崇朝《そうてう》ならずして、茲《こゝ》に完《まつた》く成立《せいりつ》したり。秀吉《ひでよし》及《およ》び如水《じよすゐ》外交《ぐわいかう》の技倆《ぎりやう》、抑《そも〳〵》亦《また》辛辣《しんらつ》なる哉《かな》。

是《これ》に至《いた》りて言《い》ふ可《べ》きもの尠《すくな》からず。由來《ゆらい》の諸書《しよ〳〵》、概《おほむ》ね此擧《このきよ》に關《くわん》し、秀吉《ひでよし》明々《めい〳〵》地《ち》に右府《うふ》の弑《しい》に遭《あ》はれたるを西軍《せいぐん》に告《つ》げ、事《こと》此《こゝ》に至《いた》りても、尚《な》ほ前議《ぜんぎ》を追《お》ひ、媾和《こうわ》を約《やく》して、秀吉《ひでよし》が東上《とうじやう》の弔戰《てうせん》を成《な》さしむる歟《か》。抑《そも〳〵》和議《わぎ》を撤去《てつきよ》して、一會戰《くわいせん》を賭《と》せらる丶歟《か》。唯《た》だ諸君《しよくん》の擇《えら》ぶ所《ところ》のみと言遣《いひや》りしと傳《つた》ふ。之《これ》を坐上《ざじやう》の談柄《だんぺい》とすれば、快《くわい》は則《すなは》ち快《くわい》なり。然《しか》れども大志《たいし》を蓄《たくは》ふること秀吉《ひでよし》の如《ごと》くにして、一期《ご》の大事《だいじ》に臨《のぞ》む。彼《かれ》が如《ごと》き不用意《ふようい》の擧《きよ》に出《い》でんや。彼條約誓書《かのでうやくせいしよ》の第《だい》一款《くわん》を見《み》よ。謂《い》ふ所《ところ》の公儀なる者《もの》は、右府《うふ》を指稱《ししよう》するに非《あら》ずして何《なん》ぞや。其《その》蒙《がう》を秘《ひ》して其《その》變《へん》を掩《おほ》ひ、鬼神《きじん》も其間《そのかん》を伺《うかゞ》ふ能《あた》はざる刹那《せつな》を利用《りよう》し、以《もつ》て此《この》約《やく》を成《な》したるのみ。

次《つぎ》に三日に於《お》ける如水隆景《じよすゐたかかげ》の會見《くわいけん》を言《い》ふもの、獨《ひと》り黑田家譜《くろだかふ》これあり。此豫備協商《このよびけふしやう》ありて、四日の條約立《でうやくた》ちどころに成《な》りしのみ。否《しか》らざれば、彼《かれ》が如《ごと》き大問題《だいもんだい》に對《たい》し、條件《でうけん》の共諾《きようだく》、誓書及人質《せいしよおよびひとじち》の準備《じゆんび》、之《これ》を奈何《いかん》ぞ然《しか》く快速《くわいそく》なるを得《え》んや。但《た》だ家譜《かふ》は此協商《このけうしやう》を以《もつ》て、直《たゞ》ちに條約《でうやく》の結了《けつれう》と爲《な》す。是《こ》れ當時《たうじ》の眞《しん》事《じ》實《じつ》を知《し》らず、益《えき》軒《けん》の臆《おく》度《たく》偶〻《たま〳〵》誤《あやまり》を傳《つた》へしのみ。

十四　秀吉の東上

秀吉の英略……吉川元春の憤恨……小早川隆景の思慮

媾《こう》和《わ》其《その》成《せい》を告《つ》ぐるや否《いな》や、秀《ひで》吉《よし》は直《たゞ》ちに諸《しよ》將《しやう》に振《しん》旅《りよ》の令《れい》を密《みつ》傳《でん》し、又《また》命《めい》じて大《たい》堤《てい》を切《き》り、堤《てい》中《ちう》の水《みづ》を落《おと》さしめ、杉《すぎ》原《はら》七郎《らう》左《ざ》衛《ゑ》門《もん》家《いへ》次《つぐ》を擧《あ》げて高《たか》松《まつ》城《じやう》の留《りう》守《しゆ》とし、且《か》つ之《これ》に告《つ》げて曰《いは》く、今《こん》朝《てう》の盟《めい》約《やく》たる、本《ほん》能《のう》寺《じ》の事《じ》變《へん》を秘《ひ》して之《これ》を成《な》せり。測《はか》るに變《へん》報《はう》の西營《せいえい》に達《たつ》する、恐《おそ》らく亦今夕《またこんせき》を出《い》でじ。彼《かれ》にして此報《このはう》を獲《え》なば、或日《あるひ》は我《われ》の致《いた》す所《ところ》となりたるを悔《く》い、追擊《つゐげき》の擧《きよ》に出《い》でんやも未《いま》だ知《し》る可《べ》からず。表△裏△は寧《むし》ろ我《われ》に在《あ》り。是《これ》を以《もつ》て彼《かれ》を責《せ》む可《べ》きに非《あら》ず。然《しか》りと雖《いへど》も、我《われ》亦吾軍《またわがぐん》を全《まつた》くする所以《ゆゑん》を按《あん》せり。既《すで》に大堤《たいてい》を切《き》りて、諸川《しよせん》を疏《そ》すれば、其水《そのみづ》は一時《じ》に下流《かりう》に汎濫《はんらん》せん。彼《か》れ平原《へいげん》より我軍後《わがぐんご》を追躡《つゐせつ》せんと欲《ほつ》するも、一兩日間《りやうにちかん》は洪《こう》水《すゐ》に阻《へだ》てられん、若《も》し又山路《またさんろ》より來《きた》らんと策《さく》せん乎《か》、樵路《せつろ》獸徑《じうけい》一日《にち》に幾何《いくはく》の兵《へい》を遣《や》るを得《え》んや。我此間隙《われこのかんげき》を利用《りよう》し、全軍《ぜんぐん》を收《をさ》めて振旅《しんりよ》せん。爾《なんぢ》は留《とゞま》りて彼軍《かのぐん》の動靜《どうせい》を偵察《ていさつ》し、而《しか》る後《の》ち徐《おもむ》ろに吾後《わがあと》を追《お》ふ可《べ》きのみと。更《さら》に如水《じよすゐ》を擧《あ》げて後殿《こうでん》と爲《な》し、五日昧爽《まいさう》より退却《たいきやく》を開始《かいし》し、全軍急行《ぜんぐんきふかう》して上國《じやうこく》を指《さ》し、岡山《をかやま》を過《す》ぎて、同夜は沼城《ぬまじやう》に宿營《しゆくえい》し、六日黑田氏《くろだし》起身《きしん》の地《ち》たる福岡《ふくをか》の渡頭《ととう》に到《いた》り、始《はじ》めて右府《うふ》遭害《さうがい》の訃音《ふおん》に接《せつ》したる状《じやう》を装《さう》し、之《これ》を西《にし》のかた毛利《もうり》氏《し》に報《はう》じたり。

＊　＊　＊　＊　＊

秀吉《ひでよし》の明察《めいさつ》は果《はた》して違《たが》はず。媾和《こうわ》成立《せいりつ》の即夜、紀州《きしう》雑賀《さいが》の一黨《たう》の京都《きやうと》に在《あ》る者《もの》修驗《しゆげん》金井《かなゐ》坊《ばう》を走《はし》らして、本能寺《ほんのうじ》の變《へん》を西軍《せいぐん》に急報《きふはう》せり。此報《このはう》に接《せつ》するや、諸將《しよしやう》は悉《こと〲》く帷幕《ゐばく》の裏《うち》に聚《あつま》れり。吉《きつ》川元春《かはもとはる》憤恨《ふんこん》して曰《いは》く、今日《こんにち》の事《こと》、筑前《ちくぜん》が爲《ため》に食《くら》はさる。彼《か》れ既《すで》に表裏に出《い》づ。誓約《せいやく》其《そ》れ何《なに》かあらん。馬《うま》をも乗倒《のりたふ》さんは、是《こ》れ此場合《このばあひ》なり。直《たゞ》ちに東軍《とうぐん》を追撃《つゐげき》し、一擧《きよ》彼《かれ》を掩取《あんしゆ》す可《べ》しと。將《まさ》に坐《ざ》を立《た》たんとす。隆景《たかかげ》初《はじめ》より一言《げん》を出《いだ》さず。是《これ》に至《いた》り徐《おもむ》ろに口《くち》を開《ひら》きて曰《いは》く、阿兄《あけい》の戰略《せんりやく》妙《めう》は即《すなは》ち妙《めう》、刻下《こくか》東軍《とうぐん》を追撃《つゐげき》せば或《あるひ》は其《そ》れ志《こゝろざし》を得《う》べし。然《しか》りと雖《いへど》も誓盟《せいめい》も亦《また》大《だい》なり。阿《あ》兄《けい》亦《また》其《そ》れ之《これ》を記《き》せん。先考《せんかう》の大漸《だいぜん》に臨《のぞ》まるゝや、吾曹《ごさう》兄弟《けいてい》をして誓書《せいしよ》を作《つく》らしめ、且《か》つ戒《いまし》めてのたまはく、仲叔協心《ちうしゆくけうしん》して、以《もつ》て輝元《てるもと》を翼立《よくりつ》せよ。輝元《てるもと》は天下《てんか》の器《うつは》に非《あら》ず。若《も》し其《そ》れをして天下《てんか》を収《をさ》めんと企《くはだ》てしめなば、必《かな》らず宗社《そうしや》を屋《をく》す可《べ》きのみと。二人《にん》之《これ》を誓《せい》書《しよ》に載《の》せ、日下《につか》の印《いん》は、阿兄《あけい》之《これ》を鈐《きん》し、其次《そのつぎ》の印《いん》は、隆景《たかかげ》之《これ》を捺《お》せり。今《いま》其《そ》れ内外事情《ないぐわいじじやう》を異《こと》にするも、其誓盟《そのせいめい》たるは、即《すなは》ち一紙上《しじやう》の墨痕《ぼくこん》未《いま》だ乾《かわ》かざるに、條約《でうやく》を破毀《はき》して、人《ひと》の急《きふ》に乗《じやう》せば、其《そ》れ背信《はいしん》を奈何《いかん》せん。其《そ》れ天譴《てんけん》を奈何《いかん》せん。且《か》つ熟《つら〳〵》筑前《ちくぜん》の人《ひと》となりを睹《み》るに、亢龍《かうりう》終《つひ》に是《こ》れ池中《ちちう》の物《もの》ならず。設《たと》ひ今《いま》一戰《せん》之《これ》に克《か》つも、果《はた》して其後《そのゝち》を何《なに》とか處《しよ》せんとはしたまふや。先考《せんかう》の鑑戒《かんかい》を貽《のこ》したまひし所以《ゆゑん》のもの、其《そ》れ此《こゝ》に在《あ》らざる乎《か》と。元春《もとはる》默然《もくぜん》、其營《そのえい》に返《かへ》りたり。然《しか》れども其人《そのひと》胸中《きようちう》の干戈《かんくわ》は躍《をど》りて止《や》まず。士卒《しそつ》を戒《いまし》めて、馬《うま》には鞍《くら》を上《のぼ》せ、人《ひと》は結束《けつそく》し、宍《し》戸《ど》備《び》前《ぜん》の部下《ぶか》を合《あは》せ、將《まさ》に軍《ぐん》を出《いだ》さんとし、人《ひと》をして隆景《たかかげ》の營《えい》を窺《うかゞ》はしむれば、盛《さか》んに餔宴《よえん》を開《ひら》きて、將士《しやうし》を會《くわい》し、能樂《のうがく》を張《は》りて、歡歌笑舞《くわんかせうぶ》の中《うち》に在《あ》り。元春《もとはる》其後繼《そのこうけい》の意《い》なきを悟《さと》り、遂《つひ》に熄《や》めたり。

此間《このかん》に就《つ》きても、亦《また》言《い》ふ可《べ》きものあり。秀吉《ひでよし》收《をさ》め去《さ》る所《ところ》の質《ち》子《し》、諸書《しよしよ》皆《みな》毛利元綱《もうりもとつな》・桂繁廣《かつらしげひろ》としたるが故《ゆゑ》に、暫《しばら》く之《これ》に從《したが》ひたるも、獨《ひと》り黒田家譜《くろだかふ》には、隆景《たかかげ》は子《こ》なきが故《ゆゑ》に、季弟《きてい》元綱《もとつな》後の秀包を以《もつ》て質《ち》とし、元春《もとはる》は其《その》二男《なん》經言《つねとき》後の廣家を以《もつ》て質《ち》としたりといふもの、是《し》に幾《ちか》し。何《なん》となれば、其翌《そのよく》十一年《ねん》に元綱《もとつな》・經言《つねとき》の質《ち》として秀吉《ひでよし》の許《もと》に在《あ》りたることは、眞確疑《しんかくうたがひ》なければ、恐《おそ》らく此際《このさい》より二人《ふたり》ともに出《い》でゝ質《ち》たりしならん。元春《もとはる》の東軍《とうぐん》追《つゐ》撃《げき》を策《さく》して、中《なか》ごろ廢《はい》したるは、主《しゅ》として隆景《たかかげ》後繼《こうけい》の意《い》なきに由《よ》るや明《あきら》かなりと雖《いへど》も、其第《そのだい》二子《し》と季弟《きてい》とを收去《しうきょ》せられたるもの、亦安《またいづく》んぞ猛將躊躇《もうしやうちうちょ》の一因《いん》たらざる莫《な》きを知《し》らんや。秀吉《ひでよし》の智《ち》是《こゝ》に於《おい》て乎《か》益《ます〳〵》見《み》る可《べ》し。

十五　山崎の大戰

如水の獻策……姫路の曉發……秀吉の書……如水の戰功

八日秀吉《ひでよし》の軍《ぐん》は早《はや》くも姫路《ひめぢ》に入《い》れり。如《じよ》水《すゐ》議《ぎ》を建《た》てゝ曰《いは》く、日向守《ひうがのかみ》新《あら》たに右府《うふ》を弑《しい》して、人心《じんしん》尚《な》ほ疑貳《ぎじ》の間《あひだ》に在《あ》り。然《しか》れども彼《かれ》の姻戚《いんせき》には筒井《つゝゐ》順慶《じゆんけい》長岡《ながをか》父子《ふし》等《ら》の如《ごと》きあれば、久《ひさ》しければ、皆合《みながつ》せんやも未《いま》だ知《し》る可《べ》からず。今日《こんにち》の利《り》は、一にも速戰《そくせん》に在《あ》り。二にも速戰《そくせん》に在《あ》り。今《いま》や將士《しやうし》歸《かへ》りて家《いへ》に入《い》る。一日《にち》其行《そのかう》を緩《ゆる》くせば、忽《たちま》ち惰氣《だき》を生《しやう》ず可《べ》し。明公《めいこう》急發《きふはつ》して、時機を失《うしな》ふ勿《なか》れと。秀吉《ひでよし》亦《また》初《はじめ》より之《これ》を思《おも》へり。如水《じよすゐ》の言《げん》を聽《き》きて、益《ます／＼》然《しか》りと爲《な》し、直《たゞ》ちに令《れい》を發《はつ》して曰《いは》く、明朝《めいてう》第《だい》一貝《はい》を聽《き》かば、士卒《しそつ》皆《みな》飱《そん》を傳《つた》ふ可《べ》し。第《だい》二貝《はい》を聽《き》かば、先《ま》づ輸卒《ゆそつ》部隊《ぶたい》を續發《ぞくはつ》せよ。第《だい》三貝《はい》にして揚《あが》りなば、全軍《ぜんぐん》悉《ことごと》く印南野《いなみの》に聚合《しうがう》し、以《もつ》て各自《かくじ》の部署《ぶしよ》に就《つ》けと。頃刻《けいこく》にして一貝《はい》起《おこ》り、二貝《はい》響《ひゞ》き、第《だい》三貝《はい》の聞《きこ》ゆる比《ころ》ほひには、秀吉《ひでよし》は既《すで》に馬《うま》を城門《じやうもん》に立《た》て、印南野《いなみの》を望《のぞ》みて、其馬《そのうま》に策《さく》したり。斯《か》くの如《ごと》くして懸軍《けんぐん》長驅《ちやうく》し、十一日には早《はや》く攝津《せつつ》の尼《あま》ケ崎《さき》に達《たつ》し、終《つひ》に十三日山崎《やまざき》の大戰《たいせん》とはなれり。

如水《じよすゐ》は終始《しゆうし》帷幕《ゐばく》に在《あ》りて、此大戰《このたいせん》に參加《さんか》したり。當時《たうじ》秀吉《ひでよし》の神戸《かんべ》信孝《のぶたか》に贈《おく》られたる書中《しよちう》に曰《いは》く、

重而《かさねて》十三日之晩《のばん》に、山崎《やまざき》に陣取申候《ぢんとりまをしそろ》。高山右近《たかやまうこん》・瀨兵衞《せへゑ》・久太郎《きうたらう》手《て》に、明智《あけち》段々《だんだん》に人數《にんず》を立切《たちきり》懸候處《かけそろところ》に、道筋《みちすぢ》を高山右近《たかやまうこん》・瀨兵衞《せへゑ》・久太郎《きうたらう》切崩候《きりくづしそろ》。南之手《みなみのて》は池伊者《いけいもの》、我等者《われらもの》は、加藤作内《かとうさくない》・木村《きむら》隼人《はやと》・中村孫平次《なかむらまごへいじ》切崩候《きりくづしそろ》。山之手《やまのて》は小《こ》一郎《らう》、前野將右衞門《まへのしやうゑもん》・木村《きむら》勘右衞門《かんゑもん》・黑田官兵衞、神子田半左衞門《みこたはんざゑもん》・其外《そのほか》人數《にんず》を以《もつ》て切崩候《きりくづしそろ》而《て》、則《すなはち》勝龍寺《しようりうじ》を取卷《とりまき》申候《まをしそろ》。

とあるもの、以《もつ》て見《み》る可《べ》し。既《すで》にして勝龍寺城《しようりうじじやう》をも破《やぶ》り、如水《じよすゐ》は部下《ほうか》を以《もつ》て敵《てき》の潰兵《くわいへい》を蹋《せつ》し、桂川《かつらがは》まで追擊《つゐげき》せり。

諸書《しよ〳〵》に傳《つた》ふらく、東西《とうざい》兩軍《りやうぐん》媾和《こうわ》談判《だんぱん》の際《さい》、如水《じよすゐ》、隆景《たかかげ》に就《つ》き

て毛利《まうり》氏《し》の旗《はた》二十竿《かん》を借《か》り、之《これ》を收《をさ》めて東《ひがし》し、尼《あま》ヶ崎《さき》に抵《いた》りて、之《これ》を軍中《ぐんちう》に建《た》て、堂々《だうだう》として以《もつ》て進《すゝ》む。敵軍《てきぐん》望《のぞ》み見《み》て、毛利氏《まうりし》の援軍《えんぐん》も亦《また》掩《おほ》ひ到《いた》ると爲《な》し、大《おほ》いに驚動《きやうどう》せり。秀吉《ひでよし》深《ふか》く之《これ》を嗟稱《さしよう》し、左右《さいう》を顧《かへり》みて、戰陣《せんぢん》に臨《のぞ》む者《もの》は、孝高《よしたか》の用意《ようい》を以《もつ》て用意《ようい》とし、須《すべか》らく之《これ》に倣《なら》ふべしと諭《さと》したりと云《いふ》。顧《おも》ふに是《こ》れ好事者《かうずしや》流《りう》の小作《せうさく》のみ。如水隆景《じよすゐたかかげ》の會見《くわいけん》は六月三日にして、當時《たうじ》は尚《な》ほ媾和《かうわ》豫備《よび》の間《かん》に在《あ》り。之《これ》を奈何《いかん》ぞ彼《かれ》が如《ごと》き事實《じじつ》あるを容《い》れんや。且《か》つ其《そ》れ軍旗《ぐんき》は言《い》ふまでも無《な》く自軍《じぐん》の表彰《へうしやう》なり。設《たと》ひ同盟連合《どうめいれんがふ》の間《かん》に在《あ》りても、輕々《けいけい》に之《これ》を他人《たにん》に假《か》す者《もつ》あらんや。蓋《けだ》し高松《たかまつ》の媾和成《かうわせい》を告《つ》げ、秀吉《ひでよし》其軍《そのぐん》を返《かへ》して東《ひがし》するに當《あた》り。毛利氏《まうりし》の二質《ち》、收《をさ》めて軍中《ぐんちう》に在《あ》り。其《その》一は隆景《たかかげ》の季弟《きてい》にして、其《その》二は元春《もとはる》の二男《なん》なれば、此《この》一行中《かうちう》、多少《たせう》の旌《せい》旗《き》を齎《もた》らすもの無《な》しとせじ。如水《じよすゐ》にして若《も》し毛利《まうり》氏《し》の旗《はた》を利《り》用《よう》したりしとせば、二質《ち》子《し》の一行《かう》に就《つ》きて之《これ》を借《か》り以《もつ》て軍《ぐん》聲《せい》を助《たす》けしならん。是《こ》れ亦《また》時《とき》に取《と》りての頓智《とんち》他人《たにん》の多《おほ》く思《おも》ひ到《いた》らざる所《ところ》、秀吉《ひでよし》の之《これ》を嘆稱《たんしよう》したるも、其《そ》れ亦《また》或《あるひ》は此《こゝ》に在《あ》らん歟《か》。

十六　四國征討

如水賤ヶ岳の戰功……長政の驍果……中國劃界委員……四國征討軍の監軍……阿讃諸城の攻畧……長曾我部元親の頓足……職隆の病歿

天正《てんしやう》十一年《ねん》二月より、秀吉《ひでよし》と柴田《しばた》勝家《かついへ》との戰鬪《せんとう》起《おこ》る。如水《じよすゐ》亦《また》從《したが》ひて軍《ぐん》に在《あ》り。四月賤《しづ》ケ岳《だけ》の役《えき》に、加藤清正《かとうきよまさ》等《ら》第《だい》一陣《ぢん》に在《あ》りて奮鬪《ふんとう》し、敵《てき》の第《だい》一陣《ぢん》を破《やぶ》れり。世《よ》に謂《い》ふ所《ところ》の賤《しづ》ケ岳《だけ》七本槍《ほんやり》は即《すなは》ち是《これ》なり。然《しか》も是時《このとき》に至《いた》るまでは敵軍《てきぐん》未《いま》だ退却《たいきやく》せず。如水《によすゐ》は第《だい》二陣《ぢん》に在《あ》り。進《すゝ》みて亦《また》敵《てき》の第《だい》二陣《ぢん》に當《あた》り、血戰《けつせん》良《やゝ》暫《しばら》くして、敵《てき》軍《ぐん》の旗幟《きし》動搖《どうえう》の色《いろ》あるを望《のぞ》み、大呼《たいこ》して曰《いは》く、勝機此《こゝ》に在《あ》りと。部下《ほうか》を督《とく》して疾擊《しつげき》す。全軍《ぜんぐん》之《これ》に繼《つ》ぎ、終《つひ》に彼《かれ》が如《ごと》き大捷《たいせふ》とはなれり。

＊　＊　＊　＊　＊

天正《てんしやう》十二年《ねん》春《はる》秀吉《ひでよし》は織田《おだ》信雄《のぶを》、徳川《とくがは》家康《いへやす》の連合軍《れんがふぐん》を伐《う》たんとて、軍《いくさ》を參尾《さんび》の間《あひだ》に進《すゝ》む。隙《ひま》に乘《じよう》じて、南海《なんかい》雜賀《さいが》根來《ねごろ》の僧兵《そうへい》亦《また》蜂起《ほうき》し、堺《さかひ》及《および》岸和田《きしのわだ》に來《きた》り迫《せま》る。時《とき》に如水《によすゐ》の長子《ちやうし》吉兵衞《きちべゑ》長政《ながまさ》十七歳《さい》、叔父《をぢ》兵庫助《ひやうごのすけ》と防備軍《はうびぐん》に屬《ぞく》して、岸和田《きしのわだ》に在《あ》りしが、一日兩回奮闘《りやうくわいふんとう》して、皆《みな》敵《てき》を撃退《げきたい》せり。長政《ながまさ》の驍名《げうめい》、亦《また》此頃《このころ》ほひより見《あらは》れ來《きた》る。此際《このさい》如水《じよすゐ》は中國《ちうごく》劃界委員《わくかいゐん》を命《めい》ぜられ、毛利《もうり》・宇喜多《うきた》兩《りやう》氏《し》の接境《せつきやう》に在《あ》り。其事《そのこと》を了《をは》りて復命《ふくめい》するや、此歳《このとし》七月、秀吉《ひでよし》は如水《じよすゐ》に播州《はんしう》宍粟郡《しさはごほり》全部《ぜんぶ》を加賜《かし》したり。

＊　＊　＊　＊　＊

天正《てんせう》十三年《ねん》、四國《こく》征討《せいとう》の軍發《ぐんはつ》す。秀吉《ひでよし》の弟秀長《おとうとひでなが》は阿波《あは》より、其《その》甥秀次《をひひでつぐ》は淡路《あはぢ》より、小早川隆景《こはやかはたかかげ》は伊豫《いよ》より、宇喜田秀家等《うきたひでいへら》は讃岐《さぬき》より上《のほ》り、所在《しよざい》の城邑《じやういふ》を徇《とな》ふ。如水《じよすゐ》は乃《すなは》ち宇喜多仙石等混成《うきたせんこくらこんせい》軍《ぐん》の監軍《かんぐん》となり、行々《ゆくゆく》讃《さん》の喜岡藤尾等《きをかふぢをとう》の數城《すうじやう》を降《くだ》して、阿州《あしう》の撫養《むや》に會《くわい》し、總軍《そうぐん》八萬五千、分《わか》れて二軍《ぐん》となり、一軍《ぐん》は秀長之《ひでながこれ》を率《ひき》ゐ、木津城《きづじやう》を降《くだ》し、進《す》みて一宮城《いちのみやじやう》を攻《せ》め、一軍《ぐん》は秀次之《ひでつぐこれ》に將《しやう》とし、岩倉城《いはくらじやう》を攻《せ》む。如水《じよすゐ》は秀次《ひでつぐ》を佐《たす》けて參謀《さんぼう》たり。秀次《ひでつぐ》年《ねん》少《せう》にして事《じ》功《こう》を喜《よろこ》び、急《きふ》に攻《せ》めて之《これ》を取《と》らんと欲《ほつ》す。如水《じよすゐ》議《ぎ》を建《た》てゝ曰《いは》く、此城《このしろ》險要《けんえう》、城將《じやうしやう》長曾我部《ちやうそかべ》掃部《かもん》亦《また》善《よ》く士心《ししん》を得《え》たり。力攻《りよくこう》しなば、徒《いたづ》らに我兵《わがへい》を損《そん》せんのみ。長計《ちやうけい》を以《もつ》て之《これ》を屈《くつ》せんには如《し》かずと。案《あん》を具《ぐ》して之《これ》を秀吉《ひでよし》に稟《りん》す。秀吉《ひでよし》訓令《くんれい》を下《くだ》して曰《いは》く、秀次《ひでつぐ》軍《ぐん》の作戰《さくせん》計畫《けいくわく》一に孝高《よしたか》に委《ゐ》すと。是《これ》に於《おい》て如水《じよすゐ》大《おほい》に木材《もくざい》を聚《あつ》めて、高《たか》く井樓《せいろう》を興《おこ》し、銃隊《じうたい》に命《めい》じて、一日《じつ》三回《くわい》交《かは》る〲之《これ》に登《のぼ》り、城中《じやうちう》を俯瞰《ふかん》して、一齊射擊《せいしやげき》を加《くは》へしむ。城兵《じやうへい》果《はた》して意氣《いき》沮喪《そさう》し、闘志《とうし》日《ひ》に屈《くつ》せり。如水《じよすゐ》機《き》を見《み》て、降《かう》を諭《さと》す。掃部《かもん》乃《すなは》ち城《しろ》を致《いた》して去《さ》れり。

岩倉《いはくら》の險城《けんじやう》既《すで》に守《まも》らずして、一宮《いちのみや》も亦《また》秀長《ひでなが》に降《くだ》り、諸城《しよじやう》風《ふう》を望《のぞ》みて潰《つひ》ゆ。大軍《たいぐん》合《がつ》して將《まさ》に土佐《とさ》を壓《あつ》せんとす。元親《もとちか》惶懼《くわうく》して出《い》でゝ降《くだ》り、四國《こく》悉《ことごと》く平定《へいてい》せり。此役《このえき》の戰略《せんりやく》、概《おほむ》ね如水《じよすゐ》の方寸《はうすん》に出《い》でたり。既《すで》にして諸軍《しよぐん》は凱旋《がいせん》したるも、如水《じよすゐ》は尙《な》ほ伊豫《いよ》の烏《ゑ》帽《ぼ》子《し》ケ岳《だけ》の城《しろ》に留《とゞ》まり、戰後《せんご》の事宜《じぎ》を節度《せつど》して、地方《ちはう》を鎭撫《ちんぶ》せり。

初《はじ》め如水《じよすゐ》、宇《う》喜《き》多《た》・仙《せん》石《ごく》等《ら》の混成軍《こんせいぐん》を監《かん》して、讃岐《さぬき》に入《い》るや、一日《じつ》植田《うゑた》の敵城《てきじやう》を偵察《ていさつ》し、歸《かへ》りて諸將《しよしやう》を會《くわい》し、之《これ》に謂《いつ》て曰《いは》く、州《しう》中《ちう》在《あ》る所《ところ》の諸城《しよじやう》皆《みな》寡《くわ》單《たん》なり。一《いち》々く之《これ》を攻略《こうりやく》すとも、毫《がう》も大勢《たいせい》と相關《あひくわん》せず。今《いま》や元親《もとちか》阿波《あは》に在《あ》り。宜《よろ》しく速《すみやか》に大和《やまと》中納言《ちうなごん》の軍《ぐん》と合《がつ》し、元親《もとちか》の軍《ぐん》を擊破《げきは》すべし。其《その》軍《ぐん》をだに擊破《げきは》せば、本州《ほんしう》は戰《たゝか》はずして定《さだ》まらんのみと。諸將《しよしやう》皆《みな》之《これ》を賛《さん》す。乃《すなは》ち一軍《ぐん》阿波《あは》に移《うつ》り、秀長《ひでなが》、秀次《ひでつぐ》の軍《ぐん》と策應《さくおう》し、終《つひ》に南征《なんせい》の目的《もくてき》を達《たつ》したり。

是《これ》より先《さ》き元親《もとちか》寡《くわ》を以《もつ》て衆《しゆう》を破《やぶ》るの策《さく》を建《た》て、植田《うゑだ》城《じやう》を築《きづ》きて、池田《いけだ》・由《ゆ》良《ら》二城《じやう》と連絡《れんらく》を取《と》り、以《もつ》て侵入軍《しんにふぐん》を誘引《いういん》せしめ、侵入軍《しんにふぐん》一たび此《こゝ》を圍《かこ》まば、身《み》は阿《あ》波《は》の大西營《おほにしえい》より潜行《せんかう》し、鯰越《なまづごえ》を跋渉《はつせふ》して、間道《かんだう》より掩撃《えんげき》し、一擧奇勝《きよきしよう》を博《はく》せんと欲《ほつ》しゝが、如水《じよすい》植《うゑ》田《だ》を偵察《ていさつ》し、軍《ぐん》を監《かん》して阿州《あしう》に嚮《むか》ひたりと聞《き》き、頓足《とんそく》して曰《いは》く、秀家《ひでいへ》は年少《ねんせう》にして衆《しゆう》を頼《たの》む可《べ》く、秀久《ひでひさ》は前年《ぜんねん》引田《ひくだ》の敗《はい》を憾《うら》む可《べ》し、我《われ》此驕兵《このけうへい》と憤兵《ふんぺい》を取《と》る、吾掌中《わがしやうちう》に在《あ》りしに、老狸官兵衞《らうりくわんべゑ》の爲《ため》に覺《さと》られし歟《か》と。嗟嘆焉《さたんこれ》を久《ひさ》しくせりといふ。

※　※　※　※　※

此歳《このとし》八月廿二日、如水《じよすゐ》の父《ちゝ》美濃守《みのゝかみ》職隆《もとたか》病《や》みて姫路《ひめぢ》に卒《そつ》せり。時《とき》に年《とし》六十二。蓋《けだ》し彼《かれ》は退隱《たいいん》し、老《らう》を此地《このち》に養《やしな》ひて終《をは》りしなり。此人《このひと》備前《びぜん》の福岡《ふくをか》より起《おこ》りて、遂《つひ》に黒田氏《くろだし》勃興《ぼつこう》の礎《もとゐ》を開《ひら》き、如水《じよすゐ》遭厄《さうやく》の際《さい》に處《しよ》して、毅然《きぜん》として節《せつ》を守《まも》り、終始《しゆうし》秀吉《ひでよし》の事業《じげふ》を助《たす》けたり。秀吉《ひでよし》姫路《ひめぢ》に治《ち》するの間《あひだ》、耆老《きらう》として最《もつと》も之《これ》を尊重《そんちよう》したりしと云《い》ふ。

十七　九州征討の開始

島津父子の驕傲……征討前軍の電發……如水の叙任……前軍の監軍……秀吉の訓令

天正《てんしやう》十四年《ねん》、九州《しう》征討《せいとう》の端發《たんはつ》す。是《これ》より先《さ》き、島津《しまづ》義久《よしひさ》の勢力《せいりよく》日《ひ》に強大《きやうだい》、伊東《いとう》祐兵《すけたけ》を逐《お》ひて、日向《ひうが》・大隅《おほすみ》を併《あは》せ、龍造寺《りうざうじ》隆信《たかのぶ》を仆《たふ》して、兩肥《りやうひ》兩筑《りやうちく》を席卷《せきくわん》し、又屢々《またしば／＼》大友《おほとも》宗麟《そうりん》を破《やぶ》りて、兩豐《りやうほう》を震《しん》撼《かん》す。九州《しう》行々《ゆく／＼》その有《いう》に歸《き》せんとするの觀《くわん》あり。此歳正月《このとししやうぐわつ》、大《おほ》友宗麟《ともそうりん》京都《けうと》に詣《いた》りて、之《これ》を關白《くわんはく》秀吉《ひでよし》に訴《うつた》ふ。前日向守護《さきのひうがのしゆご》伊東祐《いとうすけ》兵《たけ》も亦上京《またじやうきやう》して哀願《あいぐわん》する所《ところ》あり。秀吉《ひでよし》爲《ため》に西征《せいせい》を聽《ゆる》す。既《すで》にして義久《よしひさ》、秀吉《ひでよし》の聲望《せいはう》隆々《りう〱》日《ひ》に昇《のは》るを睹《み》、鎌田刑部《かまだげうぶ》を遣《つか》はして、亦京都《またきやうと》に適《ゆ》き、形勢《けいせい》を窺《うかゞ》はしめ、且《か》つ秀吉《ひでよし》に謁《えつ》して、八州《しう》の守《しゆ》護《ご》たらんことを請《こ》はしむ、秀吉命《ひでよしめい》じて曰《いは》く、薩隅《さつぐう》二州《しう》は島津《しまづ》の本封《ほんはう》なり。之《これ》に日向《ひうが》・肥後《ひご》・筑後《ちくご》の各半《かくはん》を加授《かじゆ》す可《べ》し。日向《ひうが》半州《はんしう》は伊東《いとう》の舊封《きうはう》なり。宜《よろし》く彼《かれ》に與《あた》ふべし。豐後《ぶんご》一州《しう》と肥後《ひご》・筑後《ちくご》の各《かく》半《はん》は、大友《おほとも》の領邑《りやういふ》とす可《べ》し。豐前《ぶぜん》・肥前《ひぜん》は毛利《もうり》に頒附《はんぷ》し、筑前《ちくぜん》は官《くわん》に收《をさ》む可《べ》しと。刑部《げうぶ》之《これ》を復《ふく》す。義久《よしひさ》恚《いか》りて曰《いは》く、我連年《われれんねん》武《ぶ》を用《もち》ゐ、是等《これら》の州郡《しうぐん》を總領《そうりやう》す。奚爲《なんすれ》ぞ秀吉《ひじよし》の措置《そち》に從《したが》はんやと。乃《すなは》ち出《い》でゝ肥後《ひご》の八代《やつしろ》に次《じ》し、衆《しゆう》を分《わか》ちて兩軍《りやうぐん》と爲《な》し、一軍《ぐん》は兵《へい》四萬《まん》、弟《おとうと》の義弘《よしひろ》及《および》伊集院《いしふゐん》忠棟《たゞむね》之《これ》を率《ひき》ゐて兩筑《りやうちく》に入《い》り、一軍《ぐん》は兵《へい》三萬《まん》、季《き》弟《てい》家《いへ》久《ひさ》及《および》新納《にひろ》忠《たゞ》元《もと》之《これ》に將《しやう》として豐後《ぶんご》に入《い》り、頻《しきり》に城《じやう》邑《いふ》を侵掠《しんりやく》せり。

秀吉《ひでよし》には夙《つと》に神算《しんさん》の在《あ》るあり。明年《めいねん》の春《はる》に至《いた》らば、島津氏《しまづし》を親《しん》伐《はつ》せんと欲《ほつ》し、先《ま》づ毛利《もうり》・吉川《きつかは》・小早川《こはやかは》の三氏《し》に令《れい》して、前軍《ぜんぐん》を出《いだ》さしむ。而《しか》して如水《じよすゐ》の兵機《へいき》に練達《れんたつ》せるを以《もつ》て、擧《あ》げて復《ま》た監軍《かんぐん》と爲《な》し、大小《だいせう》の軍事《ぐんじ》、三氏《し》と協議《けふぎ》し、便宜《べんぎ》事《こと》に從《したが》ふ可《べ》しと命《めい》じたり。此歲《このとし》如水《じよすゐ》勘解由次官《かげゆのじくわん》に任《にん》ぜられ、是《これ》に至《いた》りて此命《このめい》あり。如水《じよすゐ》乃《すなは》ち衆《しゆう》を募《つの》り、部下《ほうか》三千を率《ひき》ゐて七月《ぐわつ》豐前《ぶぜん》に至《いた》り、小早川《こはやかは》隆景《たかかげ》が軍《ぐん》に合《がつ》し、以《もつ》て島津氏《しまづし》屬城《ぞくじやう》の征伐《せいはつ》を開始《かいし》せり。試《こゝろ》みに當《たう》時《じ》の如水《じよすゐ》を回觀《くわいくわん》せよ。其人《そのひと》豪《がう》なりと雖《いへど》も、僅々《きん〳〵》數萬《すうまん》石《こく》の小名《せうめう》に過《す》ぎず。而《しか》るに三千の兵《へい》を募《ぼ》集《しふ》し、之《これ》を率《ひき》ゐて懸軍《けんぐん》遠征《ゑんせい》す。彼《かれ》が氣宇《きう》技倆《ぎりやう》の凡《ぼん》ならざる、是《これ》に由《よ》りても察《さつ》すべし。

爾後《じご》秀吉《ひでよし》の訓令《くんれい》、細大《さいだい》之《これ》を如水《じよすゐ》に下《くだ》し、其《そ》れをして一々《いち〳〵》奉行《ほうかう》せしめたり。

曰《いは》く、我《われ》行々《ゆく〳〵》大明《たいみん》までも征服《せいふく》せんと欲《ほつ》す。而《しか》るに島津《しまづ》今命《いまめい》に抗《かう》す。好機《かうき》失《うしな》ふ可《べ》からず。宜《よろし》く善《よ》く之《これ》を圖《はか》るべし。

曰《いは》く、輝元《てるもと》早《はや》く上洛《じやうらく》を期《き》す。今《いま》西征《せい〳〵》の爲《ため》に緩延《くわんえん》を請《こ》ふ。道理《だうり》あり。其《その》請《こひ》を聽《ゆる》す。

曰《いは》く、輝元《てるもと》・元春《もとはる》・隆景《たかかげ》中國《ちうごく》の衆《しゆう》を擧《あ》げて渡航《とかう》し、行動《かうどう》の以《もつ》て觀《み》る可《べ》き無《な》くば、一世《せい》の指議《しぎ》を奈何《いかん》せん、宜《よろし》く之《これ》を思《おも》ふべし。

曰《いは》く、九州《しう》の事《こと》、此《この》一擧《きよ》に在《あ》り。敵《てき》も亦《また》其《その》心力《しんりよく》を傾倒《けいたう》す可《べ》し。宜《よろし》く隆景《たかかげ》と圖議《とぎ》し、一の遺算《ゐさん》なきを期《き》すべし。

曰《いは》く、我軍《わがぐん》の到《いた》る、一日《じつ》遲《ち》々すれば、一日《じつ》人《じん》心《しん》の嚮背《かうはい》に關《くわん》す。鋭意《えいい》前軍《ぜんぐん》の渡航《とかう》を督促《とくそく》し、其《そ》れをして緩稽《くわんけい》せしむる勿《なか》れ。

曰《いは》く、先《ま》づ門司《もじ》の要害《えうがい》を占領《せんりやう》し。門司《もじ》關戸《せきのと》の連絡《れんらく》を確保《かくほ》せよ。

曰《いは》く、要塞《えうさい》を數處《すうしよ》に置《お》き、敵《てき》をして關戸《せきのと》の渡頭《ととう》を侵擾《しんぜう》せしむる勿《なか》れ。

曰《いは》く、糧食彈藥《りやうしよくだんやく》不給《ふきふ》の軍《ぐん》あらば、直《たゞ》ちに稟申《りんしん》せよ。數《かず》を違《たが》へず支給《しきふ》せん。

曰《いは》く。輝元《てるもと》・元春《もとはる》・隆景《たかかげ》と相議《あひぎ》し、就《つ》かず離《はな》れず、敵《てき》を牽引《けんいん》す可《べ》し。一戰《せん》敵《てき》を取《と》る可《べ》きの機《き》あらば、乃公電馳《だいこうでんち》之《これ》に會《くわい》せんのみ。我《われ》今《いま》闕下《けつか》を辭《じ》して、已《すで》に大阪《おほさか》に在《あ》り。卿等《けいら》善《よ》く敵《てき》に備《そな》へよや。

曰《いは》く、相持《あひじ》して年《とし》を越《こ》えなば、彼我《ひが》倶《とも》に倦怠《けんたい》して、大欠伸《おほあくび》を發《はつ》す可《べ》し。我《われ》一擧《きよ》之《これ》に乘《じよう》せば、賊酋《ぞくしう》を取《と》らんこと、指掌《ししやう》の如《ごと》し。此意《このい》を好《よ》く諸將《しよしやう》に傳《つた》へ、歳序《さいじよ》の到《いた》るを待《ま》たしむ可《べ》し。

曰《いは》く何《なに》、曰《いは》く何《なに》、秀吉《ひでよし》器宇《きう》の大《だい》、如水《じよすゐ》幹蠱《かんこ》の才《さい》と、併觀《へいくわん》す可《べ》し。

十八　如水の機略

原田信種の降伏……田漢の好標本……如水の機略……豊後口の敗

如《じよ》水《すゐ》行《ゆく》々く毛《もう》利《り》氏《し》の軍《ぐん》を趣《もよほ》しつゝ豊《ぶ》前《ぜん》に下《くだ》り、先《ま》づ馬《うま》ケ岳《だけ》・時《とき》枝《えだ》・宇《う》佐《さ》の三城《じやう》を招《せう》降《かう》す。既《すで》にして吉《きつ》川《かは》元《もと》春《はる》父《ふ》子《し》・小《こ》早《はや》川《かは》隆《たか》景《かげ》各《かく》一軍《ぐん》を率《ひき》ゐて、小《こ》倉《くら》に來《らい》會《くわい》せり。即《すなは》ち相《あひ》議《ぎ》して一鼓《こ》小《こ》倉《くら》城《じやう》を攻《せめ》降《くだ》し、更《さら》に隆《たか》景《かげ》の軍《ぐん》と倶《とも》に賀《か》久《く》久《ひさ》盛《もり》が宇《う》留《る》津《つ》城《じやう》を蹈《ふみ》破《やぶ》り、久《ひさ》盛《もり》以《い》下《か》千有《いう》餘《よ》人《にん》を仆《たふ》して、三百餘《よ》人《にん》を刑《けい》死《し》し。如《じよ》水《すゐ》は別《べつ》に部《ほう》下《か》の兵《へい》のみを以《もつ》て、更《さら》に障《しやう》子《じ》岳《だけ》城《じやう》を攻《かう》陷《かん》し、次《つぎ》て隆《たか》景《かげ》と合《がつ》して香《か》春《はる》岳《だけ》城《じやう》を圍《かこ》めば、守《しゆ》將《しやう》甲《かふ》を脫《だつ》し、城《しろ》を致《いた》して去《さ》れり。是《これ》に於《おい》て如《じよ》水《すゐ》隆《たか》景《かげ》と軍《ぐん》を進《すゝ》めて筑《ちく》前《ぜん》に入《い》る。麻《あさ》生《ふ》宗《むな》像《かた》等《ら》先《さき》を爭《あらそ》ひて來《きた》り歸《き》す。乃《すなは》ち軍《ぐん》を分《わか》ち、十二月《ぐわつ》原田《はらだ》信種《のぶたね》が高祖城《たかすじやう》に逼《せま》る。原田《はらだ》氏《し》世々《よゝ》筑前《ちくぜん》に雄視《ゆうし》し、信種《のぶたね》亦《また》久《ひさ》しく地方《ちはう》の小闘《せうとう》に狃《な》れ、夜郎自大《やらうじたい》、一城《じやう》に割據《かつきよ》して天下《てんか》の兵《へい》に抗《かう》す可《べ》しと爲《な》す。既《すで》にして我軍《わがぐん》臻《いた》る。城上《じやうしやう》より之《これ》を望《のぞ》めば、名島《なじま》の一角《かく》より、姪濱《めひのはま》の邊《ほとり》に至《いた》るまで、旌旗《せいき》甲馬《かふは》數里《すうり》の間《あひだ》に連《つらな》れり。信種《のぶたね》駭愕《がいがく》して、爲《な》す所《ところ》を知《し》らず、倉皇《さうくわう》として出《い》でゝ降《くだ》れり。田漢《でんかん》の好標本《かうへうほん》、後世《こうせい》永《なが》く笑柄《せうへい》を留《とゞ》めたり。是《これ》に於《おい》て豊《ぶ》前《ぜん》及《および》筑《ちく》前《ぜん》の大半《たいはん》概《おほむ》ね肅清《しゆくせい》に歸《き》す。如水《じよすゐ》以爲《おも》へらく、窮境僻土《きうきやうへきど》の土酋《どしう》等《ら》、未《いま》だ關白《くわんはく》の威靈《ゐれい》と天下《てんか》の大勢《たいせい》を知《し》らず、故《ゆゑ》に兵《へい》を潢池《くわうち》に弄《ろう》するのみ、是等《これら》蚩々《ちゝ》の小輩《せうはい》に對《たい》し、何《なん》ぞ斧鉞《ふえつ》を用《もち》ゐるに足《た》らんや。一片《ぺん》の曉諭《げうゆ》を下《くだ》さば、之《これ》を招徠《せうらい》す可《べ》きのみ。其中《そのうち》設《たと》ひ頑冥《ぐわんめい》にして之《これ》を聽《き》かざる者《もの》あるも、其《そ》れをして懷疑《くわいぎ》せしめなば、其蠢動《そのしゆんどう》を制《せい》するに足《た》らんと。即《すなは》ち傳檄《でんげき》を作《つく》りて、盛《さかん》に關白《くわんぱく》の威《ゐ》德《とく》を宣《の》べ、能辯《のうべん》の士《し》貝原《かひはら》一兵衞《ひやうゑ》・久野《ひさの》勘介《かんすけ》に授《さづ》け、路《みち》を分《わか》ちて、密《ひそか》に肥《ひ》・筑《ちく》・豐《ほう》の各地《かくち》に歷遊《れきいう》せしめ、且《か》つ宣《せん》し、且《か》つ說《と》き、速《すみやか》に歸順《きじゆん》する者《もの》は、本領安堵《ほんりやうあんど》せしむ可《べ》し。今《いま》に及《およ》びて尙《な》ほ遲疑《ちぎ》し。蟷螂《たうらう》の斧《をの》を振《ふる》ふあらば、大軍《たいぐん》到《いた》るの日《ひ》噍類《せうるゐ》なけん。但《たゞ》敵軍《てきぐん》逼迫《ひつぱく》の間《あひだ》に在《あ》る者《もの》は、一旦《たん》向背《かうはい》を明《あきら》かにせば、或《あるひ》は自存《じそん》するを得《え》ざる可《べ》し。斯《か》くの如《ごと》き輩《ともがら》は暫《しばら》く密《ひそか》に誠《せい》を投《とう》じ、殿下《でんか》の西下《さいか》を待《ま》つ可《べ》きのみと。諭旨《ゆし》の寬大《くわんだい》斯《か》くの如《ごと》くなるを以《もつ》て、所《しよ》在《ざい》の土《ど》豪《がう》續《ぞく》々《〳〵》欵《くわん》を通《つう》じ。如水《じよすゐ》に賴《よ》りて恩《おん》を請《こ》ふ。一兵《へい》に衂《ちぬ》らずして、遠近《ゑんきん》の心《こゝろ》を歸嚮《きかう》せしめたる、亦《また》彼《かれ》の智略《ちりやく》なり。

唯《たゞ》此際《このさい》豐後《ぶんご》に向《むか》ひたる吾《わが》前軍《ぜんぐん》の一將《しやう》仙《せん》石《ごく》權《ごん》兵《べ》衞《ゑ》秀久《ひでひさ》、關白《くわんぱく》の節《せつ》度《ど》に違《たが》ひ、長曾我部《ちやうそかべ》元親《もとちか》・十河《そがう》存保《まさやす》等四國《こく》の軍《ぐん》を促《うなが》して、島津《しまづ》家《いへ》久《ひさ》と戶《べ》次《つぎ》川《がは》に戰《たゝか》ひて大敗《たいはい》し。次《つぎ》て大友《おほとも》義統《よしむね》も亦《また》島津《しまづ》義久《よしひさ》の爲《ため》に破《やぶ》られて、豐後《ぶんご》の府《ふ》を失《うしな》ひ、方面《はうめん》の打壞《だくわい》を來《きた》すあり。如水《じよすゐ》乃《すなは》ち毛利《もうり》・吉川《きつかは》・小早川《こはやかは》等《ら》の軍《ぐん》を約《やく》し、既占《きせん》の地方《ちはう》を堅守《けんしゆ》して、兼《か》ねて豐後《ぶんご》の吾軍《わがぐん》に聲援《せいえん》し、狀《じやう》を具《ぐ》して關白《くわんはく》秀吉《ひでよし》の西下《せいか》を促《うなが》せり。是《これ》に於《おい》て秀吉《ひでよし》赫《しくわく》として怒《いか》り、爰《こゝ》に三十七州《しう》二十四萬《まん》の大兵《たいへい》を徵《ちよう》し、明年《めいねん》三月《ぐわつ》を期《き》して、悉《ことごと》く九州《しう》に會《くわい》せしむ。乃《すなは》ち豫《あらかじ》め兵《へい》三十萬人《まんにん》と馬《うま》二萬匹《まんびき》との一年《ねん》の糧食秣料《りやうしよくまつれう》を命《めい》じ、先《ま》づ米《こめ》十萬石《まんごく》を下《しもの》關《せき》まで運送《うんそう》せしむ。單《た》だ是《これ》のみを以《もつ》てするも、二十萬人《まんにん》百日《にち》の糧《りやう》なり。其《その》船《ふね》千百、舳艫《ぢくろ》相含《あひふく》みて、長門《ながと》に赴《おもむ》く。關《くわん》より以西《いせい》、皆《みな》其《その》壯圖《さうと》に駭《おどろ》けり。

十九　秀吉の西下

南軍の戰鬪……如水中津十八萬石に封ぜらる
……如水肥後の土寇を鎭壓す……土豪の解散

天正《てんしやう》十五年《ねん》、關白《くわんぱく》秀吉《ひでよし》大《おほい》に征西《せいく》の軍《ぐん》を發《はつ》す。二月十日、大和《やまと》中《ちう》納言《なごん》秀長《ひでなが》は先發《せんぱつ》し、其《その》軍《ぐん》八萬、豐前《ぶぜん》に達《たつ》す。次《つ》ぎて三月朔《ついたち》、秀《ひで》吉《よし》亦《また》京都《きやうと》を發《はつ》す。其《その》軍《ぐん》十餘《よ》萬、廿九日小倉《こくら》に抵《いた》る。乃《すなは》ち部署《ほうしよ》を分《わか》ち、秀吉《ひでよし》の親督《しんとく》するものを北軍《ほくぐん》と稱《しよう》し・兩筑《りやうちく》よりして、肥後《ひご》に嚮《むか》ふ。秀長《ひでなが》の率《ひき》ゐるものを南軍《なんぐん》と號《がう》し。毛利《まうり》輝元《てるもと》、小早川《こはやかは》隆景《たかかげ》等《ら》の軍《ぐん》を合《がつ》し、如水《じよすゐ》亦《また》監軍《かんぐん》となり、南豐《なんほう》に入《い》る。島津《しまづ》義久《よしひさ》之《こ》れを聞《き》き、豐後府《ぶんごふ》を棄《す》てゝ西走《せいそう》せり。南軍《なんぐん》は行々《ゆくく》諸城《しよじやう》を克復《こくふく》し、耳川《みゝかは》に抵《いた》りて、島津《しまづ》家久《いへひさ》の軍《ぐん》を壓《あつ》す。家久《いへひさ》營《えい》を焚《や》きて亦退《またしりぞ》く。

乃《すなは》ち追《お》ひて高城《たかじやう》に達《たつ》すれば、家久《いへひさ》亦《また》復《ま》た遁《のが》る。此際《このさい》長政《ながまさ》小部隊《せうぶたい》を率《ひき》ゐて、敵《てき》に會《くわい》し、大惡戰《だいあくせん》を爲《な》して、兩軍《りやうぐん》の目《め》を駭《おどろ》かせり。南軍《なんぐん》は進《すゝ》みて日向《ひうが》大隅《おほすみ》を席卷《せきくわん》し、北軍《ほくぐん》と連絡《れんらく》して、鹿兒島《かごしま》に迫《せま》れば、義久《よしひさ》自髡《じこん》して出《い》でゝ降《くだ》り、九州《しう》悉《ことごと》く平定《へいてい》せり。此役《このえき》、關白《くわんぱく》の九州《しう》に入《い》るや、如水《じよすゐ》嘗《かつ》て招諭《せうゆ》したる所在《しよざい》の土豪《どがう》、先《さき》を爭《あらそ》ひて轅門《ゑんもん》に降服《かうふく》せり。是《こ》れ關白《くわんぱく》の威稜《ゐりよう》に由《よ》ると雖《いへど》も、如《じよ》水《すゐ》傳檄《でんげき》の功《こう》。亦《また》尠《すくな》からず。此歳《このとし》七月、秀吉《ひでよし》凱旋《がいせん》して小倉《こくら》に到《いた》り、三日大《おほい》に功《こう》を論《ろん》じて賞《しやう》を行《おこな》ひ、首《しゆ》として如水《じよすゐ》を豐前《ぶぜん》の京都《みやこ》・築城《ついき》・中津《なかつ》・上毛《かみけ》・下毛《しもげ》・宇佐《うさ》の六郡《ぐん》十八萬石《ごく》に封《ほう》ず。是《こゝ》に至《いた》り始《はじ》めて嚴然《げんぜん》たる一大名《だいみやう》とはなれり。

* * * * * *

翌《よく》八月に至《いた》り、肥後《ひご》の土寇《どこう》大《おほ》いに發《はつ》す。初《はじ》め秀吉《ひでよし》の九州《しう》を平定《へいてい》するや。務《つと》めて大體《だいたい》を持《じ》し、各地《かくち》の土豪《どがう》をして概《おほむ》ね其土《そのど》に安堵《あんど》せしめ、佐《さ》々《ゝ》陸奥守《むつのかみ》成政《なりまさ》を肥後《ひご》に封《ほう》ず。而《しか》して此州《このしう》土豪《どがう》最《もつと》も多《おほ》し。其大《そのだい》なる者《もの》には、城久基《じやうひさもと》・隈部《くまべ》親長《ちかなが》各《かく》八百町《ちやう》、相良《さがら》長毎《ながつね》・伯耆《はうき》顯孝《あきたか》各《く》五百町《ちやう》、大津《おほつ》山家《やまいへ》稜《かど》五百十二町《ちやう》、其他《そのた》二百町《ちやう》・百町《ちやう》を有《いう》する者《もの》所在《しよざい》に棊《き》布《ふ》したり。是《これ》を以《もつ》て難治《なんち》の虞《ぐ》あり。秀吉《ひでよし》豫《あらかじ》め成政《なりまさ》を戒《いまし》め、善《よ》く土豪《どがう》を撫《ぶ》し、百姓《しやう》を安堵《あんど》す可《べ》きを以《もつ》てせり。既《すで》にして成政《なりまさ》封《ほう》に蒞《のぞ》むや、其戒飭《そのかいしよく》を用《もち》ゐず。一意《い》土豪《どがう》を削小《さくせう》す可《べ》しと思惟《しゐ》し、令《れい》を諸豪《しよごう》に下《くだ》して、其所領《そのしよりやう》を檢地《けんち》し、吏《り》をして先《ま》づ隈部《くまべ》親長《ちかなが》が領邑《りやういう》に抵《いた》らしむ。親長《ちかなが》之《これ》を拒《こば》みて受《う》けず。成政《なりまさ》怒《いか》り、之《これ》を討《う》たしむ。亦《また》屈《くつ》せず。成政《なりまさ》益〻《ます〱》憤《いきどほ》り、自《みづか》ら出《い》でゝ之《これ》を征《せい》す。所在《しよざい》の土豪《どがう》之《これ》を聞《き》きて蜂《はち》の如《ごと》く起《おこ》り、遂《つひ》に合《がつ》して熊本城《くまもとじやう》を圍《かこ》む。此報《このほう》京都《きやうと》に達《たつ》するや、秀吉《ひでよし》命《めい》じて小《こ》早川《はやがは》隆《たか》景《げ》・鍋《なべ》島《しま》勝《かつ》茂《しげ》・

立《たち》花《はか》宗《むね》茂《しげ》・毛《まう》利《り》勝《かつ》信《のぶ》等《ら》近《きん》傍《ばう》の諸《しよ》侯《こう》をして皆《みな》兵《へい》を出《いだ》して鎮《ちん》壓《あつ》せしむ。而《しか》して如《じよ》水《すゐ》の最《もつと》も大《たい》體《てい》に通《つう》じ、兵機に敏《びん》なるを以《もつ》て、亦《また》此《こゝ》に急《きふ》行《かう》せしめ、隆《たか》景《ゝげ》と議《はか》りて機宜を制《せい》せしむ。如《じよ》水《すゐ》乃《すなは》ち或《あるひ》は招《せう》降《かう》し、或《あるひ》は剿《さう》蕩《たう》し、亂《らん》魁《くわい》有《う》動《どう》兼《かね》元《もと》以《い》下《か》、其《その》手《て》に殺《さつ》獲《くわく》する所《ところ》、亦《また》尠《すくな》からず。一州《しう》略《ほゞ》定《さだ》まる。十二月、成《なり》政《まさ》上《じやう》京《きやう》して罪《つみ》を謝《しや》す。如《じよ》水《すゐ》は尚《な》ほ留《とゞ》まりて善《ぜん》後《ご》を策《さく》す。一日《じつ》曩《さき》に背《はい》叛《はん》したる隈《くま》部《べ》親《ちか》長《なが》以《い》下《か》の土《ど》豪《がう》を藤《ふぢ》崎《さき》八幡《まん》の祠《やしろ》に會《くわい》し、從《しやう》容《よう》として問《と》うて曰《いは》く、諸《しよ》君《くん》前《ぜん》日《じつ》悍《かん》然《ぜん》として兵《へい》を執《と》るものは、關《くわん》白《はく》殿《でん》下《か》に慊《けん》たるある歟《か》。抑〻《そもそも》亦《また》陸《む》奥《つの》守《かみ》を憾《うら》むに由《よ》る歟《か》。親《ちか》長《なが》等《ら》拜《はい》謝《しや》して曰《いは》く、臣《しん》等《ら》何《なん》ぞ敢《あへ》て殿《でん》下《か》を怨《えん》望《ばう》せんや。前《さき》には殿《でん》下《か》、臣《しん》等《ら》に賜《たま》ふに朱《しゆ》印《いん》を以《もつ》てし、各《かく》自《じ》の本《ほん》領《りやう》を安《あん》堵《ど》せしむ。臣《しん》等《ら》感《かん》戴《たい》、一意《い》忠《ちう》順《じゆん》を思《おも》ふ。而《しか》るに陸《む》奥《つの》守《かみ》漫《だり》に檢《けん》地《ち》を行《おこな》ひ、意《い》は收《しう》奪《だつ》に在《あ》り。故《ゆゑ》に已《や》むを得《え》ずして之《こ》れに抗《かう》せしのみと。如水《じよすゐ》領《がん》して曰《いは》く、固《もと》より應《まさ》に然《しか》るべきのみ。事體此《じたいこゝ》に至《いた》れば、陸奥《むつ》と諸君《しよくん》とは兩造《りやうざう》なり。今《いま》や陸奥《むつ》は闕《けつ》下《か》に伏《ふ》して罪《つみ》を待《ま》てるに、諸君《しよくん》は晏然《あんぜん》領邑《りやういふ》に據《よ》る、是《こ》れ豈《あに》人《じん》臣《く》の君上《くんじやう》に奉對《ほうたい》する態度《たいど》ならんや。諸君《しよくん》の慮《おもんはかり》此《こゝ》に及《およ》ばゞ、宜《よろ》しく地《ち》を避《さ》けて恩命《おんめい》を待《ま》つべきのみと。土豪《どがう》皆《みな》理《り》に服《ふく》す。即日《そくじつ》命《めい》じて之《これ》を柳川《やながは》・小倉《こくら》に移《うつ》せり。桀敖《けつがう》制《せい》し易《やす》からざる土豪《どがう》をして、相《あひ》次《つ》ぎて本領《ほんりやう》を離《はな》れしめ、一州《しう》の統治《とうち》に便《べん》ならしめたるもの、亦《また》半《なか》ばは如水《じよすゐ》の力《ちから》なり。

二十　封内の清肅

黒田如水

如水《じよすゐ》の始《はじ》めて封土《ほうど》中津《なかつ》に就《つ》くや、先《ま》づ制法《せいはふ》を發《はつ》して、普《あまね》く之《これ》を境内《けいだい》に頒布《はんぷ》せり。其制《そのせい》に曰《いは》く、

定《さだめ》

一主人《しゆじん》・親《おや》・夫《おつと》に背《そむ》く者《もの》は、可ㇾ行二罪科一事《ざいくわにおこなふべきこと》。

一殺人《さつじん》或《あるひは》盜人《ぬすびと》・强盜《がうたう》をなし、又其企仕者《またそのくはだてつかまるもの》あらば、可ㇾ行二罪科一事《ざいくわにおこなふべきこと》。

一隱田《をんでん》・畝《せ》ちがへ等仕者《とうつかまつるもの》、同前之事《どうぜんのこと》。

右之品々《みぎのしなじな》有ㇾ之者《これあるもの》、たとひ親類《しんるゐ》又《また》は同類《どうるゐ》たりといふとも、ひそかに申出《まをしいづ》べし。其儀實《そのぎじつ》たらば、人知《ひとし》らざる樣《やう》に一かどほうび可ㇾ遣ㇾ之事《これをつかはすべきこと》。

天正十五年七月

善《よ》い哉如水《かなぢよすゐ》の法《はふ》を制《せい》することや、是《こ》れ漢高《かんかう》が咸陽《かんやう》に入《い》りて、悉《ことごと》く秦《しん》の苛法《かはふ》を除《のぞ》き、新《あらた》に法三章《はふしやう》を約《やく》せしと、彼是實《かれこれじつ》に一軌《き》に出《い》

でたり。此人《このひと》の大體《たいてい》に通《つう》じ治道《ちだう》に明《あきら》かなる、是《これ》に由《よ》りても亦《また》觀《み》る可《べ》し。

* * * * *

唯《たゞ》だ其《そ》れ秀吉《ひでよし》の海内《かいだい》一統《とう》は、恰《あだか》も中大兄皇子《なかのおほえのみこ》が大化《たいくわ》の革新《かくしん》と一般《はん》、國勢《こくせい》の一大變革《だいへんかく》なり。北條足利《ほうでうあしかゞ》以來《らい》、地方《ちはう》に據《よ》りて、郡邑《ぐんいふ》を押領《あふりやう》せし者《もの》、自《みづか》ら地頭《ちとう》と號稱《がうしやう》して、制《せい》を境内《けいだい》に專《もつぱ》らにし、習《なら》ひて以《もつ》て常慣《じやうくわん》となり居《ゐ》たるに、秀吉大軍《ひでよしたいぐん》の洗禮《せんれい》を加《くは》へたる地方《ちはう》には、直《たゞ》ちに國守《こくしゆ》を新任《しんにん》して、統治《とうぢ》の新政《しんせい》を布《し》かしめたるを以《もつ》て、所在《しよざい》の土豪等《どがうら》其城池《そのじやうち》を失《うしな》ふを欲《ほつ》せず。叛亂《はんらん》は獨《ひと》り肥後《ひご》のみならず、諸州《しよしう》に續發《ぞくはつ》せり。而《しか》して豊前《ぶぜん》も亦其中《またそのうち》に在《あ》り。上毛郡《かみげごほり》の緒方某《をがたばう》は緒方城《をがたじやう》に據《よ》り、其族某《そのぞくばう》は日隈砦《ひぐまのさい》に據《よ》り、如法寺《によはふじ》孫二郎《まごじらう》は川底城《かはそこじやう》に據《よ》り、其族某《そのぞくばう》は高田砦《たかたのさい》に據《よ》り、如水《じよすゐ》の肥後《ひご》に赴《おもむ》きて在《あ》らざるを窺《うかゞ》ひ、相呼應《あひこおう》して、先《ま》づ叛《はん》す。時《とき》に長政《ながまさ》は馬《うま》ヶ岳城《たけじやう》に在《あ》り。十月朔《ついたち》、變報《へんはう》到《いた》る。長政《ながまさ》自《みづか》ら奮《ふる》ひて曰《いは》く、家君《かくん》多年《たねん》忠貞《ちうてい》を納《い》れ、以《もつ》て本州《ほんしう》を享《う》けたまへるに、州内擾亂《しうないじやうらん》肥後《ひご》の如《ごと》くならは、家君《かくん》の功業《こうげふ》を奈何《いかん》せん。又我《またわれ》留守《りうしゆ》の任責《にんせき》を奈何《いかん》せんと。即時《そくじ》兵《へい》を勒《ろく》して、先《ま》づ日隈《ひぐま》に向《むか》ふ。緒方《をがた》山法寺《さんはふじ》之《これ》を諜《てふ》知《ち》し、其兵《そのへい》を合《がつ》して城《しろ》を救《すく》ふ。長政喜《ながまさよろこ》びて曰《いは》く、兩賊《りやうぞく》合《がつ》して自《みづか》ら出《い》づ。是《こ》れ來《きた》りて首《かふべ》を授《さづ》くるなりと。軍《いくさ》を分《わか》ちて二部《ぶ》と爲《な》し、一部《ぶ》は城《しろ》に備《そな》へ、自《みづか》ら一部《ぶ》を率《ひき》ゐて、敵《てき》の援軍《えんぐん》に當《あた》り、殊死《しゆし》して戰《たゝか》ひ、遂《つひ》に之《これ》を破《やぶ》りて、二酋《しう》を斬《き》れり。

此報傳《このはうつた》へて如水《ぢよすゐ》筑後《ちくご》の行營《かうえい》に到《いた》る。如水《ぢよすゐ》之《これ》を小早川隆景《こはやかはたかゝげ》に告《つ》げて、急《きふ》に封内《ほうない》に歸《かへ》る。是時《このとき》に當《あた》りて、宇都宮鎭房《うつのみやしげふさ》築城郡城井谷《ついきごほりきゐだに》の險城《けんじやう》に據《よ》り、又神樂山《またかぐらやま》の古城《こじやう》を修《をさ》め、合《あは》せ保《たも》ちて、亦叛《またはん》す。

兇勢《きようせい》最《もつと》も強張《きやうちやう》せり。長政《ながまさ》盛氣《せいき》、一呵《か》して之《これ》を取《と》らんと欲《ほつ》し、十月九日、軍《ぐん》を進《すゝ》め、之《これ》を攻《せ》めて克《か》たず。多《おほ》く士卒《しそつ》を失《うしな》ひ、僅《わづか》に身《み》を以《もつ》て免《まぬ》かれたり。事は後章に詳なり州內《しうない》の土寇《どこう》之《これ》を聞《き》きて、一時《じ》に蜂起《ほうき》し。上毛《かみげ》郡《ごほり》に於《おい》ては鬼木《おにき》掃部《かもん》鬼木《おにき》に據《よ》り、山田《やまだ》大膳《だいぜん》は山國《やまぐに》の險城《けんじやう》一戸《いちのと》に據《よ》り、山田《やまだ》常陸《ひたち》は大村《おほむら》に據《よ》り、八屋《はちや》刑部《けうぶ》は八屋《はちや》に據《よ》り、下毛《しもげ》郡《ごほり》に於《おい》ては野中《のなか》左京《さきやう》は長岩城《ながいはじやう》に據《よ》り、其弟《そのおとうと》兵庫《ひやうご》は上《かみ》毛《げ》の雁股《かりまた》ケ岳《だけ》に據《よ》り、加來《かく》某《はう》は加來城《かくじやう》に據《よ》り、福島《ふく》某《はう》は福島城《ふくしまじやう》に據《よ》り、皆《みな》叛旗《はんき》を飜《ひるが》へせり。是《これ》に於《おい》て關白《くわんぱく》秀吉《ひでよし》は其近傍《そのきんばう》諸侯《しよこう》に令《れい》し、各〻《おの〳〵》兵《へい》を出《いだ》して鎭壓《ちんあつ》を助《たす》けしむ。如水《ぢよすい》父子《ふし》は乃《すなは》ち精《せい》を勵《はげ》まし、意《い》を銳《と》くして、攻城《こうじやう》野戰《やせん》し、或《あるひ》は屠《ほふ》り、或《あるひ》は降《くだ》し、十二月に至《いた》りて、封內《ほうない》畧《ほゞ》肅淸《しゆくせい》に就《つ》けり。報入《はうい》るや、秀吉《ひでよし》書《しよ》を下《くだ》して之《これ》を褒賞《ほうしやう》せり。

二十一　宇都宮鎮房の背叛

城井谷の激戰…長政の敗北…風流の一隊長

如水《ぢよすゐ》の新封内《しんほうない》、土豪《どがう》の最《もつと》も桀敖《けつがう》なる者《もの》を宇都宮中務少輔《うつのみやなかつかさのせういう》鎮房《しげふさ》と爲《な》す。下野《しもつけ》の宇都宮氏《うつのみやし》と同族《どうぞく》にして、其先《そのせん》豊前《ぶぜん》の守護《しゆご》に任《にん》ぜしより、子孫《しそん》世々《よ》築城《ついき》の城井谷《きゐだに》に居《を》り、本州第一《ほんしうだい》の右族《いうぞく》たり。大友《おほとも》宗麟《そうりん》全盛《ぜんせい》の時《とき》には、豊後《ぶんご》に屬《ぞく》したるも、地方《ちはう》を領有《りやういう》すること依然《いぜん》たり。如水《ぢよすゐ》の封《ほう》に就《つ》くに及《およ》び、之《これ》に屈下《くつか》するを欲《ほつ》せず。其《その》地《ち》の天險《てんけん》を恃《たの》み、遂《つひ》に叛《はん》して、四近《きん》を掠略《りやうりやく》す。長政《ながまさ》怒《いか》りて急《きふ》に之《これ》を征《せい》せんと請《こ》ふ。如水《ぢよすゐ》曰《いは》く、彼《か》れ世々《よゝ》本州《ほんしう》に在《あ》りて、一州《しう》の望族《ばうぞく》たり。加之《しかのみならず》、鎮房《しげふさ》勇武《ゆうぶ》にして、天險《てんけん》に據《よ》る。俄《にはか》に力取《りよくしゆ》す可《べか》らず。漸《ぜん》を以《もつ》て之《これ》を滅《ほろぼ》さんのみと。長政《ながまさ》年壯《ねんさう》氣鋭《きえい》、意《い》は一戰《せん》して之《これ》を殲滅《せんめつ》するに在《あ》り。告《つ》げずして將《まさ》に兵《へい》を出《いだ》さんとす。井上《いのうへ》九郎右衛門《らうゑもん》竹森新右衛門《たけもりしんゑもん》等《ら》諫《いさ》むれども、亦《また》聽《き》かず。十月九日、兵《へい》二千を率《ひき》ゐ、城井谷《きゐだに》の境上《きやうじやう》寒田《さうだ》に達《たつ》すれば、城兵《じやうへい》或《あるひ》は退《しりぞ》きて城《しろ》に入《い》り、或《あるひ》は散《さん》じて叢林《さうりん》に入《い》る。我前隊《わがぜんたい》進《すゝ》みて鬼《おに》ケ城《じやう》を壓《あつ》し一鼓《こ》城《しろ》に乘《の》らんとす。其地《そのち》狹隘《けふあい》にして、衆《しゆう》を勒《ろく》す可《べ》からず。忽《たちま》ちにして敵《てき》の伏兵《ふくへい》山谷《さんこく》の間《あひだ》より發《はつ》し、城兵《じやうへい》亦門《またもん》を開《ひら》きて突出《とつしゆつ》し三面《めん》より合撃《がふげき》す。我前隊《わがぜんたい》先《ま》づ敗《やぶ》れ、後隊《こうたい》も亦擾《またみだ》る。長政《ながまさ》命《めい》じて大旆《たいはい》を退《しりぞ》けしむ。竹森新右衛門《たけもりしんゑもん》聽《き》かずして曰《いは》く、大旆退《たいはいしりぞ》かば、敵兵《てきへい》愈〻《いよ〳〵》沓至《たうし》せんと。堅立《けんりつ》して動《うご》かず。長政《ながまさ》を促《うなが》して先《ま》づ退《しりぞ》かしめ、而《しか》る後《の》ち之《これ》に次《つ》ぐ。敵兵《てきへい》高《たか》きに居《ゐ》て、尾撃《びげき》すること益〻急《ます〳〵きふ》なり。是時《このとき》に當《あた》りて、刀槍《たうさう》既《すで》に接《せつ》し、人々《じん〳〵》個《こ》々の格闘《かくとう》とはなれり。敵兵《てきへい》槍《やり》を攢《あつ》めて長政《ながまさ》に逼《せま》る。一少年《せうねん》あり。大野《おほの》小辨《こべん》といふ。馬首《はしゆ》を回《めぐ》らして之《これ》に死《し》す。高橋《たかはし》平太夫《へいだいふ》・横山《よこやま》與次《よじ》・益田《ますだ》與六郎《よろくらう》・四宮《しのみや》次右衛門《じゑもん》等《ら》も亦《また》返戰《へんせん》して之《これ》に死《し》す。長政《ながまさ》敗衂《はいぢく》を慙憤《ざんふん》し、又馬《またうま》を返《かへ》して敵軍《てきぐん》に入《い》らんとす。大野《おほの》九郎右衛門《くらうゑもん》其《そ》の轡《くつわ》を控《ひか》へて曰《いは》く、是《こ》れ主將《しゆしやう》の敵《てき》に死《し》するの秋《とき》には非《あら》ずと。長政《ながまさ》聽《き》かず。鐙《あぶみ》を揚《あ》げて蹴《け》ること再《さい》三なるも、九郎《くらう》右衛門《ゑもん》面首《めんしゆ》に傷《きず》つきながら、固持《こぢ》して放《はな》たず。貝原《かひはら》一兵衛《べゑ》之《これ》を望見《はうけん》し、馬《うま》より下《くだ》りて馳來《はせきた》り鞭《むち》を揮《ふる》ひて、長政乘馬《ながまさじようば》の臀《しり》を撻《う》てば、長政僅《ながまさわづか》に退《しりぞ》く數町《すうちやう》なることを得《え》たり。既《すで》にして敵《てき》は迂回《うくわい》して、前路《ぜんろ》を遮《さへぎ》り、挾《はさみ》て長政《ながまさ》に逼《せま》る。長政馬《ながまさうま》を躍《をど》らして、先《ま》づ前面《ぜんめん》の敵《てき》に當《あた》りしが、誤《あやま》ちて水《すゐ》田《でん》に墜《お》ち其騎《そのき》動《うご》かず。敵兵《てきへい》之《これ》に聚《あつ》まらんとす。黑田《くろだ》三左衛門《ざゑもん》之《これ》を見《み》て、左右《さいう》に警《いまし》めて、敵《てき》に當《あた》らしめ、馬《うま》より下《くだ》りて、之《これ》を長《なが》政《まさ》に授《さづ》く。長政《ながまさ》受《う》けずして曰《いは》く、我豈爾《われあになんぢ》を棄《す》て、、一身《しん》の安《あん》を偸《ぬす》まんやと。爭《あらそ》ひて聽《き》かず。敵《てき》は愈〻接近《いよ〳〵せつきん》す。菅《くわん》六之《の》助《すけ》も亦馬《またうま》より下《くだ》りて、之《これ》を讓《ゆづ》れども、亦聽《またき》かず。侍士《じし》三宅《みやけ》三太夫《だいふ》後の若狹長政《ながまさ》を抱《いだ》きて、六之《の》助《すけ》が馬《うま》に騎《き》せしめ、郎君《らうくん》何《なん》ぞ小節《せうせつ》に拘々《かう〳〵》たるや、盍《なん》ぞ速《すみやか》に平原《へいげん》に出《い》でゝ潰兵《くわいへい》を拾收《しふしう》し、敵《てき》を一戰《せん》に掩取《えんしゆ》せざると。長《なが》政《まさ》始《はじ》めて之《これ》に從《したが》へり。六之《の》助《すけ》は靜《しづか》に長政《ながまさ》の馬《うま》を曳上《ひきあ》げ、主將《しゆしやう》の後《あと》を追《お》ひて來《きた》る。敵兵《てきへい》尙《な》ほ追躡《つゐせつ》して已《や》まず。黑田《くろだ》三左衞門《ざゑもん》返戰《へんせん》し、主將《しゆしやう》に代《かは》りて死《し》せんとす。長政《ながまさ》許《ゆる》さず。左右《さいう》と倶《とも》に戰死《せんし》を期《き》す。敵兵《てきへい》も亦其意色《またそのいしよく》の決然《けつぜん》たるに畏《おそ》れ、躊躇《ちうちよ》する所《ところ》あり。後《ご》藤又兵衞《とうまたべゑ》、原彌左衞門《はらやざゑもん》等《ら》殿戰《でんせん》最《もつと》も努《つと》め。三宅《みやけ》三太夫《だいふ》・菅《くわん》六之《の》助《すけ》・木《き》屋《や》兵右衞門《ひやうゑもん》・岡本彌兵衞《なかもとやへゑ》・小河久太夫《をがはきうだいふ》等《ら》、長政《ながまさ》を擐衞《くわんゑい》し、僅《わづか》に敗兵《はいへい》を收《をさ》めて、馬《うま》ヶ岳《だけ》に退還《たいくわん》せり。

＊　＊　＊　＊　＊

此日《このひ》の戰《たゝかひ》に、風流《ふうりう》を以《もつ》て危急《ききふ》を免《まぬが》れたるは、殿戰《でんせん》の一部《ぶ》長原彌《ちやうはらや》左《ざ》衞《ゑ》門《もん》なり。彼《かれ》は留《とゞま》りて奮鬪《ふんとう》し、一騎《き》となりて退《ひ》き來《きた》りしが、其馬《そのうま》亦《また》誤《あやま》りて水田《すゐでん》に陷《おちい》れり。敵《てき》三騎《き》之《これ》を環視《くわんし》し、將《まさ》に來《きた》り逼《せま》らんとす。彌左《やざ》たる者《もの》萬生《ばんせい》理《り》なし。即《すなは》ち高《たか》らかに歌《うた》ひて曰《いは》く、

深田《ふかだ》に馬《うま》をかけ落《おと》し、引《ひ》けどもあがらず、うてども往《ゆ》かぬ、

望月《もちづき》の……

其聲《そのこゑ》を聞《き》き、其急《そのきふ》を見《み》て、戰朋《せんはう》戸田《とだ》平左衞門《へいざゑもん》走《はし》り來《きた》り、槍竿《さうかん》を杖《つゑ》つきて、敵騎《てきき》を睨《にら》みながら、彌左《やざ》と相和《あひわ》して、

駒《こま》の頭《かしら》も見《み》えばこそ、こは何《なに》とならん身《み》の果《はて》ぞ。

と同音《どうおん》に粟津《あはづ》の一曲《きよく》を謠《うた》ひ出《い》づれば、敵騎《てきき》も風韻《ふうゐん》を解《かい》せし歟《か》、抑《そも》〱其氣《そのき》を奪《うば》はれし歟《か》、敢《あへ》て急《きふ》に之《こ》れに迫《せま》らず。乃《すなは》ち虎口《ここう》を脱《だつ》

して還《かへ》れり。

二十二　鎭房一家の族滅

鎭房の降伏……長政の詭計……鎭房一家の族滅

長《なが》政《まさ》戰《せん》敗《はい》を慙《ざん》恨《こん》し、一室《しつ》に閉《へい》居《きょ》して出《い》でず。而《しか》も如《ちよ》水《すゐ》は夷《い》然《ぜん》たり。一日《じつ》長《なが》政《まさ》を召《め》し、徐《おもむ》ろに諭《さと》して曰《いは》く、凡《およ》そ戰《せん》鬪《とう》は初《しよ》勝《しよう》を以《もつ》て勝《かち》と爲《な》し、宜《よろ》しく其《その》兵《へい》を收《をさ》むべし。功《こう》を貪《むさぼ》りて全《ぜん》勝《しよう》を求《もと》めん乎《か》、往々《わう〳〵》敗《はい》衂《じく》の因《いん》となる。兒《じ》曹《さう》年《ねん》少《せう》、經《けい》驗《けん》に由《よ》らざれば機宜を曉《さと》らず。前《ぜん》日《じつ》の敗《はい》は良《りやう》師《し》なり。何《なん》の憾《うら》むることかこれあらんと。多《おほ》く老《らう》練《れん》の士《し》を附《ふ》して、輕《けい》擧《きよ》を止《とゞ》めしむ。長《なが》政《まさ》亦《また》悟《さと》る所《ところ》あり。

乃《すなは》ち城《き》井《ゐ》谷《だに》の出口《でぐち》を占領《せんりやう》し、神樂山《かぐらやま》の古城《こじやう》を修《をさ》めて、敵城《てきじやう》に對《たい》せしむ。鎭房之《しげふさこれ》を憂《うれ》ひ、城兵《じやうへい》を發《はつ》して夜襲《やしふ》を試《こゝろ》む。長政豫《ながまさあらかじ》め之《これ》に備《そな》へしめ、敵《てき》の壁《へき》に蟻附《ぎふ》するを待《ま》ち、門《もん》を開《ひら》きて突出《とつしゆつ》し、擊《う》ちて之《これ》を退《しりぞ》けしめ、以《もつ》て前日《ぜんじつ》の役《えき》に報《はう》ぜり。爾後《じご》小鬪《せうとう》は時々《じゞ》熄《や》まず。而《しか》も如水《ぢよすゐ》父子《ふし》は益〻部下《ますく\ほうか》を戒《いまし》め、防備《ばうび》を嚴《げん》にして、敵《てき》の四出《しゆつ》を遏《とゞ》め、其間《そのあひだ》に兵《へい》を移《うつ》して各處《かくしよ》の叛徒《はんと》を剿蕩《さうたう》す。加之《しかのみならず》、毛利《まうり》・吉川《きつかは》・小早川《こはやかは》の援軍《えんぐん》も亦《また》到《いた》りて、黑田氏《くろだし》を助《たす》く。是《これ》に於《おい》て乎《か》・城井《きゐ》谷《だに》の勢《いきほひ》日《ひ》に孤《こ》なり。鎭房乃《しげふさすなは》ち小早川《こはやかは》・毛利《まうり》・安國寺《あんこくじ》等《ら》に賴《よ》りて降《かう》を請《こ》ふ。如水之《ぢよすゐこれ》を許《ゆる》し、鎭房《しげふさ》の一男《だん》一女《ぢよ》を質子《ちし》として徵《ちよう》し、十二月《ぐわつ》に至《いた》りて兵《へい》を解《と》けり。

天正《てんしやう》十六年《ねん》、如水父子《ぢよすゐふし》は中津《なかつ》に移《うつ》りて、此《こゝ》に治《ち》す。二月、如水《ぢよすゐ》は關白《くわんはく》の命《めい》を奉《ほう》じ、再《ふたゝ》び肥後《ひご》に赴《おもむ》きて、亂後《らんご》の事宜《じぎ》を節度《せつど》す。長《なが》政《まさ》留守《りうしゆ》して中津《なかつ》に在《あ》り。前年《ぜんねん》城井谷《きゐだに》敗衂《はいじく》の憤恨《ふんこん》尚《な》ほ未《いま》だ熄《や》まず。鎭房《しげふさ》亦《また》降《くだ》ると雖《いへど》も、依然《いぜん》城井谷《きゐだに》の壁下《へきか》澤邊《さはべ》の館《たち》に在《あ》りて、中津《なかつ》に覲《きん》せず。長政《ながまさ》心《こゝろ》に益々《ますく》怒《いか》る。此歳春《このとしはる》、長政《ながまさ》節會《せちゑ》に託《たく》して、鎭房《しげふさ》を召《め》す。鎭房《しげふさ》從兵《じうへい》二百を率《ひき》ゐて來《きた》り見《まみ》ゆ。長政《ながまさ》豫《あらかじ》め左右《さいう》に戒《いまし》むる所《ところ》あり。甲《かふ》を城内《じやうない》に伏《ふ》せ、席上《せきじやう》之《これ》を仆《たふ》さんと圖《はか》る。鎭房《しげふさ》進見《しんけん》し、坐《ざ》を賜《たま》ひて長政《ながまさ》と相對《あひたい》す。其人《そのひと》軀幹《くかん》六尺許《しやくばかり》、三尺《じやく》の長刀《ちやうたう》を後方《こうはう》に控《ひか》へ、二尺《しやく》の刀《たう》尚《なほ》腰《こし》に在《あ》り。目《め》を四方《はう》に矚《しよく》して乘《じよう》ず可《べ》きの機《き》を許《ゆる》さず。長政《ながまさ》先《ま》づ盃《はい》を擧《あ》げて、之《これ》を鎭房《しげふさ》に屬《ぞく》す。長政《ながまさ》の侍臣《じしん》吉田又助《よしだまたすけ》進《すゝ》みて酒《さけ》を注《ちう》す。長政《ながまさ》急《きふ》に肴《かう》を命《めい》ずるもの兩回《りやうくわい》、野村太郎兵衛《のむらたらうべゑ》次室《じしつ》に在《あ》り。唯々《ゐゝ》と應《おう》じ、一器《き》を捧《さゝ》げて入來《いりきた》り、直《たゞ》ちに之《これ》を鎭房《しげふさ》に投《とう》じ、刀《たう》を拔《ぬ》きて、其額《そのがく》を斫《き》る。鎭房《しげふさ》憤激《ふんげき》、斫《き》られながら將《まさ》に起《た》ちて之《これ》に應《おう》ぜんとす。長政《ながまさ》獲《え》たりと、大喝《だいかつ》又《また》之《これ》を斫《き》る。鎮房《しげふさ》終《つひ》に其坐《そのざ》に仆《たふ》る。因《よ》りて城門《じやうもん》を閉《と》ぢ、其從兵《そのじうへい》を各處《かくしよ》に撃《う》ちて、之《これ》を鏖殺《あうさつ》し、長政自《ながまさみづか》ら馬《うま》を出《いだ》し、城井谷《きゐだに》を襲《おそ》ひ、火《ひ》を近傍《きんばう》の民家《みんか》に放《はな》ち、其館《そのたち》に薄《せま》る。館人俄《くわんじんにはか》に出《い》でゝ防《ふせ》ぐ。亦皆《またみな》討《う》ちて之《これ》を仆《たふ》す。既《すで》にして火《ひ》其館《そのたち》に及《およ》ぶ。悲叫《ひけう》の聲《こゑ》山谷《さんこく》に震《ふる》ふ。長政悉《ながまさことごと》く鎮房《しげふさ》の妻孥《さいど》を收捕《しうほ》して歸《かへ》る。鎮房《しげふさ》の父常陸介長《ちゝひたちのすけなが》房入道長甫《ふさにふだうちやうほ》逃《のが》れて豐後《ぶんご》に走《はし》る。亦追《またお》ひて之《これ》を斬《き》る。即日其族《そくじつそのぞく》十三人《にん》を併《あは》せ、皆之《みなこれ》を中津《なかつ》の磧《かはら》に磔殺《たくさつ》せり。時《とき》に鎮房《しげふさ》の女年《ぢよとし》十五、質《ち》として城中《じやうちう》に在《あ》りしが、一家《け》の族滅《ぞくめつ》を睹《み》て、胸《むね》を打《う》ちて痛恨《つうこん》し、亦自盡《またじじん》して死《し》せり。長政乃《ながまさすなは》ち人《ひと》を肥後《ひご》に馳《は》せて、之《これ》を如水《ぢよすゐ》に報《はう》ず。如水命《ぢよすゐめい》じて鎮房《しげふさ》の質子彌《ちしや》三郎朝房《らうともふさ》を營中《えいちう》に收《をさ》めて、亦《また》之《これ》を戮《りく》す。是《これ》に至《いた》り豐前《ぶぜん》の宇都宮氏全《うつのみやしまつた》く殲盡《せんじん》せり。

二十三　俗説妄傳

六　妄傳……如水の詭計

宇《う》都宮《つのみや》鎭房《しげふさ》誘殺《いうさつ》の事《こと》たる、如水《ぢよすゐ》父子《ふし》に在《あ》りて、最《もつと》も慙《は》づ可《べ》きの蠻擧《はんきよ》たり。是《これ》を以《もつ》て貝原益軒《かひはらえきけん》の黒田《くろだ》家譜《かふ》を修《をさ》むるや、往々《わう〱》省筆《しやうひつ》し、又時《またとき》に回護《くわいご》の語《ご》あり。唯《たゞ》其擧《そのきよ》や既《すで》に殘酷《ざんこく》にして、跡《あと》も亦《また》慘《さん》憺《たん》たり。是《これ》を以《もつ》て俗説妄傳《ぞくせつはうでん》紛錯《ふんさく》を極《きは》む。

其一、鎭房《しげふさ》の降《かう》は、秀吉《ひでよし》の諭旨《ゆし》に出《い》で、媾和《かうわ》にして、降伏《かうふく》に非《あら》ずといふ。大三川志及野史等然《しか》れども天下《てんか》豈《あに》一州《しう》の主《しゆ》をして、管下《くわんか》の叛《はん》將《しやう》と對等《たいとう》の媾和《かうわ》を命《めい》ずる秀吉《ひでよし》あらんや。

其二、如水《ぢよすゐ》命《めい》じて鎭房《しげふさ》の女《ぢよ》を長政《ながまさ》に納《い》れしめ、是《これ》に由《よ》りて鎭房《しげふさ》を嫌《すか》し、翁《おう》婿《せい》の會《くわい》に託《たく》して、之《これ》を召殺《せうさつ》したりといふ。大三川志、川角太閤記、其他概ね然り。野史等之を承く。然《しか》れども長政《ながまさ》には夙《つと》に蜂須賀正勝《はちすかまさかつ》の女《ぢよ》の入《い》りて其《その》正室《せいしつ》となれるあり。後《のち》に之《これ》を離別《りべつ》したるも、當時《たうじ》現《げん》に其家《そのいへ》に在《あ》り。豈《あに》所傳《しよでん》の如《ごと》き狂言《きやうげん》を容《い》れんや。畢竟《ひつきやう》是れ前年《ぜんねん》より中津《なかつ》に質《ち》たりし鎮房《しげふさ》の女《ぢよ》の自盡《じじん》に由《よ》りて、附會《ふくわい》したるのみ。

其三、長政《ながまさ》の室《しつ》宇都宮《うつのみや》氏《し》、其父《そのちゝ》鎮房《しげふさ》等の遺尸《ゐし》を磔《はたもの》にせらるゝを睹《み》、辭世《じせい》の歌《うた》を賦《ふ》して自盡《じじん》せしといふ。武邊咄聞書等其《その》歌《うた》に曰《いは》く、『なかく〳〵にきいて枯《か》れぬるものならば、誰《た》が爲《ため》ならんはたものゝ上《うへ》』と。其歌《そのうた》の拙《つたな》さ、意義《いぎ》を成《な》さず。一書《しよ》には又之《またこれ》を傳《つた》へて、『なかく〳〵にきいて果《は》てなん唐衣《からころも》、誰《た》が爲《ため》に織《お》るはたものゝ音《おと》』に作《つく》る。修正《しうせい》の蹟《あと》歴々《れき〳〵》として看《み》る可《べ》し。其小細工《そのこざいく》、人《ひと》をして噴《ふん》飯《はん》せしむ。飯田氏《いひだし》覺《さと》らず、眞面目《まじめ》腐《くさ》りて、之《これ》を野史《やし》に收《をさ》め、認《みと》めて以《もつ》て事《じ》實《じつ》と爲《な》す。我《われ》太《はなは》だ野《や》史《し》氏《し》の爲《ため》に焉《これ》を恥《は》づ。

△其四、手《て》を下《くだ》して鎭《しげ》房《ふさ》を斫《き》りたる者《もの》を、如《ぢよ》水《すゐ》なりといふ。（碎玉話）斯《か》くの如《ごと》くば、鎭《しげ》房《ふさ》の質《ち》子《し》彌《や》三郎《らう》朝《とも》房《ふさ》を、如《ぢよ》水《すゐ》肥《ひ》後《ご》の行《かう》營《えい》中《ちう》に戮《りく》せしめたる事《じ》實《じつ》を如《い》何《かに》す可《べ》き。妄《ばう》傳《でん》も亦《またはなは》甚《だ》し。

△其五、鎭《しげ》房《ふさ》誘《いう》殺《さつ》の擧《きよ》を、天正《てんしやう》十七年の事《こと》と傳《つた》ふるものあり。（大三川志及野史等）果《はた》して十七年《ねん》とせば、肥《ひ》後《ご》の亂《らん》は既《すで》に平《たひ》らぎ、如《ぢよ》水《すゐ》等《ら》は固《もと》より其《その》地《ち》に駐《ちう》在《ざい》せず。其《そ》の十△六△年△の出《で》來《き》事《ごと》たるや、當《たう》時《じ》の事《じ》情《じやう》に照《てら》して明《あきら》かなり。黒《くろ》田《だ》家《か》譜《ふ》のみ獨《ひと》り之《これ》を十六年《ねん》の下《もと》に繋《か》く。此《この》記《き》事《じ》實《じつ》を得《え》たり。

△其六、長《なが》政《まさ》の後《こう》嗣《し》忠《たゞ》之《ゆき》の世《よ》に於《お》ける所《いは》謂《ゆる》黒《くろ》田《だ》騒《さう》動《どう》中《ちう》に見《あら》はれたる一妖《えう》僧《そう》を以《もつ》て、鎭《しげ》房《ふさ》の遺《ゐ》子《し》なりといふものあり。（箱崎文函等）是《これ》に至《いた》りて談《だん》は全然《ぜん〴〵》小《せう》説《せつ》に落《お》ちたり。其《その》妄《ばう》誕《たん》辯《べん》ずるにも足《た》らざれど、

因《ちな》みに此《こゝ》に之《これ》を言《い》ふ。

唯《たゞ》鎮房《しげふさ》の誘殺《いうさつ》に關《くわん》し、諸傳說中《しよでんせつちう》、或《あるひ》は其眞《そのしん》を得《え》たらんかと思《おも》はるゝは、川角太閤記《かはかくたいかふき》の一節《せつ》なり。曰《いは》く、如水《ぢよすゐ》將《まさ》に肥後《ひご》に赴《おもむ》かんとするに臨《のぞ》み、策《さく》を長政《ながまさ》に授《さづ》けて曰《いは》く、中務頑强《なかつかさぐわんきやう》、終《つひ》に屈下《くつか》する者《もの》に非《あら》ず。我《われ》此《こゝ》に在《あ》れば、計《けい》ある可《べ》きを意《い》とし、城井《きゐ》を出《い》でじ。我《われ》の發後《はつご》、事《こと》に託《たく》して之《これ》を招《まね》かば、彼《かれ》亦《また》誘致《いうち》せらる可《べ》し。其機《そのき》を失《しつ》せず、彼《かれ》を誅除《ちうぢよ》せば、事《こと》一朝《てう》にして定《さだ》まる可《べ》しと。長政《ながまさ》之《これ》に從《したが》ひ、果《はた》して志《こゝろざし》を得《え》たり。但《た》だ如水《ぢよすゐ》の初意《しよい》は鎮房《しげふさ》一人《にん》を誘殺《いうさつ》し、其他《そのた》は死《し》を宥《なだ》むるに在《あ》りたるも、長政《ながまさ》以《もつ》て大寬《たいくわん》に失《しつ》すと爲《な》し、悉《こと〴〵》く收《をさ》めて之《これ》を磔《はりつけ》にし、其《その》三族《ぞく》を滅《ほろぼ》したれば、聞《き》く者《もの》之《これ》を殘《ざん》としゝといふと。如水《ぢよすゐ》の心計《しんけい》に富《と》める、未《いま》だ必《かならず》しも此事《このこと》なしと謂《い》ふ可《べ》からず。人《ひと》あり春秋《しゆんじう》の筆法《ひつはふ》を用《もち》ひ、如水《ぢよすゐ》、鎮房《しげふさ》を誘殺《いうさつ》すと書《しよ》すも、其《そ》れ之《これ》を辭《じ》するを得《え》ざる可《べ》し。此《こゝ》に附載《ふさい》して史家《しか》の一考《かう》に備《そな》ふ。

二十四　城井谷の懷古

城井郷民の怨詛……福澤翁の談

鎮房《しげふさ》誘殺《いうさつ》の蠻擧《はんきよ》、深《ふか》く當時《たうじ》の人心《じんく》を打《う》ちたる歟《か》。慶長《けいちやう》五年《ねん》、黒《くろ》田《だ》長政《ながまさ》の筑前《ちくぜん》に封《ほう》ぜられしより、明治《めいぢ》四年《ねん》、黒田《くろだ》長知《ながとも》の藩籍《はんせき》を奉還《ほうくわん》せらるゝに至《いた》るまで、其間《そのあひだ》二百七十二年《ねん》、世《よ》を傳《つた》ふること十二代《だい》なりしが、初《はじめ》の五代《だい》を除《のぞ》くの外《ほか》は、其家《そのいへ》常《つね》に家嗣《ちようし》あらず。

世々《よゝ》概《おほむ》ね他氏《たし》より養子《やうし》して、以《もつ》て其家祀《そのかき》を存《そん》したり。藩中《はんちう》傳《つた》へいふ、是《こ》れ宇《う》都宮《つのみや》闔族《かうぞく》殘殺《ざんさつ》の祟《たゝり》なりと。故人《こじん》福澤諭吉《ふくざはゆきち》翁《おう》は中津《なかつ》の人《ひと》なり。在世《ざいせい》の日《ひ》嘗《かつ》て語《かた》りて曰《いは》く、宇《う》都宮氏《つのみやし》世々《よゝ》城井谷《きゐだに》に治《ぢ》し、深《ふか》く地方《ちはう》の民心《みんしん》を得《え》たりし歟《か》、鎭房《しげふさ》父子《ふし》が黒田氏《くろだし》の詭計《きけい》に陷《おとしい》れられて、一朝《てう》身家《しんか》を亡《うしな》ふや、地方《ちはう》の遺民《ゐみん》黒田氏《くろだし》を怨《うら》みて、痛骨《つうほね》に入《い》り、年々《ねん／＼》鎭房《しげふさ》父子《ふし》の祥忌《しやうき》に會《くわい》する毎《ごと》に、老幼男女《らうえうなんによ》悉《こと／＼》く古城《こじやう》の墟《きよ》に聚《あつま》りて、其怨魂《そのゑんこん》を弔《てう》し、手《て》に／＼野薔薇《のばら》の花《はな》の一枝《えだ》を折《を》り來《きた》りて、之《これ》を地上《ちじやう》に挿《さ》し、異口同《いくどう》音《おん》に讎家《しうか》の短祚《たんそ》を咒《のろ》ひたり。其聲《そのこゑ》悽愴《せいさう》。鬼氣《きき》人《ひと》に逼《せま》り、看《み》る者《もの》聽《き》く者《もの》も覺《おぼ》えず戰栗《せんりつ》せざるは無《な》かりき。斯《か》くの如《ごと》きもの二百餘《よ》年《ねん》、未《いま》だ嘗《かつ》て一年《ねん》も中絶《ちうぜつ》せしことあらずと云《いふ》。明治《めいぢ》の維新《ゐしん》に遭《あ》ひて。封建《ほうけん》の制《せい》廢《すた》れ、黒田氏《くろだし》も亦《また》提封《ていほう》を納《い》れ、居《きよ》を東京《とうきやう》に移《うつ》さる。其《その》後《のち》此《この》咒詛《じゆそ》の祭《まつり》を聞《き》かず。黒田氏《くろだし》是《これ》より始《はじ》めて人怨《じんゑん》に遠《とほ》ざからん歟《か》と。

天下《てんか》自《おのづか》ら偶中《ぐうちう》の事《こと》あり。長知《ながとも》の治世《ちせい》に提封《ていほう》を納《い》れて、其《その》令嗣《れいし》に今《いま》の侯爵《こうしやく》長成《ながしげ》君《くん》あり。而《しか》して侯爵《こうしやく》の家庭《かてい》、亦《また》螽斯《しうし》の羽《は》の振々《しん〳〵》たるを観《み》る。

＊　＊　＊　＊　＊

明治《めいぢ》三十九年《ねん》の夏《なつ》、大分《おほいた》縣人《けんじん》の東導《とうだう》に従《したが》ひて、豊後《ぶんご》に入《い》り、大《おほ》友宗麟《ともそうりん》の故墟《こきよ》を訪《と》ひ。石垣原《いしがきはる》の戦跡《せんせき》を弔《てう》し、菡萏《かんだん》の海門《かいもん》に遊《あそ》び別府《べつぷ》の温泉《をんせん》に浴《よく》し、車《くるま》を回《めぐ》らして豊前《ぶぜん》に出《い》で、長洲《ながす》に抵《いた》りて、鐵路《てつろ》に上《のぼ》れば、汽車《きしや》の室中《しつちう》に、偶々《たま〳〵》知友《ちいう》の坐《ざ》するあり。左右《さいう》の窓《そう》外《ぐわい》を指點《してん》して曰《いは》く、英彦山《えいげんざん》は彼《かれ》に在《あ》り。大日嶽《だいにちだけ》は此《こゝ》に在《あ》りと。聴《き》きて城井谷《きゐだに》の所在《しよざい》に到《いた》るに及《およ》び、忽《たちま》ち當年《たうねん》の史蹟《しせき》に想到《さうたう》し、又《また》福澤翁《ふくざはおう》の舊話《きうわ》を憶起《おくき》せり。時《とき》に野薔薇《のはら》の花《はな》處々《しよ〳〵》に開《ひら》き、亦《また》吾《わが》雙眸《さうばう》を撩《いす》むるあり。由《よ》りて以爲《おも》へらく、薔薇《しやうび》花《くわ》古來《こらい》西方《せいはう》に嘖稱《さくしよう》せられたるも、多《おほ》く邦人《ほうじん》の鑑賞《かんしやう》に入《い》らず。是《こ》れ其花《そのはな》、妍《けん》は則《すなは》ち妍《けん》なりと雖《いへど》も、其枝《そのえだ》に刺《はり》ありて、人《ひと》をして自《おのづか》ら笑裏《せうり》に劍《けん》あるを感《かん》ぜしむるに由《よ》らん。況《いはん》や野薔薇《のはら》の一層《そう》悱怨《はいえん》悽《せい》幽《いふ》を覺《おぼ》えしむるに於《おい》てをや、即《すなは》ち此花《このはな》を手《た》折《を》りて禍津日神《まがつひのかみ》に捧《さゝ》げ、之《これ》を咒《のろひ》の幣《ぬさ》とし手向《たむ》くるもの、是《こ》れ安《いづく》んぞ上古《じやうこ》の遺風《ゐふう》の一ならざること莫《なか》らんや。今《いま》や幸《さいはひ》にして風氣《ふうき》は一變《ぺん》し、人《ひと》の復《ま》た舊怨《きうゑん》を存《そん》する無《な》く、城井《きゐ》の一鄕《きやう》其堵《そのと》に安《やす》んじて、侯爵《こうしやく》の家《いへ》永《なが》く其祚《そのそ》を載《の》す。我《われ》忻然《きんぜん》として歌《うた》ひて曰《いは》く、

花《はな》うばら路《みち》の隈曲《くまわ》に折《を》りさして人《ひと》を咒《のろ》ひし時《とき》もありし歟《か》。

今日《けふ》看《み》れば峰《みね》に怨《うら》みの雲《くも》霽《は》れて城井谷《きゐだに》白《しろ》くうばら花《はな》咲《さ》く。

二十五　如水隆景の智勇

廣島城の創建……隆景の如水評……隆景の自覺

天正《てんしやう》十七年《ねん》、毛利《まうり》氏《し》大《おほい》に廣島城《ひろしまじやう》の土功《どこう》を經始《けいし》せり。是《こ》れより前《ぜん》八年《ねん》、高松《たかまつ》媾和《こうわ》の際《さい》より如水《ぢよすゐ》は小早川隆景《こはやかはたかかげ》と相識《あひし》り、既《すで》にして九州征討《しうせいたう》の擧發《きよはつ》するや、如水《ぢよすゐ》亦《また》隆景《たかかげ》帥《ひき》ゐる所《ところ》の前軍《ぜんぐん》の監軍《かんぐん》となり、二人《にん》の間《あひだ》相得《あひえ》て太《はなは》だ親善《しんぜん》なりき。此際《このさい》の事《こと》なり。毛利輝元《まうりてるもと》管内《くわんない》の形勝《けいしよう》に甲城《かふじやう》を築造《ちくぞう》し、移《うつ》りて此《こゝ》に治《ち》せんと欲《ほつ》し、諸將《しよしやう》を會《くわい》して之《これ》を議《ぎ》す。隆景《たかかげ》進《すゝ》みて曰《いは》く、是《こ》れ邦家《はうか》の大事《だいじ》なり。兵機に老練《らうれん》する黒田勘解由《くろだかげゆ》の如《ごと》きを得《え》て、之《これ》と圖議《とぎ》し、而《しか》る後《のち》之《これ》を決《けつ》す可《べ》し。公暫《こうしばら》く之《これ》を待《ま》てと。既《すで》にして如水安藝《ぢよすゐあき》に入《い》る。隆《たか》景導《かげみちび》きて廣島《ひろしま》の地《ち》を相《さう》せしめ、之《これ》に問《と》うて曰《いは》く、此地《このち》八州《しう》の中《ちう》樞《すう》に居《を》り、之《これ》に加《くは》ふるに水陸《すゐりく》の便《べん》あり。此《こゝ》に築《きづ》きて輝元《てるもと》の治城《ちじやう》と爲《な》さんと欲《ほつ》す。足下《そくか》の見《み》る所《ところ》は果《はた》して如何《いかん》と。如水大《ちよすゐおほい》に之《これ》を賛《さん》し、寔《まこと》に地《ち》の理《り》を得《え》たりといふ。是《これ》に於《おい》て乎《か》議《ぎ》を決《けつ》し、終《つひ》に大《おほい》に土功《どこう》を經始《けいし》せり。其後《そのの》ち征韓《せいかん》の擧發《きよはつ》して、秀吉名護屋《ひでよしなごや》に赴《おもむ》くの途次《とじ》、此地《このち》を過《す》ぎて、此城《このしろ》を望《のぞ》み、左右《さいう》に謂《いつ》て曰《いは》く、此城《このしろ》や四戰《せん》の地《ち》なり。且《か》つ其地勢《そのちせい》平衍卑低《へいえんひてい》なり。大軍合《たいぐんがつ》して之《これ》を水《すゐ》攻《こう》せば、其《そ》れ之《これ》を奈何《いかん》せんと。輝元《てるもと》聞《き》きて、太《はなは》だ隆景《たかかげ》に平《たひら》かならず。隆景吁咈《たかかげうふつ》して曰《いは》く、嗟乎《あゝ》何《なん》ぞ思《おも》はざるの甚《はなはだ》しきや。輝元《てるもと》先君《せんくん》の業《げふ》に藉《せき》して、八州《しう》の地《ち》を掩有《えんいう》す。一旦險城《たんけんじやう》を築《きづ》きて、此《こゝ》に據《よ》らば、關白《くわんぱく》其《そ》れ之《これ》を何《なに》とか思《おも》はんや。削地《さくち》轉封《てんぽう》の禍《わざはひ》は、直《たゞ》ちに其下《そのもと》に胚胎《はいたい》せざるを必《ひつ》せず。今《いま》の時《とき》に當《あた》り、毛利家《まうりけ》の安《あん》は、險城《けんじやう》に在《あ》らずして、關白《くわんぱく》の意《い》に觸《ふ》れざるに在《あ》り。關白《くわんぱく》此《この》城《しろ》を以《もつ》て意《い》とするに足《た》らずとし、封境《ほうきやう》の安堵《あんど》舊《きう》に依《よ》れば、設《たと》ひ一旦《たん》緩《くわん》急《きふ》あるに會《くわい》せん乎《か》、八州《しう》の内《うち》何《いづ》れの處《ところ》にか險要《けんえう》なからんや。何《なん》ぞ屑々《せう〳〵》として廣島《ひろしま》の一城《じやう》を事《こと》とせん。故《ゆゑ》に今の安は、險城に在らずして、關白の降慮に在り。隆景《たかかげ》の執《しつ》、勘解由《かげゆ》の贊《さん》、皆《みな》此《こゝ》に在《あ》り。人々《ひと〴〵》其《そ》れ之《これ》を思《おも》へと。聞《き》く者《もの》感嘆《かんたん》せり。

是時《このとき》に當《あた》りて、輝元《てるもと》の管國《くわんこく》は備後《びんご》・安藝《あき》・石見《いはみ》・隱岐《おき》・周防《すはう》・長門《ながと》に亘《わた》り、百二十萬石《まんごく》を食《しよく》し、之《これ》に加《くは》ふるに備中《びつちう》には支族《しぞく》穂井田《ほゐだ》秀元《ひでもと》あり。出雲《いづも》・伯耆《はうき》には同《おな》じく吉川《きつかは》廣家《ひろいへ》あり。其《その》提封《ていほう》を合《あは》すれば、百六十萬石《まんごく》に上《のぼ》る可《べ》し。如水《ぢよすゐ》隆景《たかかげ》の各〻《おの〳〵》其主《そのしゆ》の爲《た》めに慮《おもんぱか》りたる、偶然《ぐうぜん》に非《あら》ず。二人《にん》の智《ち》相當《あひあた》れりと謂《い》つ可《べ》し。

黒田如水

＊　＊　＊　＊　＊　＊

如水《ちょすゐ》の勇断と隆景《たかかげ》の智謀とは、當時《たうじ》孰《いづ》れも絶倫《ぜつりん》と稱《しょう》せらる。隆《たか》景《かげ》曰《いは》く、是《こ》れ世人《せじん》の知《し》らざるに由《よ》るのみ。孝高《よしたか》の智は瑩《えい》靈《れい》透徹《とうてつ》にして、如何《いか》なる生事《せいじ》に遭遇《さうぐう》するも、即断《そくだん》即決《そくけつ》し、未《いま》だ嘗《かつ》て撓《げう》滞《たい》することあらず。其状《そのじやう》恰《あだか》も利《り》刀《たう》の竹《たけ》を破《わ》るが如《ごと》し。是《これ》を以《もつ》て人《ひと》其《その》勇を睹《み》て、其《その》智を曉《さと》らず。隆景《たかかげ》の如《ごと》きは、賦《ふ》性《せい》遅《ち》鈍《どん》なり。故《ゆゑ》に事《こと〳〵》毎に再思《さいし》を加《くは》へ而《しか》る後《の》ち始《はじ》めて之《これ》を斷《だん》す。是《これ》を以《もつ》て人《ひと》に誤《あやま》りて智謀と傳《つた》へらる。殊《こと》に知《し》らず如水《ぢょすゐ》の上智、隆景《たかかげ》の遠《とほ》く及《およ》ぶ能《あた》はざる所《ところ》なることをと。昔《むかし》は曹操《さう〳〵》、苟彧《じゅんいく》と騎《き》を連《つら》ねて行《ゆ》くや、談《だん》一事《じ》に及《およ》ぶ。苟彧《じゅんいく》直《たゞ》ちに其是非《そのぜひ》を明言《めいげん》す。曹操《さう〳〵》決《けつ》せず。行《ゆ》くこと三十里《り》にして、始《はじ》めて之《これ》を判《はん》す。亦《また》或《いく》の所見《しょけん》の如《ごと》し。曹操《さう〳〵》嘆《たん》じて、智愚の相距る三十里といへり。隆景《たかかげ》の言《げん》、亦復《またま》た焉《これ》に似《に》たり。

＊　＊　＊　＊　＊　＊

然《しか》れども隆景《たかかげ》には亦自《またおのづ》から隆景《たかかげ》の思慮《しりよ》あり。一日《じつ》如水《ぢよすゐ》に謂《いつ》て曰《いは》く、足下《そくか》は上智、隆景《たかかげ》の及《およ》ぶ所《ところ》に非《あら》ず。但《た》だ其《そ》れ上智、是《これ》を以《もつ》て事毎《ことごと》に即断即決《そくだんそくけつ》せらる。快《くわい》は則《すなは》ち快《くわい》なり。私《ひそか》に恐《おそ》る、十に一失《しつ》なきを得《え》んや。隆景《たかかげ》は遅鈍《ちどん》、事々《じゞ》再思《さいし》を加《くは》ふ。我《われ》の悔寡《くいすくな》く尤《とがめ》寡《すくな》き所以《ゆゑん》なりと。

二十六　如水の引退

政派の爭….太閤に對する史家の誣罔

黒田如水

天正《てんしやう》十七年《ねん》、如水《ぢよすゐ》病弱《びやうじやく》を辭《じ》として退老《たいらう》を請《こ》ふ。關白《くわんぱく》秀吉《ひでよし》聽《き》かずして曰《いは》く、爾《なんぢ》の年齒《ねんし》。今僅《いまわづか》に四十を超ゆるのみ。何《なん》ぞ衰老《すゐらう》を稱《しよう》して、安逸《あんいつ》を貪《むさぼ》るを得《え》んやと。請《こ》ふこと再《さい》三なるに及《およ》び、秀吉《ひでよし》懇諭《こんゆ》して曰《いは》く、帷《ゐ》幄《あく》の參畫《さんくわく》を廢《はい》する無《な》くば、吉《きち》兵《べ》衞《ゑ》の襲《しふ》封《ほう》を許《ゆる》す可《べ》きのみと。如水《ぢよすゐ》恩《おん》を謝《しや》す。是《これ》に於《おい》て六月《ぐわつ》十七日《にち》、長政《ながまさ》從《じう》五位《ゐ》下《げ》に叙《じよ》し、甲斐守《かひのかみ》に任《にん》じて、軍國《ぐんこく》の事《こと》に當《あた》り、如水《ぢよすゐ》は依《い》然《ぜん》關《くわん》白《ぱく》の諮《し》詢《じゆん》に備《そな》はれり。

是《これ》に至《いた》りて言《げん》なき能《あた》はず。我《われ》平《へい》生《ぜい》當《たう》時《じ》の史《し》傳《でん》を讀《よ》みて、胸裏《きようり》の喁々《ぐうぐ》を禁《きん》ずるを得《え》ざるものは、太閤《たいかふ》を誣《し》ひて陰《いん》險《けん》・狹《けふ》隘《あい》・猜《さい》疑《ぎ》・忌《き》刻《こく》の人《ひと》と爲《な》すの一事《じ》なり。蒲生《がまふ》氏郷《うぢさと》を傳《でん》すれば、太閤《たいかふ》彼《かれ》の雄才《ゆうさい》を忌《い》み、之《これ》を鴆殺《ちんさつ》したりといひ、上《うへ》杉《すぎ》景勝《かげかつ》を叙《つい》づれば、謙信《けんしん》以來《いらい》の封國《ほうこく》に據《よ》れるを意《い》とし、之《これ》を會津《あひづ》に移《う》しゝといひ、竹中重治《たけなかしげはる》に及《およ》べば、秀吉《ひでよし》勢威《せいゐ》稍《やうや》く展《の》ぶるに及《およ》び、其智《そのち》の之《これ》に及《およ》ばざるを顧《かへり》み、内私《うちひそか》に忌憚《きたん》したれば、重治《しげはる》早《はや》く之《これ》を察《さつ》して、遁世《とんせい》に志《こゝろざ》すといひ、如水《ぢよすゐ》に對《たい》しても、秀吉《ひでよし》竊《ひそか》に其大志《そのたいし》を嫌惡《けんを》し、高松《たかまつ》以來《いらい》西征《せいせい》に至《いた》るまで、茂《も》勳《くん》彼《かれ》が如《ごと》くなるも、與《あた》ふるに大藩《たいはん》を以《もつ》てせず。如水亦《ぢよすゐまた》夙《つと》に其機《そのき》を透見《とうけん》す。故《ゆゑ》に致仕《ちし》して殃《わざはひ》に遠《とほざ》かれりと。其他《そのた》秀吉《ひでよし》の英物《えいぶつ》猜忌《さいき》を傳《つた》ふる者《もの》一にして足《た》らず。是《こ》れ皆《みな》徳川氏《とくがはし》の爲《ため》に太閤《たいかふ》の人格《じんかく》を傷《きず》つけて、容《よう》を一世《せい》に求《もと》めたるものゝみ。

蒲生氏郷《がまふうぢさと》は太閤《たいかふ》の最《もつと》も信頼《しんらい》せし所《ところ》。故《ゆゑ》に小田原征討《をだはらせいとう》の後《のち》、擧《あ》げて之《これ》を會津《あひづ》の巨鎭《きよちん》に封《ほう》じ、一は以《もつ》て東奥《とうあう》を鎭壓《ちんあつ》し、一は以《もつ》て家康《いへやす》を背後《はいご》より控制《こうせい》せしむ。其人《そのひと》の宿痾《しゆくあ》再發《さいはつ》するや、太閤《たいかふ》の憂悶《いうもん》、一に其辭書《そのじしよ》に見《み》ゆ。彼氏郷《かのうぢさと》辭世《じせい》の歌《うた》の如《ごと》きは、曠世《くわうせい》の雄才《ゆうさい》を齎《もた》らして、空《むな》しく牀蓐《じやうじよく》に仆《たふ》るゝを嗟嘆《さたん》せしのみ。證《しよう》左《さ》は歴々《れき／＼》、公私《こうし》の簡冊《かんさつ》に在《あ》り。何《なん》ぞ太閤《たいかふ》に疚《や》む所《ところ》あらん。氏郷《うぢさと》の薨《がう》ずる、誰《たれ》か其後《そのゝち》を承《う》けて、此洪任《このこうにん》に當《あた》る可《べ》き者《もの》ぞ太閤《たいかふ》の信頼《しんらい》する所《ところ》にして、重望《ぢうばう》の之《これ》に副《ふく》す可《べ》き者《もの》は、前田利《まへだとし》家《いへ》を除《のぞ》くの外《ほか》、獨《ひと》り上杉景勝《うへすぎかげかつ》あるのみ。況《いはん》や景勝其人《かげかつそのひと》の下《しも》には、英物《えいぶつ》直江兼續《なほえかねつぐ》の如《ごと》きこれあるに於《おい》てをや。故《ゆゑ》に景勝《かげかつ》の會《あひ》津《づ》に移封《いほう》せらるゝや、景勝《かげかつ》榮《えい》として之《これ》を受《う》け、以《もつ》て其値遇《そのちぐう》に報《はう》ぜんと期《き》せり。後年《こうねん》關《せき》ヶ原《はら》の一擧《きよ》に先《さき》だち、家康控制《いへやすこうせい》の軍《ぐん》を發《はつ》したる、以《もつ》て大《おほい》に證《しよう》す可《べ》きには非《あら》ずや。（此事「直江山城守」中に詳論せり。就きて看る可し。）

竹中重治《たけなかしげはる》に至《いた》りては。其棄世《そのきせい》の時《とき》を思《おも》へ。太閤《たいかふ》は尚《な》ほ播州新《ばんしうしん》封《ほう》の主《しゆ》たるに過《す》ぎず。其《そ》の賢豪《けんがう》を招致《せうち》するに汲々《きふ／＼》たりしは、如水《ぢよすゐ》新附《しんぷ》の一偏佐《へんさ》たるを以《もつ》てして、之《これ》に信任《しんにん》して疑《うたが》はざるに看《み》ても、亦《また》知《し》る可《べ》し。況《いはん》や重治《しげはる》とは夙《つと》に相得《あひえ》て親善《しんぜん》なるに於《おい》てをや。且《か》つ其《そ》れ重治《しげはる》、智《ち》は則《すなは》ち智《ち》なりと雖《いへど》も、其人《そのひと》畢竟帷《ひつきやうゐ》幄《あく》の士《し》、太閤乾坤《たいかふけんこん》を呑吐《とんど》するの天資《てんし》と、固《もと》より斤量《きんりやう》を較《かう》す可《べ》きに非《あら》ず。其人《そのひと》の喜《よろこ》びて太閤《たいかふ》の用《よう》を爲《な》したるは、三木《き》城攻圍《じやうこうゐ》の行營中《かうえいちう》に歿《ぼつ》したるにても、亦察《またさつ》す可《べ》きのみ。

如水《ぢよすゐ》に於《おい》ても亦又《また〳〵》然《しか》り。如水《ぢよすゐ》高松《たかまつ》以來《いらい》西征《せいせい》に至《いた》るまでの茂勳《もくん》を以《もつ》てして、太閤《たいかふ》の之《これ》を封《ほう》する、豐前《ぶぜん》六郡《ぐん》十八萬《まん》石《ごく》に過《す》ぎず。是《こ》れ如水《ぢよすゐ》の大志《たいし》を嫌忌《けんき》し、之《これ》に巨封《きよほう》を授《さづ》けざりしなりといふもの、畢竟如水《ひつきやうぢよすゐ》あるを知《し》りて、天下《てんか》の經略《けいりやく》あるを知《し》らざるお邦侍的見地《くにざむらひてきけんち》のみ。如水《ぢよすゐ》英才《えいさい》なりと雖《いへど》も、當時《たうじ》の隆望《りうばう》、之《これ》を小《こ》早川隆景《はやかはたかかげ》に比《ひ》しなば如何《いかん》。隆景《たかかげ》は毛利家《まうりけ》十州《しう》の主腦《しゆなう》、彼《かの》九州《しう》征討《せいとう》に於《おい》ては、身《み》自《みづか》ら三萬《まん》の軍《ぐん》を牽《ひき》ゐ、事《じ》實《じつ》的《てき》前《ぜん》軍《ぐん》の主將《しゆしやう》なり。其地位《そのちゐ》を以《もつ》てすら、事《こと》平《たひ》らぐの日《ひ》、太閤《たいかふ》は之《これ》を封《ほう》ずるに筑前《ちくぜん》五十二萬《まん》石《ごく》を以《もつ》てし、天下《てんか》視《み》て之《これ》を榮《えい》としゝには非《あら》ずや。如水《ぢよすゐ》三千を募《つの》りて、此役《このえき》に參加《さんか》し、殊勳《しゆくん》を建《た》てたるも、元《もと》前《ぜん》軍《ぐん》の一監軍《かんぐん》なり。之《これ》に約《やく》一州《しう》十八萬《まん》石《ごく》を賞授《しやうじゆ》す。之《これ》を奈何《いかん》ぞ薄《うす》しと謂《い》ふを得《え》んや。我《われ》をして太閤《たいかふ》たらしむるも、亦《また》多《おほ》く此《この》上《うへ》に出《い》でじ。

然《しか》らば如水《ぢよすゐ》何《なに》が故《ゆゑ》に引退《いんたい》老《らう》を告《つ》げたるや。曰《いは》く、大阪《おほさか》内閣《ないかく》の當局《たうきよく》漸《やうや》く三成《みつなり》等《ら》一派《ぱ》に移《うつ》り來《きた》りたればなり。彼《かの》西征《せいせい》の一役《えき》了《をは》りたる後《のち》は、小田原《をだはら》北條《ほうでう》等《ら》一二不廷《ふてい》の輩《ともがら》を剩《あま》せるも、大權《たいけん》は既《すで》に太閤《たいかふ》に歸《き》し、大阪《おほさか》は嚴然《げんぜん》日本《にほん》の中央《ちうあう》政府《せいふ》となれり。三成《みつなり》等《ら》早《はや》く入《い》りて、事實《じじつ》的《てき》内閣《ないかく》員《ゐん》となる。而《しか》して如水《ぢよすゐ》と三成《みつなり》とは等《ひと》しく是《こ》れ智《ち》的《てき》方面《はうめん》の人《ひと》、此種《このしゆ》の人物《じんぶつ》の往々《わう〳〵》相容《あひい》れざるは、近《ちか》く佐久間象山《さくましやうざん》と勝海舟《かつかいしう》に視《み》ても、亦思《またおも》ひ半《なか》ばに過《す》ぎん。如水《ぢよすゐ》の機《き》を見《み》て引退《いんたい》せしは此《こゝ》に在《あ》り。是《こ》れ太閤《たいかふ》の薄恩《はくおん》にも非《あら》ざれば、又猜忌《またさいき》にも非《あら》ず。太閤《たいかふ》は寧《むし》ろ之《これ》を惜《をし》み、依然《いぜん》其才力《そのさいりよく》を用《もち》ゐたり。是《こ》れ猶《な》ほ今日《こんにち》勳臣《くんしん》の内閣《ないかく》より退《しりぞ》く者《もの》、明日樞府《みやうにちすうふ》に入《い》るがごとし。皇上《くわうじやう》の聖徳《せいとく》とは毫《がう》も相關《あひくわん》せず。是《これ》をこれ覺《さと》らずして、管見《くわんけん》を抗《かう》して、太閤《たいかふ》の胸宇《きようう》を測《はか》り、以《もつ》て其人《そのひと》を累《るゐ》せんとす。其愚《そのぐ》や嗤《わら》ふ可《べ》く、其擧《そのきよ》や眞《しん》に唾棄《だき》す可《べ》し。今一々《いまいち〳〵》其《そ》の史名《しめい》を擧《あ》げず。又其史家《またそのしか》を指《ゆびさ》さず。餘《あま》りに氣《き》の毒《どく》なればなり。

二十七　關東征討

如水の献策……如水の明斷

古《いにしへ》よりいふ磧礫《せきれき》を翫《もてあそ》びて、玉淵《ぎよくえん》を窺《うかゞ》はざる者《もの》は、未《いま》だ驪龍《りりよう》の蟠《わだかま》る所《ところ》を知《し》らず。敝邑《へいいふ》に習《なら》ひて、上邦《じやうはう》を覩《み》ざる者《もの》は、未《いま》だ英雄《えいゆう》の纒《とゞま》る所《ところ》を知《し》らずと。其《そ》れ小田原《をだはら》北條氏《ほうでうし》の謂歟《いひか》。天下《てんか》既《すで》に關白秀《くわんぱくひ》吉《よし》に歸《き》したるも、氏政《うぢまさ》尚《な》ほ父祖《ふそ》の遺業《ゐげふ》を恃《たの》み、八州《しう》に據《よ》りて、獨立《どくりつ》を圖《はか》る。秀吉《ひでよし》屢《しば》〻使《つかひ》を遣《つか》はして、入覲《にふきん》を促《うなが》せども、亦《また》應《おう》せず。剰《あまつさ》へ眞田《さなだ》の領邑《りやういふ》をすら侵略《しんりやく》せり。是《これ》に於《おい》て關白勅《くわんぱくちよく》を奉《ほう》じ、天正《てんしやう》十八年《ねん》三月朔、令《れい》を下《くだ》し、山陰《さんいん》・山陽《さんやう》・畿内《きない》・南海《なんかい》・東海《とうかい》・東山《とうさん》の兵《へい》二十四萬《まん》を徴《ちよう》し、三月十九日、秀吉《ひでよし》親《みづか》ら將《しやう》として、京都《きやうと》を發《はつ》す。

二十九日には、前軍《ぜんぐん》伊豆《いづ》に入《い》りて、韮山城《にらやまじやう》を圍《かこ》み、同日又山中《またやまなか》城《じやう》を陥《おとしい》れ、北條氏《ほうでうし》の恃《たの》みて以《もつ》て金湯《きんたう》と爲《な》しゝ所《ところ》の函根《はこね》の天險《てんけん》、亦《また》一日《じつ》にして之《これ》を超《こ》え、四月朔には、大軍《たいぐん》進《すゝ》みて小田原城《をだはらじやう》を壓《あつ》す。乃《すなは》ち軍《いくさ》を分《わか》ちて、八州《しう》の城邑《じやういふ》を徇《とな》へしむれば月《つき》を越《こ》えずして、皆風靡《みなふうひ》せり。

唯《た》だ其《そ》れ小田原《をだはら》は北條氏《ほうでうし》五世《せい》の根據《こんきよ》とし來《きた》りし所《ところ》。今《い》ま八州《しう》の世臣宿將《せいしんしゆくしやう》を萃《あつ》めて之《これ》を死守《ししゆ》するを以《もつ》て、七月に至《いた》りても、尚《な》ほ拔《ぬ》けず。秀吉乃《ひでよしすなは》ち盛《さかん》に長圍《ちやうゐ》の形《かたち》を裝《さう》して、以《もつ》て城中《じやうちう》に示《しめ》す。城《じやう》中《ちう》の士氣《しき》、日《ひ》に沮喪《そさう》せり。時《とき》に如水《ぢよすゐ》亦從《またしたが》ひて帷幕《ゐばく》に在《あ》り。秀吉《ひでよし》に見《まみ》えて献策《けんさく》して曰《いは》く、氏政《うぢまさ》對抗《たいかう》久《ひさ》しと雖《いへど》も、萬生理《ばんせいり》なきは彼《かれ》も自《みづか》ら之《これ》を知《し》らん。幸《さいはひ》にして彼《かれ》の嗣子《し》氏直《うぢなほ》は徳川大納言《とくがはだいなごん》の婿《むこ》なるなり。大納言《だいなごん》をして和《わ》を媾《かう》せしめなば、直《たゞ》ちに城池《じやうち》を致《いた》さんのみと。秀吉《ひでよし》之《これ》を可《か》とし、如水《ぢよすゐ》をして家康《いへやす》に議《はか》らしむ。家康《いへやす》嫌《けん》疑《ぎ》を避《さ》けて、固《かた》く之《これ》を辭《じ》す。是《これ》に於《おい》て如水《ぢよすゐ》をして事宜《じぎ》を圖《はか》らしむ。如水《ぢよすゐ》乃《すなは》ち井上《ゐのうへ》平兵衛《へいべゑ》之房《ゆきふさ》に命《めい》じ、箭書《せんしよ》を北條安房守《ほうでうあはのかみ》氏房《うぢふさ》が營《えい》に發《はつ》して、其意《そのい》を致《いた》す。和議《わぎ》の端《たん》此《こゝ》に發《はつ》し、如水《ぢよすゐ》主《しゆ》として之《これ》が任《にん》に當《あた》り、交渉《かうせふ》數次《すうじ》、事《こと》遂《つひ》に決《けつ》し、七月十一日氏政《うぢまさ》父子《ふし》出《い》でゝ降《くだ》り、關東《くわんとう》全《まつた》く平《たひら》げり。

氏直《うぢなほ》乃《すなは》ち如水《ぢよすゐ》の勞《らう》を犒《ねぎら》ひ、傳家《でんか》の寶刀《はうたう》日光《につくわう》一文字《もんじ》と名譽《めいよ》の陣貝《ぢんがひ》及《および》東鑑《あづまかゞみ》を贈《おく》りて之《これ》を謝《しや》せり。陣貝《ぢんがひ》は世《よ》に稱《しよう》して北條《ほうでう》の白貝《しらがひ》といふ。日光《につくわう》一文字《もんじ》と倶《とも》に、今《いま》尚《な》ほ黑田侯爵家《くろだこうしやくけ》に傳《つた》ふ。東鑑《あづまかゞみ》は德川《とくがは》秀忠《ひでたゞ》の世《よ》に、長政《ながまさ》之《これ》を幕府《はくふ》に献《けん》ぜり。是《こ》れを東鑑《あづまかゞみ》の正本《せいほん》と爲《な》すと云《い》ふ。

* * * * * *

此役《このえき》、北條氏《ほうでうし》の世臣《せいしん》松田尾張守《まつだをはりのかみ》憲秀《のりひで》亦城中《またじやうちう》に在《あ》り。長子《ちやうし》新六郎《しんろう》政堯《まさたか》と議《はか》り、攻圍軍《こうゐぐん》の一將《しやう》堀秀治《ほりひではる》に賴《たよ》りて、欵《くわん》を西軍《せいぐん》に通《つう》じ、一族《ぞく》を會《くわい》して內應《ないおう》を圖《はか》る。次男左馬介《じなんさまのすけ》英春《ひではる》泣《な》きて諫《いさ》めて曰《いは》く、吾家《わがいへ》世《よ》々北條氏《ほうでうし》の宿老《しゆくらう》たり。今主家《いましゆか》の危急《ききふ》に臨《のぞ》み、其節《そのせつ》を二にするは、豈人臣《あにじんしん》の道《みち》ならんやと。憲秀《のりひで》佯《いつは》りて悔悟《くわいご》を示《しめ》し、刀《たう》を拔《ぬ》きて自盡《じじん》せんとす。英春驚《ひではるおどろ》きて其刀《そのたう》を奪《うば》ひ、事旣《ことすで》に此《こゝ》に至《いた》る。兒《じ》も亦家君《またかくん》の意《い》に從《したが》はんと。憲秀大《のりひでおほい》に悅《よろこ》び、人《ひと》を遣《つか》はして秀治《ひではる》に約《やく》し、翌《よく》々夜《や》を期《き》して、西軍《せいぐん》を引入《ひきい》れんとす。即夜《そくや》英春密《ひではるひそか》に北條氏直《ほうでううぢなほ》に見《まみ》え、哀願《あいぐわん》して曰《いは》く、臣《しん》に一人《にん》の生命《せいめい》を賜《たま》はゞ、君《くん》家《か》の大事《だいじ》を申告《しんこく》せん。主公之《しゆこうこれ》を聽《ゆる》したまはんや否《いな》やと。氏直其《うぢなほその》請《こひ》を納《い》る可《べ》きを盟《ちか》ふ。英春獻欵《ひではるきよき》して實《じつ》を告《つ》げ、叩頭《こうとう》して父《ちゝ》の罪《つみ》を宥《なだ》められんことを乞《こ》ふ。氏直黯然《うぢなほあんぜん》たり。翌日《よくじつ》氏直《うぢなほ》、憲秀《のりひで》を召《せう》訊《じん》し、遂《つひ》に之《これ》を誅《ちう》戮《りく》せり。城《しろ》陥《おちい》るに及《およ》び、二子《し》政《まさ》尭《たか》・英《ひで》春《はる》倶《とも》に收《をさ》められる。秀《ひで》吉《よし》如《ぢよ》水《すゐ》に命《めい》じて曰《いは》く、尾《を》張《はり》が子《こ》は父《ちゝ》を誤《あやま》る。其《その》罪《つみ》恕《ぢよ》す可《べ》からず。斬《き》りて以《もつ》て軍《ぐん》門《もん》に徇《とな》へよと。如《ぢよ》水《すゐ》唯《ゐ》々、直《たゞ》ちに政《まさ》尭《たか》を戮《りく》して之《これ》を報《はう》ず。秀《ひで》吉《よし》叱《しつ》して曰《いは》く、尾《を》張《はり》我《われ》に内《ない》應《おう》を約《やく》したるに、左《さ》馬《まの》介《すけ》子《こ》として父《ちゝ》を氏《うぢ》直《なほ》に訴《うつた》へ、父《ちゝ》を殺《ころ》させ、併《あは》せて我《わが》事《こと》を敗《やぶ》る。其《その》罪《つみ》容《い》る可《べ》からず。故《ゆゑ》に誅《ちう》戮《りく》を命《めい》せしなり。新《しん》六は内《ない》應《おう》を勸《す》め、父《ちゝ》と行《かう》動《どう》を同《おな》じくせり。何《なん》の憎《にく》むことかこれあらんと。如《ぢよ》水《すゐ》拜《はい》謝《しや》して曰《いは》く、臣《しん》過《あやま》てり。臣《しん》過《あやま》てり。臣《しん》初《はじ》め誅《ちう》戮《りく》の命《めい》を奉《ほう》ずるや。旨《むね》を誤《ご》解《かい》して以《お》爲《も》へらく、左《さ》馬《まの》介《すけ》密《みつ》告《こく》して、父《ちゝ》に背《そむ》きたりと雖《いへど》も、是《こ》れ大《たい》義《ぎ》親《しん》を滅《めつ》せしのみ。新《しん》六に至《いた》りては、父《ちゝ》に勸《すゝ》めて累《るゐ》世《せい》の主《しゆ》に叛《そむ》かしめ、父《ちゝ》を引《ひ》きて悖《はい》逆《ぎやく》に陥《おちい》らしむ。不《ふ》忠《ちう》不《ふ》孝《かう》焉《これ》より甚《はなはだ》しきは莫《な》し。故《ゆゑ》に之《これ》を戮《りく》せよと宣《のたま》ふものなりと。是《これ》を以《もつ》て之《これ》を過《あやま》てり。然《しか》れども一の不《ふ》忠《ちう》を誅《ちう》して天《てん》下《か》に示《しめ》す、未《いま》だ必《かなら》ずしも失《しつ》刑《けい》とも爲《な》さゞらん歟《か》と。秀《ひで》吉《よし》色《いろ》釋《と》け、笑《わら》ひて曰《いは》く、跛《ちん》奴《はめ》又亦《またく》虚《そら》誤《とは》けして、此《この》刑《けい》を斷《だん》ぜし歟《か》と。終《つひ》に又《また》英《ひで》春《はる》を問《と》はず。人《ひと》皆《みな》如《ぢよ》水《すゐ》の明《めい》斷《だん》に服《ふく》せり。左馬介英春は氏直に從ひて一旦高野に入り、氏直の卒後加賀前田氏に事ふ。

古《こ》賀《が》侗《どう》庵《あん》之《これ》を評《ひやう》して曰《いは》く、天《てん》下《か》の惡《あく》は一なり。赫《かく》々くたる世《せい》臣《しん》にして、敢《あへ》て反《はん》戈《くわ》の謀《はう》を造《つく》る。罪《つみ》、死《し》を容《い》れず。一人《にん》を誅《ちう》して、天《てん》下《か》の不《ふ》忠《ちう》なる者《もの》懼《おそ》る。如《ぢよ》水《する》の慮《おもんはか》りや遠《とは》し。如《ぢよ》水《すゐ》初《はじめ》より斯《この》心《こゝろ》あるも、事《こと》に先《さき》だちて言《い》はゞ、或《あるひ》は葛《かつ》藤《とう》を生《しやう》ぜんことを恐《おそ》る。故《ゆゑ》に先《せん》發《はつ》後《こう》聞《ぶん》の擧《きよ》に出《い》でしのみと。此《この》評《ひやう》之《これ》を得《え》たり。

二十八　朝鮮征伐の開始

名護屋の大本營……遠征軍の總數……如水の地位……黒田軍の部署……如水に就きての俗説

天正《てんしやう》十九年《ねん》、關白《くわんはく》秀吉《ひでよし》外征《ぐわいせい》の端發《たんはつ》す。秀吉《ひでよし》の此《この》壯圖《さうと》を思《おも》ふや、一日《じつ》に非《あら》ず。其《そ》の始《はじ》めて播州《はんしう》の主《しゆ》に任《にん》せられ、將《まさ》に毛利氏《まうりし》と對《たい》抗《かう》せんとするや、早《はや》くも此意《このい》を信長《のぶなが》に漏《も》らせり。今《いま》や旣《すで》に海内《かいだい》を統《とう》一す。乃《すなは》ち明韓《みんかん》を征服《せいふく》し、天皇《てんのう》を奉《ほう》じて神京《しんけい》を北京《ペキン》に遷《うつ》し、亞細亞《アジヤ》の大陸《たいりく》を擧《あ》げて、之《これ》を皇圖《くわうと》に納《い》れんと欲《ほつ》す。前年《ぜんねん》韓使《かんし》の來聘《らいへい》するや、征明《せいみん》の意《い》を諭《ゆ》示《し》し、今年《こんねん》亦《また》宗對馬守《そうつしまのかみ》義智《よしとし》を遣《つか》はして、其意《そのい》を重《かさ》ねたるも、韓廷《かんてい》報《はう》ぜず。是《これ》に於《おい》て乎《か》先《ま》づ征韓《せいかん》を策《さく》し、大《おほい》に行營《かうえい》を肥前《ひぜん》の名護屋《なごや》に興《おこ》す。如水《ぢよすゐ》命《めい》を奉《ほう》じ、此地《このち》に赴《おもむ》きて、之《これ》が設計《せつけい》を立《た》て、長政《ながまさ》は造營奉行《ざうえいぶぎやう》に當《あた》り、今年《ことし》十月《ぐわつ》より工《こう》を起《おこ》し、明年《みやうねん》二月《ぐわつ》に至《いた》りて竣成《しゆんせい》を告《つ》げたり。秀吉《ひでよし》の關白《くわんぱく》を秀次《ひでつぐ》に讓《ゆづ》り、舊例《きうれい》に從《したが》ひて太閤の稱《しよう》を取《と》りたるは、實《じつ》に此歳《このとし》十二月《ぐわつ》に在《あ》り。

文祿元年《ぶんろくぐわんねん》三月《ぐわつ》、太閤大《たいかふおほい》に征韓《せいかん》の軍《ぐん》を發《はつ》す。戰鬪員《せんとうゐん》三十萬《まん》八千人《にん》非戰鬪員《ひせんとうゐん》十七萬《まん》二千八《にん》、其衆合《そのしゆうがふ》して四十八萬八、更《さら》に其戰員《そのせんゐん》を二分《ぶん》し、一は總豫備軍《そうよびぐん》と爲《な》して、其衆《そのしう》十四萬《まん》九千三百人《にん》、名護屋《なごや》に在陣《ざいぢん》し、一は遠征軍《ゑんせいぐん》と爲《な》して、其兵《そのへい》十五萬《まん》八千七百人《にん》、悉《ことごと》く彼岸《ひがん》に航《かう》せしむ。名護屋《なごや》を以《もつ》て大本營《だいほんえい》と爲《な》し、太閤臨《たいかふのぞ》みて之《これ》を節度《せつど》せり。而《しか》して如水《ぢよすゐ》は增田長盛《ますだながもり》・石田三成《いしだみつなり》・大谷吉隆《おほたによしたか》と太閤《たいかふ》の幕僚《ばくれう》となり、如水《ぢよすゐ》は實《じつ》に主班《しゆはん》に居《を》れり。

遠征軍《ゑんせいぐん》は又更《またさら》に二線《せん》九團《だん》に分《わか》ち、長政《ながまさ》は兵《へい》五千餘《よ》を率《ひき》ゐ、其第《そのだい》三團《だん》に屬《ぞく》し、四月十二日名護屋《なごや》を發《はつ》す。當時《たうじ》黑田隊《くろだたい》の部署《ぶしよ》は左《さ》の如《ごと》くなりき。

第一前隊　兵員九四三人

部隊長　黑田六郎右衛門……一〇四人
同　栗山四郎右衛門……一五六人
同　黑田三左衛門……二三〇人
同　久野次左衛門……一九〇人
同　母里太兵衛……二六四人

第二前隊　兵員九五〇人

部隊長　井上九郎右衛門……二九六人
同　尾上藤太夫……五〇人
同　曾我部五左衛門……四九人
同　時枝平太夫……一〇二人
同　黑田安太夫……四〇人
同　後藤又兵衛……二五五人
同　野村一右衛門……一五八人

本隊　兵員三一五六人

部隊長	上原久右衛門	三九六人
同	吉田又助	四六九人
同	池田九郎兵衛	四〇人
同	仙石角左衛門	六〇人
同	黑田惣右衛門	一二〇人
同	黑田吉兵衛	五五七人
同	宮崎助太夫	三九三人
同	林太郎左衛門	三七二人
同	大野惣右衛門	三七七人
同	小河喜介	一五六人
同	黑田五郎左衛門	六〇人
同	平塚甚兵衛	七五人
同	竹森新左衛門	四一人
同	黑田養心	四八人

合計　兵員五〇五〇人

以《もつ》て如何《いか》に黑田氏《くろだし》が當時《たうじ》の一勢力《せいりよく》なりしかを察《さつ》するに足《た》らん。

俗史《ぞくし》に稱《しよう》す。當時《たうじ》外征《ぐわいせい》の諸軍《しよぐん》、舳艫《ぢくろ》相含《あひふく》みて、海程《かいてい》に上《のぼ》る。太《たい》閤《かふ》欣然《きんぜん》、胡牀《こしやう》に憑《よ》り、海濱《かいひん》に在《あ》りて、之《これ》を目送《もくそう》せり。暫《しばら》くして其艦數隻《そのかんすうせき》の海《うみ》を蹴《けつ》て返《かへ》し來《きた》るあり。太閤《たいかふ》眼《まなこ》を怒《いか》らして曰《いは》く、是《こ》れ豈跛奴《あにチンバメ》ならざること莫《なか》らんやと。邇《ちか》づけば果《はた》して各艦皆黒田《かくかんみなくろだ》氏《し》の旗幟《きし》なり。太閤《たいかふ》衆《しゆう》を戒《いまし》めて之《これ》を待《ま》つ。如水《ぢよすゐ》其備《そのそなへ》あるを望見《ばうけん》し、又艦首《またかんしゆ》を旋《めぐ》らして出去《いでさ》れりと。如水《ぢよすゐ》は固《もと》より鳩《はと》に非《あら》ず。何《なん》ぞ鵲《かささぎ》の空巢《あきす》を睨《ねら》はんや。且《か》つ其當時《そのたうじ》朝鮮《てうせん》に向《むか》ひたるは長政《ながまさ》にして、如水《ぢよすゐ》は留《とゞ》まりて太閤《たいかふ》の帷幕《ゐばく》に在《あ》り。俗史《ぞくし》の妄誕《ばうたん》一笑《せう》にも値《あたひ》せざれど、由來如水《ゆらいぢよすゐ》の大志《たいし》を抱《いだ》きたるを如何《いか》に世人《せじん》が想像《さうぞう》したりし歟《か》、偶《たま》〻此妄誕《このばうたん》に由《よ》りて概見《がいけん》するを得《え》ん。

二十九　京城の軍議

如水の畫策……如水と日根野高吉

遠《ゑん》征《せい》軍《ぐん》の發《はつ》するや、如《ぢよ》水《すゐ》は留《とゞ》まりて名《な》護《ご》屋《や》の大《だい》本《ほん》營《えい》に在《あ》り。日《につ》夕《せき》太《たい》閤《かふ》の密《みつ》勿《ぷつ》に參《さん》預《よ》せり。此《この》歳《とし》夏《なつ》、命《めい》を奉《ほう》じて京《けい》城《じやう》に入《い》り、訓《くん》令《れい》を總《そう》司《し》令《れい》官《くわん》に傳《つた》ふ。時《とき》に吾《わが》軍《ぐん》京《けい》城《じやう》を占《せん》領《りやう》し、諸《しよ》將《しやう》相《あひ》會《くわい》して作《さく》戰《せん》を議《ぎ》す。如《ぢよ》水《すゐ》方《はう》略《りやく》を按《あん》じて曰《いは》く、吾《わが》軍《ぐん》新《あらた》に京《けい》城《じやう》を占《せん》領《りやう》したりと聞《き》かば、明《みん》軍《ぐん》必《かな》らず來《きた》り爭《あらそ》はん。今《いま》我《われ》遠《とほ》く敵《てき》地《ち》に在《あ》れば、後《こう》方《はう》の連《れん》絡《らく》を確《かく》保《ほ》して、主《しゆ》力《りよく》を本《ほん》城《じやう》に聚《あつ》め、前《ぜん》程《てい》に多《おほ》く堡《ほう》壘《るゐ》を築《ちく》造《ざう》して、諸《しよ》將《しやう》之《これ》を分《ぶん》守《しゆ》し、敵《てき》軍《ぐん》來《きた》り薄《せま》らば、所《しよ》在《ざい》に其《その》軍《ぐん》を遏《あつ》絶《ぜつ》し、而《しか》る後《の》ち主《しゆ》力《りよく》を出《いだ》して之《これ》に當《あた》らば、一戰《せん》以《もつ》て敵《てき》を取《と》る可《べ》きなりと。小《こ》早《はや》川《かは》隆《たか》景《げ》又《また》之《これ》を賛《さん》す。小《こ》西《にし》行《ゆき》長《なが》聽《き》かずして曰《いは》く、京《けい》城《じやう》既《すで》に手《て》に落《お》ちて、國《こく》王《わう》も亦《また》遁《とん》逃《たう》し、吾《わが》軍《ぐん》の聲《せい》威《ゐ》八道《だう》を震《しん》懾《せふ》す。今《こん》日《にち》長《ちやう》驅《く》して平壤を擣かば、鴨《あふ》綠《りよく》以《い》東《とう》は皆《みな》吾《わが》有《いう》ならんのみと。其《その》軍《ぐん》を拔《ぬ》きて西《にし》せしが、後《の》ち果《はた》して平壤《へいじやう》を棄《す》てたり。此《この》秋《あき》如《ぢよ》水《すゐ》の宿《しゆく》痾《あ》復《ま》た發《はつ》す。乃《すなは》ち請《こ》ひて名《な》護《ご》屋《や》に歸《き》營《えい》せり。

＊　＊　＊　＊　＊

如《ぢよ》水《すゐ》人《ひと》となり經《けい》濟《ざい》の才《さい》あり。勤《きん》儉《けん》を以《もつ》て家《か》國《こく》を率《ひき》ゆ。是《これ》を以《もつ》て其《その》富《とみ》諸《しよ》侯《こう》に聞《きこ》ゆ。日《ひ》根《ね》野《の》織《おり》部《べの》正《しやう》高《たか》吉《よし》、如《じよ》水《すゐ》と舊《きう》あり。外《ぐわい》征《せい》の役《えき》發《はつ》するに及《およ》び、軍《ぐん》資《し》給《きふ》せず。如《ぢよ》水《すゐ》に就《つ》きて銀《ぎん》二百枚《まい》を借《か》らんことを請《こ》ふ。如《ぢよ》水《すゐ》快《くわい》諾《だく》、直《たゞ》ちに把《と》りて之《これ》を附《ふ》す。高《たか》吉《よし》深《ふか》く之《これ》を德《とく》とし、役《えき》了《をは》るの後《のち》、來《きた》りて前《ぜん》年《ねん》の恩《おん》を謝《しや》す。如《ぢよ》水《すゐ》之《これ》を坐《ざ》に引《ひ》き、左《さ》右《いう》を顧《かへり》みて曰《いは》く、前《ぜん》刻《こく》人《ひと》の贈《おく》りたる紅《た》鬣《ひ》の魚《うを》あらん。宜《よろし》く其《その》肉《にく》を啗《そ》ぎて、之《これ》を鹽《み》豉《そ》に蓄《たくは》へ、其餘《そのよ》を取《と》りて羹《あつもの》と爲《な》し、佳《か》賓《ひん》に饗《きやう》すべし。我《われ》亦《また》食《しよく》に陪《ばい》するを得《え》んと。高吉《たかよし》心《こゝろ》に卑《いや》しみて謂《おも》へらく彼《かれ》の吝嗇《りんしよく》此《こゝ》に至る乎《か》、是《これ》ありて以《もつ》て此富《このとみ》を致《いた》したるならんと。既《すで》にして對食《たいしよく》す。高吉《たかよし》前額《ぜんがく》を把《と》り、更《さら》に之《これ》に百枚《まい》を加《くは》へ、如水《ぢよすゐ》の前《まへ》に藉《し》きて曰《いは》く、嚮《さき》には府《ふ》君《くん》の高誼《かうぎ》に頼《よ》りて、名《な》護《ご》屋《や》在《ざい》陣《ちん》軍《ぐん》需《じゆ》の缺《けつ》を充《み》たすを得《え》たり。謹《つゝし》みて茲《こゝ》に之《これ》を還納《くわんなふ》す。請《こ》ふ幸《さいはひ》に査《さ》收《しう》せよと。如水《ぢよすゐ》色《いろ》を作《おこ》して曰《いは》く、我《われ》平生《へいぜい》財《ざい》を蓄《たくは》ふる所以《ゆゑん》のもののは、緩急《くわんきふ》の用《よう》に應《おう》ぜんが爲《ため》のみ。抑〻《そも〳〵》公《こう》に奉《ほう》ずるは即《すなは》ち一なり。我《われ》、卿《けい》と同《おな》じく質《ち》を委《ゐ》し、殿下《でんか》に事《つか》へて、同《おな》じく軍國《ぐんこく》の事《こと》に當《あた》り、吾《わが》有餘《いうよ》を以《もつ》て、卿《けい》が奉公《ほうこう》の一端《たん》に資《し》するを得《え》ば、平生《へいぜい》の願《ねがひ》は足《た》れり。亦《また》何《なん》ぞ返還《へんくわん》を用《もち》ゐんやと。堅《かた》く斥《しりぞ》けて、終《つひ》に受《う》けず。談《だん》は軍國《ぐんこく》の事《こと》に轉《てん》じ、復《ま》た一語《ご》の阿《あ》楮《ちよ》に及《およ》ぶ無《な》し。高吉《たかよし》赧然《たんぜん》、再《ふた》び其《その》銀《ぎん》を収《をさ》めて去《さ》れり。其《その》人《ひと》既《すで》に門《もん》を出《い》づ。如《ぢよ》水《すゐ》左《さ》右《いう》を召《め》して曰《いは》く、織《おり》部《べ》小《せう》封《ほう》を享《う》けながら、奢《しや》侈《し》常《つね》に分《ぶん》に過《す》ぐ。故《ゆゑ》に之《これ》を戒《いまし》むるのみ。前《さき》に除《ぢよ》去《きよ》したる所《ところ》の肉《にく》は、爾《なん》等《ぢら》其《そ》れ之《これ》を喫《きつ》せよと。其《その》間《かん》毫《がう》も渣《さ》滓《さい》を存《そん》せず。聞《き》く者《もの》嘆《たん》稱《しよう》せざる無《な》し。

織《おり》部《べの》正《しやう》高《たか》吉《よし》は備《びつ》中《ちうの》守《かみ》弘《ひろ》就《なり》の子《こ》。太《たい》閤《かふ》に事《つか》へて、二萬《まん》八千石《ごく》を食《しよく》し、信《しん》州《しう》の高《たか》島《しま》に治《ぢ》す。征《せい》韓《かん》の役《えき》、部下《ぶか》三百を率《ひき》ゐて、總《そう》豫《よ》備《び》軍《ぐん》に屬《ぞく》し、名《な》護《ご》屋《や》に在《ざい》陣《ぢん》せり。如《じよ》水《すゐ》に軍《ぐん》資《し》を借《か》りたるは蓋《けだ》し此《この》際《さい》に在《あ》らん。諸《しよ》書《しよ》往《わう》々《〳〵》如《ぢよ》水《すゐ》と交《かう》渉《せふ》したるを、備《びつ》中《ちうの》守《かみ》と爲《な》すは傳《でん》聞《ぶん》の誤《あやまり》なり。

三十　如水の薙髪

如水唯一の失錯……如水軒の號

文《ぶん》祿《ろく》二年正月《ねんしやうぐわつ》、明軍大《みんぐんおほい》に到《いた》りて、京城《けいじやう》に迫《せま》る。小早川隆景《こはやかはたかかげ》が其《その》大軍《たいぐん》を撃破《げきは》したる碧蹄館《へきていくわん》の戰《たゝかひ》は、此月《このつき》二十七日《にち》に在《あ》り。是《これ》に於《おい》て如水《ぢよすゐ》は淺野《あさの》彈正少弼《だいじやうせうひつ》長政《ながまさ》と倶《とも》に重要《ぢうえう》の訓令《くんれい》を齎《もた》らして、二月《ぐわつ》再《ふた》び韓國《かんこく》に渡航《とかう》せり。此際《このさい》の事《こと》なり。一日《じつ》如水《ぢよすゐ》は淺野《あさの》長政《ながまさ》と東《とう》萊《らい》の營中《えいちう》に在《あ》りて局《きよく》を圍《かこ》み、互《たがひ》に碁《ご》を鬪《たゝか》はし居《ゐ》たるに、増田《ますだ》長《なが》盛《もり》・石田《いしだ》三成《みつなり》・大谷《おほたに》吉隆《よしたか》の三監軍《かんぐん》は軍事《ぐんじ》を圖《と》議《ぎ》せんが爲《ため》に來訪《らいはう》せり。さらぬだに酖《ふけ》りて一切《さい》を妄却《はうきやく》するは、此戯技《このきぎ》なるに、如水《ぢよすゐ》と長《なが》政《まさ》は好敵手《かうてきしゆ》、且《か》つ其《その》來賓《らいひん》三成《みつなり》は兩人《りやうにん》倶《とも》に居常相歡《きよじやうあひよろこ》ばざる所《ところ》なり。

乃《すなは》ち人《ひと》をして之《これ》を別室《べっしつ》に延《ひ》かしめ、兩人《りやうにん》は依然《いぜん》其競技《そのきやうぎ》を繼續《けいぞく》せり。彼《か》れ一子《し》、是《こ》れ一子《し》、久《ひさ》しく相決《あひけつ》せず。三監待《かんま》つこと良暫《やゝしばら》くなるも、丁々《とう〱》の響《ひゞき》は尚《な》ほ息《や》まず。三成固《みつなりもと》より氣《き》を負《お》へり。則《すなは》ち以《もつ》て侮辱《ぶじよく》せられたりと爲《な》し、怫然袖《ふつぜんたもと》を拂《はつ》ひて起《た》てば、長盛《ながもり》・吉《よし》隆《たか》も亦之《またこれ》に從《したが》ひ、各辭《かくじ》せずして此營《このえい》を去《さ》れり。既《すで》にして如水《ぢよすゐ》と長政《ながまさ》は一局《きよく》を了《をは》り、來賓《らいひん》はと問《と》へば、緩怠《くわんたい》を慍《ふつく》みて去《さ》れりといふ。即《すなは》ち急《きふ》に人《ひと》を馳《は》せて之《これ》を追《お》はしめたるも、終《つひ》に及《およ》ばず。吁《あゝ》是《こ》れ如水《ぢよすゐ》の生涯中《しやうがいちゆう》唯一《ゐ》の失措《しつさく》なりしなり。古《いにしへ》より弘法《こうぼふ》も筆《ふで》に誤《あやまり》あり。猿猴《ゑんこう》も時《とき》ありて木《き》より墜《お》つるといふ。如水《ぢよすゐ》の智《ち》を以《もつ》てして、局《きやく》に對《たい》すれば、此失錯《このしつさく》を貽《のこ》す。而《しか》るを況《いはん》や其智《そのち》の如水《ぢよすゐ》に及《およ》ばざる者《もの》に於《おい》てをや。碁局《ききよく》の心《こゝろ》を奪《うば》ひ、時刻《じこく》を移《うつ》し、機宜《きぎ》を誤《あやま》る、往々《わう〱》斯《か》くの如《ごと》し。戒《いまし》む可《べ》し。戒《いまし》む可《べ》し。而《しか》して之《これ》を戒《いまし》む可《べ》き者《もの》は、斯《か》く申《まを》す記《き》者《しや》までを籠《こ》めて……呵《か》々《か》。

＊　＊　＊　＊　＊

此歳《このとし》日明《にちみん》媾和《こうわ》の端發《たんはつ》す。三成《みつなり》等三監《かん》先《ま》づ還《かへ》り、如水《ぢよすゐ》の緩怠《くわんたい》を太《たい》閤《かふ》に訴《うつた》ふ。傳者《でんしや》の言《げん》に據《よ》れば、此際《このさい》三成大《みつなりおほい》に如水《ぢよすゐ》を讒《ざん》したりと。讒《ざん》は則《すなは》ち我《われ》知《し》らず。然《しか》れども如水《ぢよすゐ》の往々《わう〱》獨斷《どくだん》して機宜《きぎ》の處置《しよち》に出《い》でたるは、小《を》田《だ》原《はら》役《えき》の日《ひ》に、太閤《たいかふ》の直令《ちよくれい》なるにも關《かゝ》はらず、松田左馬介《まつださまのすけ》を赦《ゆる》し、其兄《そのあに》新六郎《しんろう》を斬《き》りたるにても知《し》らる可《べ》し。故《ゆゑ》に其在韓中《そのざいかんちう》、訓令《くんれい》を請《こ》はずして、獨斷專決《どくだんせんけつ》に出《い》でたる事宜《じぎ》も亦必《またかな》らず尠《すくな》からざりしならん。三成《みつなり》にして若《も》し進言《しんけん》したりとせば、其《そ》れ是等《これら》の件《けん》を指摘《してき》したるならん。而《しか》して英雄《えいゆう》は英雄《えいゆう》なるほど自《みづか》ら用《もち》ふ。太閤《たいかふ》の自《みづか》ら用《もち》ふるは、如水《ぢよすゐ》の自《みづか》ら用《もち》ふるよりも、、より用《もち》ふ。太閤《たいかふ》は思惟《しゐ》しけん。如水《ぢよすゐ》我《われ》の一參佐《さんさ》にて在《あ》りながら乃公《だいこう》に稟《りん》せずして、此底《このてい》の事件《じけん》を私斷《しだん》する歟《か》、専横《せんわう》も亦甚《またはなはだ》しと。之《これ》に加《くは》ふるに圍碁《ゐご》の失措《しつさく》あり。是《これ》を以《もつ》て太閤《たいかふ》は怒《いか》れり。既《すで》にして如水《ぢよすゐ》も亦歸朝《またきてう》し、入京《にふきやう》して謁《えつ》を請《こ》へども、許《ゆる》されず。機《き》を見《み》るに敏《びん》なる如水《ぢよすゐ》は是《これ》に於《おい》て剃髪《ていはつ》し、如水圓清と稱《しよう》せり。如水軒の名《な》是《これ》より振《ふる》へり。（本篇最初より此人を如水と記せるものは、一般の耳に慣れたるに從ひ、其儘之を用ふるのみ。）蓋《けだ》し彼《かれ》は太閤《たいかふ》の帷《ゐ》幕《はく》中《ちう》に在《あ》りて、群僚《ぐんれう》の上《うへ》に一頭地《とうち》を拔《ぬ》けり。衆《しゆう》の指目《しもく》も此《こゝ》に在《あ》り。故《ゆゑ》に自《みづか》ら剃髪《ていはつ》し、人《ひと》と相競《あひきそ》はざるを示《しめ》し、一世《せい》の白眼《はくがん》に遠《とほ》ざかりしのみ。智《ち》は亦《また》託《たく》して箇中《こちう》に在《あ》り。

三十一　如水の明鑑（上）

如水の放言……太閤の感悟……秀次の庸才……如水の自知

如水《ぢよすゐ》一日出仕《じつしゆつし》して府《ふ》に在《あ》り。太閤《たいかふ》、幕僚《はくれう》を會《くわい》して軍事《ぐんじ》を議《ぎ》す。時《とき》に如水《ぢよすゐ》は譴《けん》に遭《あ》ひて、其議《そのぎ》に預《あづか》るを得《え》ず。隔室《かくしつ》に在《あ》りて、大《たい》聲放語《せいはうご》して曰《いは》く、抑〻此遠征《そも〱このゑんせい》たる、是《こ》れ前古未曾有《ぜんこみぞう》の大役《たいいえき》なり。初《はじめ》より彼《かれ》が如《ごと》き大軍《たいぐん》を統《す》べ、彼《かれ》が如《ごと》き重任《ぢうにん》に當《あた》らん者《もの》は、徳川《とくがは》納言《なごん》か、前田參議《まへださんぎ》か、唯此兩人《たゞこのりやうにん》の外《ほか》に出《い》でじ。若《も》し其人《そのひと》を遣《つか》はす能《あた》はずば、此事《このこと》に任《にん》ぜん者《もの》は、恐《おそ》らく如水《ぢよすゐ》あらんのみ。今《いま》や主師人《しゆすゐひと》を得《え》ず。是《これ》を以《もつ》て節制行《せつせいおこな》はれず。加藤小西等《かとうこにしら》皆少壯血氣《みなせうさうけつき》の將《しやう》、人々《ひと〲》自《づか》ら戰《たゝか》ふを知《し》りて、互《たがひ》に策應《さくおう》を勉《つと》めず。且《か》つ其《そ》れ節《せつ》制《せい》行《おこな》はれざるが故《ゆゑ》に、所在《しよざい》の韓《かん》民《みん》約《やく》束《そく》を信《しん》せず。相《あひ》率《ひき》ゐて山《さん》林《りん》に逃《たう》匿《とく》し、吾《わが》軍《ぐん》の過《す》ぐる處《ところ》、三道《だう》幾《ほと》んど荒《くわう》野《や》となれり。今《いま》其《そ》れ彼《かれ》が如《ごと》き大《たい》役《えき》を起《おこ》し、進《すゝ》みて北《ペ》京《キン》に入《い》らんと欲《ほつ》せば、先《ま》づ韓《かん》民《みん》を綏《すゐ》撫《ぶ》して、之《これ》を其《その》土《ど》に安《あん》堵《ど》せしめ、糧《かて》を敵《てき》に頼《よ》るの長《ちやう》策《さく》を思《おも》はずば、道《だう》途《と》遼《れう》遠《ゑん》にして、山《さん》海《かい》の懸《けん》隔《かく》あり。運《うん》輸《ゆ》常《つね》に續《つゞ》くを得《え》んや。懸《けん》軍《ぐん》千里《り》、深《ふか》く敵《てき》國《こく》に在《あ》りて、一旦《たん》糧《りやう》食《しよく》續《つゞ》かざるあらん乎《か》、其《そ》れ吾《わが》大《たい》軍《ぐん》を奈《い》何《かん》せん。我《われ》は此《この》役《えき》の成《せい》功《こう》する所《ゆゑ》以《ん》を知《し》らずと。太《たい》閤《かふ》璧《へき》を隔《へだ》てゝ之《これ》を聽《き》き、敢《あへ》て尤《とが》めず。後《の》ち萬《ばん》難《なん》を排《はい》して、自《みづか》ら渡《と》航《かう》督《とく》軍《ぐん》せんとしたりしものは、蓋《けだ》し如《ぢよ》水《すゐ》の言《げん》に鑑《かんがみ》る所《ところ》ありたるなり。

＊　＊　＊　＊　＊　＊

此《この》頃《ころ》はかの事《こと》歟《か》。如《ぢよ》水《すゐ》入《い》りて關《くわん》白《ぱく》秀《ひで》次《つぐ》に見《まみ》ゆ。秀《ひで》次《つぐ》、如《ぢよ》水《しゐ》に謂《いつ》て曰《いは》く、頃者《けいしや》我《われ》今川《いまがは》貞世《さだよ》が庭訓《ていきん》を讀《よ》みて、其人《そのひと》を思慕《しぼ》せり。是《こ》れ師《し》とす可《べ》きなりと。如水《ぢよすゐ》之《これ》を排《はい》して曰《いは》く、臣《しん》未《いま》だ其書《そのしよ》を讀《よ》まず。然《しか》れども貞世《さだよ》の規模《きぼ》知《し》る可《べ》きのみ。主公《しゆこう》盍《なん》ぞ嚴君《げんくん》太閤《たいかふ》の大器宇《たいきう》に則《のつと》りたまはざる。秀次《ひでつぐ》曰《いは》く、殿下《でんか》は天授《てんじゆ》、吾曹《ごさう》の企及《ききふ》す可《べ》き所《ところ》に非《あら》ず。秀次《ひでつぐ》の分《ぶん》、貞世《さだよ》を庶幾《しよき》す可《べ》きのみと。如水《ぢよすゐ》重《かさ》ねて排《はい》して曰《いは》く、公《こう》何《なん》ぞ此《この》小器宇《せうきう》の言《げん》を爲《な》したまふや。公《こう》既《すで》に宗統《そうとう》を承《う》けて、身《み》は關白《くわんぱく》の地位《ちゐ》に在《あ》り。太閤殿下《たいかふでんか》に超駕《てうが》せんと志《こゝろざ》されて、而《しか》る後《の》ち始《はじ》めて二世《せい》の太閤《たいかふ》たらんのみと。秀次《ひでつぐ》默然《もくねん》たり。

古《こ》賀《が》侗《どう》菴《あん》之《これ》を評《ひやう》して曰《いは》く、古賢《こけん》云《い》へるあり。見《けん》、師《し》に過《す》ぐれは、纔《わづか》に傳授《でんじゆ》すに堪《た》へたり。見《けん》、師《し》と同《おな》じくば、師《し》に半德《はんとく》を減《げん》ずと。世《よ》の兒子《じ》、門弟《もんてい》、少年《せうねん》果鋭《くわえい》の時《とき》に當《あた》りて、志氣《しき》蓄縮《ちくしゆく》し、師父《しふ》の肩項《けんこう》をだに望《のぞ》む能《あた》はずば、其《そ》の箕裘《ききう》を繼《つ》ぎ、衣鉢《いはつ》を傳《つた》へんと欲《ほつ》すとも、難《かた》い哉《かな》と。天下《てんか》の青衿《せいきん》其《そ》れ善《よ》く如水《ぢよすゐ》の言《げん》に味《あぢは》ふ可《べ》し。

秀次《ひこつぐ》更《さら》に如水《ぢよすゐ》に問《とう》て曰《いは》く、足下《そくか》は足下《そくか》自《みづか》ら覗《み》て如何《いかん》と爲《な》すやと。如水《ぢよすゐ》が曰《いは》く、中才のみ。秀次《ひでつぐ》重《かさ》ねて問《と》ふ、何《なに》が故《ゆゑ》に中才《ちうさい》とは爲《な》すや。如水《ぢよすゐ》哂然《せいぜん》として曰《いは》く、臣《しん》にして上才《じやうさい》ならしめば、何《なん》ぞ太《たい》閤《かふ》の廷《てい》に事《こと》とせん。自《みづか》ら天下《てんか》を取《と》らんのみ。若《も》し又《また》下《か》才《さい》ならしめば、此頭《このとう》長《なが》く蓬蒿《ほうかう》の裏《うち》に埋沒《まいぼつ》せん。唯《た》だ其《そ》れ中才、太閤《たいかふ》に從《したが》ひて、封侯《ほうこう》を博《はく》したる所以《ゆゑん》なりと。

日南《にちなん》曰《いは》く、善《よ》い哉《かな》如水《ぢよすゐ》の言《げん》や。彼《か》れ實《じつ》に自知《じち》の明《めい》あり。一言《げん》彼《かれ》の本傳《ほんでん》に充《あ》つ可《べ》きなり。世《よ》の紛々《ふんく》として如水《ぢよすゐ》の事《こと》を云爲《うんゐ》する者《もの》、畢竟史《ひつきやうし》眼《がん》なきに坐《ざ》するのみ。但《た》だ彼《か》れ一點《てん》誇矜《こきん》の氣《き》なく、又《また》一毫粉飾《がうふんしよく》の態《たい》なし。自家《じか》の斤量《きんりやう》を明言《めいげん》して隱《かく》さず。如《ぢよ》水《すゐ》の如水《ちよすゐ》たる所以《ゆゑん》なり。若《も》し詳《つまびら》かに其品《そのひん》を論《ろん》せん乎《か》、中の上にして、上の下なる者《もの》に幾《ちか》からん乎《か》。妄評多罪《はうひやうたざい》、神靈《しんれい》幸《さいはひ》に焉《これ》を恕《ぢよ》せよ。

三十二　同（下）

如水と秀次……如水及氏郷の諷諫……太閤如水の遇合

秀次《ひでつぐ》關白《くわんぱく》に任《にん》せしより、意《い》滿《み》ち。氣《き》驕《おご》り、日《ひ》に淫樂怠敖《いんらくたいがう》を事《こと》として毫《がう》も心《こゝろ》を政務《せいむ》に留《とゞ》めず。太閤《たいかふ》の名護屋《なごや》より歸京《ききやう》するや、秀次《ひでつぐ》をして代《かは》りて渡韓《とかん》せしめんと欲《ほつ》したるも、秀次《ひでつぐ》遠征《ゑんせい》の苦《く》を厭《いと》ひ、事《こと》に託《たく》して、亦《また》行《ゆ》かず。而《しか》して非行《ひぎやう》愈〻《いよいよ》甚《はなはだ》し。如水《ちよすゐ》之《これ》を憂《うれ》ひ、秀次《ひでつぐ》に見《まみ》えて諫《いさ》めて曰《いは》く、太閤若冠《たいかふじやくくわん》より兵革《へいかく》に從事《じゆうじ》し、櫛《せつ》風沐雨《ふうもくう》、死生《しせい》の間《かん》に出入《しゆつにふ》したまふもの幾《いく》十年《ねん》、而る後《のち》始《はじ》めて海内《かいだい》を一統《とう》せらる。今《いま》や春秋《しゆんじう》既《すで》に高《たか》く、宜《よろし》く優悠《いう〳〵》老《らう》を養《やしな》はるべきの時《とき》に至《いた》り、日夜《にちや》尚《なほ》軍事《ぐんじ》に鞅掌《あうしやう》し、未《いま》だ嘗《かつ》て寧居《ねいきよ》したまふことあらず。殿下《でんか》外甥《ぐわいせい》の身《み》を以《もつ》て、一旦《たん》入《い》りて宗統《そうとう》を承《う》け、位《くらゐ》人臣《じん〳〵》の分《ぶん》を極《きは》め、公卿《こうけい》牧伯《ぼくはく》皆《みな》風《ふう》を望《のぞ》みて下走《かそう》せざる者《もの》あらず。是《こ》れ一に太閤《たいかふ》の隆恩《りうおん》には非《あら》ずや、今《いま》は太閤《たいかふ》漸《やうや》く外征《ぐわいせい》に疲《つか》れ、健《けん》康《かう》も亦《また》舊《きう》に非《あら》ず。殿下《でんか》盍《なん》ぞ自《みづか》ら請《こ》ひて行臺《かうだい》に臨《のぞ》み、代《かは》りて軍事《ぐんじ》を督《とく》したまはざる。斯《か》くの如《ごと》くなれば、太閤《たいかふ》必《かなら》ず喜《よろこ》びて、以《もつ》て後事《こうじ》を委《ゐ》す可《べ》しと爲《な》し、大《おほ》いに其心《そのこゝろ》を安《やす》んせられん。然《しか》れば則《すなは》ち太閤《たいかふ》百歳《さい》の後《のち》、二世《せい》の太閤《たいかふ》たらん者《もの》、殿下《でんか》に非《あら》ずして其《そ》れ誰《たれ》ぞや。若《も》し其《そ》れ否《しか》らず、恬安《てんあん》今日《こんにち》の如《ごと》くにして居《ゐ》たまはんには、讒慝《ざんとく》並《なら》び起《おこ》り、禍將《わざはひまさ》に測《はか》る可《べ》からざるもの有《あ》らんとす。殿《でん》下幸《かさいはひ》に熟慮《じゆくりよ》せられよと。秀次《ひでつぐ》納《い》れず。

蒲生氏郷《がまふうぢさと》も亦深《またふか》く秀次《ひでつぐ》の身事《しんじ》を憂慮《いうりよ》し、切《せつ》に其渡韓《そのとかん》を勸《すゝ》め、公《こう》にして渡韓軍旅《とかんぐんりよ》に從事《じゆうじ》したまはゞ、氏郷爲《うぢさとため》に先驅《せんく》せんとまで説《と》きたるも、亦聽《またき》かず。既《すで》にして秀賴生《ひでよりうま》れ、繼嗣《けいし》の議漸《ぎやうや》く起《おこ》る。

然《しか》も秀次遜讓《ひでつぐそんじやう》の色《いろ》あらず。如水《ぢよすゐ》亦復《またま》た入《い》りて諷諫《ふうかん》するも、亦悟《またさと》らず。如水退《ぢよすゐしりぞ》きて嘆《たん》じて曰《いは》く、我終《われつひ》に關白《くわんはく》の駕《が》を税《お》く所《ところ》を知《し》らずと。未《いま》だ幾《いく》ばくならず、文祿《ぶんろく》四年《ねん》七月《ぐわつ》の變《へん》發《はつ》し、此月《このつき》十四日《か》秀次不軌《ひでつぐふき》を圖《はか》るに坐《ざ》し、終《つひ》に高野《かうや》に於《おい》て自盡《じじん》せり。

＊　＊　＊　＊　＊　＊

先《さき》に如水《ぢよすゐ》の朝鮮《てうせん》より歸朝《きてう》するや、一時《じ》太閤《たいかふ》の譴《けん》に遭《あ》ひ、其面謁《そのめんえつ》を聽《ゆる》されず。然《しか》れども大度《たいど》の太閤豈《たいかふあに》一小事《せうじ》の故《ゆゑ》を以《もつ》て、永《なが》く此《この》一英物《えいぶつ》を棄《す》つる者《もの》ならんや。居《を》ること未《いま》だ幾《いく》ばくならずして、亦復《またま》た延《ひ》きて帷《ゐ》幕《はく》に參《さん》せしめ、信任《しんにん》すること舊《きう》に異《ことな》らず。此歳《このとし》湯沐《たうはく》の邑《いふ》二千石《こく》を如水《ぢよすゐ》に賜《たま》へり。其文《そのぶん》に曰《いは》く、

知行方目錄《ちぎやうかたもくろく》

一貳百五拾參石一斗五升　播州揖東郡大田庄内矢田部村之內。

一千七百貳拾參石五升　同郡上岡庄上岡上村之內

合千九百七拾六石貳斗

右此度以二檢地之上一改レ之、《みぎこのたびけんちのうへこれをもてこれをあらため》令三扶二助之一訖。《これをふじよせしめおはんぬ》全可三領二知之一也。《まつたくこれをりやうちすべきなり》

文祿四年八月廿一日　秀吉　御朱印

黑田如水

是《こ》れ當時《たうじ》の所謂《いはゆる》堪忍料《かんにんれう》なり。太閤《たいかふ》如水《ぢよすゐ》の遇合《ぐうがふ》や其《そ》れ斯《か》くの如《ごと》し。此賞以《このしやうもつ》て紛々《ふんく》たる俗傳《ぞくでん》の妄《はう》を破《やぶ》るに足《た》らん。

三十二 太閤の薨去

朝鮮の再征……蔚山城下の激戰……如水の城守……太閤の薨去

慶長元年春《けいちやうぐわんねんはる》、媾和《こうわ》幾《ほと》んど成《な》り、六月概《おほむ》ね吾外征軍《わがぐわいせいぐん》を撤《てつ》せしが、八月明使楊方亭《みんしやうはうてい》、沈惟敬《ちんゐけい》等來朝《らいてう》するに及《およ》び、其言《そのげん》吾提議《わがていぎ》に合《がつ》せず。且《か》つ齎《もた》らす所《ところ》の明帝《みんてい》の璽書《じしよ》に爾《なんぢ》を封《ほう》じて日本國王《にほんこくわう》と爲《な》すの語《ご》あるを睹《み》て、太閤《たいかふ》震怒《しんど》し、和議《わぎ》又《また》破《やぶ》る。二年二月更《さら》に大《おほい》に再《さい》征《せい》の軍《ぐん》を發《はつ》す。其衆《そのしゆう》十六萬《まん》千九百餘人《よにん》、長政《ながまさ》亦《また》遣中《けんちう》に在《あ》り。部《ほう》下《か》五千三百餘《よ》を率《ひき》ゐ、第三團《だいだん》に屬《ぞく》して、韓國《かんこく》に入《い》れり。此役《このえき》太閤《たいかふ》復《ま》た如水《じよすゐ》を起《おこ》し、軍司令官《ぐんしれいくわん》小早川《こはやかは》權中納言秀秋《ごんちうなごんひであき》の參謀《さんぼう》長《ちやう》として渡航《とかう》せしむ。如水《じよすゐ》軍《ぐん》に在《あ》りて、畫策《くわくさく》毎《つね》に其圖《そのづ》に中《ちう》し、吾軍《わがぐん》の聲勢《せいせい》再《ふた》たび八道《だう》を震撼《しんかん》せり。既《すで》にして明軍《みんぐん》大擧《たいきよ》して來《きた》り逼《せま》ると聞《き》き、吾軍《わがぐん》は海陸《かいりく》廿餘處《よしよ》の險要《けんえう》に分據《ぶんきよ》し、首尾《しゆび》相應《あひおう》じて以《もつ》て對抗《たいかう》に備《そな》ふ。十二月、敵軍《てきぐん》四萬《まん》來《きた》りて蔚山《うるさん》を圍《かこ》む。加藤清正《かとうきよまさ》左《さ》右《いう》數《すう》十八《にん》と圍《かこみ》を衝《つ》き、入《い》りて倶《とも》に城《しろ》に嬰《か》る。著名《ちよめい》なる清正《きよまさ》の蔚山籠城《うるさんろうじやう》は即《すなは》ち是《これ》なり。時《とき》に如水《じよすゐ》は長政《ながまさ》據守《きよしゆ》する所《ところ》の梁山《りやうさん》に在《あ》り。警《けい》を聞《き》くや否《いな》や、一面《め》には使《つかひ》を秀秋《ひであき》の本營《ほんえい》釜山《ふさん》に遣《つか》はし、急《きふ》を報《はう》じて、諸將《しよしやう》の會援《くわいえん》を促《うなが》し、一面《めん》には長政《ながまさ》をして部下《ぶか》を率《ひき》ゐ、直《たゞ》ちに之《これ》に赴《おもむ》かしむ。是《これ》に於《おい》て軍司《ぐんし》令官《れいくわん》小《こ》早川《はやかは》秀秋《ひであき》は毛利《もうり》秀元《ひでもと》等《ら》と釜山《ふさん》よりし、蜂須賀《はちすか》家政《いへまさ》・藤堂《とうだう》高虎《たかとら》・脇坂《わきざか》安治《やすはる》等《ら》は昌原《しやうげん》よりし、小西行長《こにしゆきなが》は順天《じゆんてん》よりし、三年正月三日諸路《しよろ》より來《きた》りて城《じやう》下《か》に會《くわい》し、内外合撃《ないぐわいがふげき》して、大《おほい》に敵軍《てきぐん》を破《やぶ》り、首《かふべ》を獲《う》ること一萬《まん》三千二百三十八級《きふ》。是《これ》より賊軍《ぞくぐん》復《ま》た敢《あへ》て南《みなみ》に下《くだ》らず。

此《この》役《えき》長《なが》政《まさ》部《ほう》下《か》の鋭《えい》を盡《つく》して、蔚《うる》山《さん》に赴《おもむ》きたれば、如《ぢよ》水《すゐ》は餘《よ》衆《しゆう》を以《もつ》て梁《りやう》山《ざん》を保《ほう》守《しゆ》せり。敵《てき》の別《べつ》軍《ぐん》之《これ》を諜《てふ》知《ち》し、急《きふ》に來《きた》りて城《しろ》を攻《せ》む。如《ぢよ》水《すゐ》寡《くわ》兵《へい》を督《とく》して善《よ》く防《はう》禦《ぎよ》し、遂《つひ》に之《これ》を撃《げき》退《たい》したれば、梁《りやう》山《さん》も亦《また》全《まつた》きを得《え》たり。如《ぢよ》水《すゐ》の將《しやう》才《さい》や其《そ》れ斯《か》くの如《ごと》し。而《しか》して彼《かれ》は務《つと》めて大《たい》體《てい》を持《ぢ》し、居《きよ》常《じやう》軍《ぐん》を戒《いまし》めて、節《せつ》制《せい》を嚴《げん》にし、土《ど》民《みん》の綏《すゐ》撫《ぶ》に怠《おこた》らず。是《これ》を以《もつ》て斯《この》人《ひと》の在《あ》る所《ところ》は、韓《かん》民《みん》家《いへ》に歸《かへ》りて業《げふ》に復《ふく》し、深《ふか》く其《そ》の徳《とく》を感《かん》戴《たい》したりと云《い》ふ。亦《また》彼《か》れ平《へい》生《ぜい》の主《しゆ》張《ちやう》に背《そむ》かず。

* * * * * *

此《この》歳《とし》慶長三年四月《ぐわつ》、秀《ひで》秋《あき》歸《き》朝《てう》して京《きやう》都《と》に入《い》る。彼《かれ》や春《しゆん》初《しよ》蔚《うる》山《さん》の戰《たゝかひ》に大《おほい》に敵《てき》軍《ぐん》を破《やぶ》り、身《み》自《みづか》ら虜《りよ》十三人《にん》を仆《たふ》せり。奮《ふん》闘《とう》の狀《じやう》も亦《また》想《さう》見《けん》す可《べ》し。是《これ》を以《もつ》て太《たい》閤《かふ》初《はじめ》は其《その》功《こう》を激《げき》稱《しよう》したりしが、是《この》時《とき》朋《ほう》黨《たう》の爭《あらそひ》は益〻《ます〳〵》加《くは》はり、秀《ひで》秋《あき》が北政所《きたのまんどころ》の族《ぞく》なるの故《ゆゑ》を以《もつ》て、淀君《よどぎみ》黨《たう》よりして、彼《かれ》は徒《いたづ》らに匹夫《ひつぷ》の勇《ゆう》のみを奮《ふる》ひて、軍司《ぐんし》令官《れいくわん》たるの任《にん》を忘《わす》れ、毫《がう》も節度《せつど》の實《じつ》を見《み》ざりしと彈劾《だんがい》すあり。爲《ため》に太閤《たいかふ》の譴《けん》を受《う》け、一たび削祿《さくろく》轉封《てんぽう》の命《めい》にまで接《せつ》せしが、家康《いへやす》之《これ》を救解《きうかい》するありて、始《はじ》めて舊封《きうほう》に復《ふく》するを得《え》たり。顧《おも》ふに如水《ぢよすゐ》も亦《また》寧《むし》ろ北《きたの》政所黨《まんどころたう》にして、居常《きよじやう》當局《たうきよく》の三成《みつなり》と相容《あひい》れず。而《しか》して遠征軍中《ゑんせいぐんちう》は秀秋《ひであき》の參謀長《さんぼうちやう》たりしかば、其《その》功《こう》亦《また》多《おほ》くは省《かへり》みらるゝ所《ところ》と爲《な》らざりしならん。既《すで》にして八月十八日太閤《たいかふ》の溘焉《かふえん》として薨去《こうきよ》せらるゝに會《くわい》したり。吁《あゝ》如水《ぢよすゐ》深《ふか》く太閤《たいかふ》に知《し》られながら、終《つひ》に其下《そのもと》に大《たい》用《よう》せらるゝに及《およ》ばず。而《しか》して永《なが》く太閤《たいかふ》と相別《あひわか》る。如水《ぢよすゐ》の遺憾《ゐかん》其《そ》れ將《はた》奈何《いかん》ぞや。

三十四　大亂の發生

長政の勇武……家康の禍心……上杉景勝の擧兵……石田三成の擧兵……如水掉尾の一飛躍

慶長《けいちやう》三年《ねん》八、月、十、八、日、祖《そ》龍《りう》目《め》を瞑《めい》するや、征《せい》韓《かん》の軍《ぐん》も亦《また》從《したが》ひて解《と》け、世《よ》は一時《じ》五大《たい》老《らう》・三中《ちう》老《らう》・五奉《ぶ》行《ぎやう》の合《がふ》議《ぎ》政《せい》治《ぢ》となり、漸《やうや》く天《てん》下《か》の動《どう》亂《らん》を胚《はい》胎《だい》せり。唯《た》だ幸《さいはひ》に大《たい》老《らう》中《ちう》に前《まへ》田《だ》大《だん》納《な》言《ごん》利《とし》家《いへ》の在《あ》るありて、太《たい》閤《かふ》の遺《ゐ》業《げふ》尚《な》ほ或《あるひ》は存《そん》續《ぞく》するを得《え》んかと庶《しよ》幾《き》せられたるも、四、年、三、月、三、日《や》此《この》人《ひと》も亦《また》薨《こう》じ、人心《じんく》益《ます》〻恟々《きようく》たり。是《これ》より先《さ》き如《ぢよ》水《すゐ》父《ふ》子《し》は早《はや》くも心《こゝろ》を德《とく》川《がは》內《ない》大《だい》臣《じん》家《いへ》康《やす》に歸《き》し、殊《こと》に長《なが》政《まさ》は熱《ねつ》心《しん》なる德《とく》川《がは》黨《たう》の隨《ずゐ》一となれり。

長《なが》政《まさ》幼《えう》より勇《ゆう》武《ぶ》人《ひと》に超《こ》え、二十三歲《さい》にして如《ぢよ》水《すゐ》の封《ほう》を繼《つ》ぎ、征《せい》韓《かん》の兩役《りやうえき》倶《とも》に一軍《ぐん》を率《ひき》ゐて、韓國《かんこく》に入《い》り、前役《ぜんえき》に當《あた》りては、金《きん》海《かい》を拔《ぬ》き、京城《けいじやう》に入《い》り、平安道《へいあんだう》を徇《とな》へ、黄海道《くわうかいだう》を鎭《ちん》し、進《すゝ》みては小西行長《こにしゆきなが》を助《たす》けて平壤《へいじやう》を拔《ぬ》き、退《しりぞ》きては小早川隆景《こはやかはたかかげ》に合《がつ》して明《みん》の大軍《たいぐん》を碧蹄館《へきていくわん》に破《やぶ》り、晉州城《しんしうじやう》の攻略《こうりやく》に際《さい》しては、首功《しゆこう》の第《だい》一に居《を》り、吾軍《わがぐん》京城《けいじやう》より撤退《てつたい》すれば、後衞《こうゑい》となりて、全軍《ぜんぐん》に殿《でん》たり。又《また》後役《こうえき》に當《あた》りては、南原《なんげん》を取《と》り、稷山《しよくさん》を略《りやく》し、全義館《ぜんぎくわん》に鏖戰《あうせん》し、梁山《りやうさん》に在《あ》りては、赴援《ふえん》して蔚山《うるさん》の圍《かこみ》を解《と》き、其他《そのた》の攻《こう》城野戰《じやうやせん》に於《おい》て、到《いた》る處《ところ》に驍名《げうめい》を轟《とゞろ》かせり。是《これ》を以《もつ》て太閤《たいかふ》薨後《こうご》、歸《かへ》りて京洛《けいらく》に入《い》るに及《およ》びては、嚴然《げんぜん》侯伯《こうはく》中《ちう》の一勢力《せいりよく》となり、加《か》藤淸正《とうきよまさ》・福島正則《ふくしままさのり》等と竝《なら》び稱《しよう》せらるゝには至《いた》れり。是時《このとき》に當《あた》りて、家康《いへやす》の禍心《くわしん》は漸《やうや》く掩《おほ》はず。五奉行《ぶぎやう》との軋轢《あつれき》は日《ひ》に昂騰《かうとう》せり。而《しか》して如水《じよすゐ》固《もと》より三成《みつなり》と善《よ》からずして、長政《ながまさ》の三《みつ》成《なり》を悪《にく》むは父《ちゝ》よりも甚《はなはだ》し。此歳《このとし》四年春《はる》奉《ぶ》行協《ぎやうけふ》謀《はう》し、家康《いへやす》を伏見《ふしみ》に襲《おそ》はんとすとの風説《ふうせつ》あるや、長政《ながまさ》率先《そつせん》して家康《いへやす》の邸《てい》を守衛《しゆゑい》し、利家《としいへ》・家康《いへやす》の反目《はんもく》するや、如水《ぢよすゐ》私《ひそか》に細川忠興《ほそかはたゞおき》に囑《しよく》し、其《そ》れをして利家《としいへ》に説《と》かしめて、兩間《りやうかん》を調停《てうてい》し、既《すで》にして利家《としいへ》薨《かう》ずるや、父《ふ》子《し》は更《さら》に豊家《ほうか》の宿將《しゆくしやう》にして前日《ぜんじつ》まで前田黨《まへだたう》たりし加藤清正《かとうきよまさ》・福島《ふくしま》正則《まさのり》等を誘《いざな》ひて、徳川黨《とくがはたう》に歸《き》せしむ。是《これ》を以《もつ》て家康《いへやす》は特《こと》に長政を引《ひ》き、益〻《ます〳〵》豊家《ほうか》の故舊《こきう》を懐柔《くわいじう》せしめたり。

慶長《けいちやう》五年《ねん》に入《い》りて、形勢《けいせい》は愈〻《いよ〳〵》逼迫《ひよくはく》せり。是《これ》より先《さ》き石田《いしだ》三成《みつなり》と上杉《うへすぎ》氏《し》の老臣《らうしん》直江《なほえ》山城守《やましろのかみ》兼續《かねつぐ》との間《あひだ》に、東西《とうざい》擧兵《きよへい》の密約《みつやく》は成《な》り、此歳《このとし》四月、兼續《かねつぐ》は其主《そのしゆ》上杉景勝《うへすぎかげかつ》を奉《ほう》じて、會津《あひづ》に據《よ》り、昂然《かうぜん》として戰書《せんしよ》を家康《いへやす》に投《とう》じ、爰《こゝ》に開戰《かいせん》を宣布《せんぷ》するあり。家康《いへやす》乃《すなは》ち意《い》を東伐《とうばつ》に決《けつ》し、六月十六日諸軍《しよぐん》を督《とく》し、大阪《おほさか》を發《はつ》して東下《とうか》せり。

是《これ》に先《さき》だつこと一旬《じゆん》、此月《このつき》六日、家康《いへやす》は其族《そのぞく》保科《ほしな》彈正忠正直《だんじやうのちうまさなほ》の息女《そくぢよ》を收《をさ》めて養女《やうぢよ》とし、之《これ》を長政《ながまさ》に嫁《か》せしめたり。是《こ》れ實《じつ》に家《いへ》康《やす》の姪《めひ》なり。是《これ》に於《おい》て家康《いへやす》・長政《ながまさ》は翁婿《おつせい》の關係《くわんけい》となり、長政《ながまさ》は一層《そう》家康《いへやす》得意《とくい》の親族《しんぞく》政略中《せいりやくちう》の人《ひと》となり　部下《ほうか》を率《ひき》ゐて、東伐《とうばつ》の軍《ぐん》に從《したが》へり。

家康《いへやす》の東奥《とうあう》に發向《はつかう》するや、三成《みつなり》は直《たゞ》ちに佐和山《さわやま》より出《い》で、茲《こゝ》に大《おほい》に海内《かいだい》に檄《げき》し、家康《いへやす》討伐《とうばつ》の軍《ぐん》を起《おこ》す。是《これ》に於《おい》て平天下《へいてんか》の侯伯《こうはく》は分《わか》れて二となり、一半《はん》は家康《いへやす》に合從《がつしよう》し、一半《はん》は三成《みつなり》に連衡《れんかう》せり。乾坤《けんこん》一擲《てき》の大戰《たいせん》は是《これ》より將《まさ》に開《ひら》けんとす。時《とき》に如水《ぢよすゐ》は歸休《ききう》して封國《ほうこく》に在《あ》り。七月十七日其報《そのはう》傳《つた》へて中津《なかつ》に抵《いた》れり。如水《ぢよすゐ》報《はう》を獲《え》て、奮然《ふんぜん》として起《た》ち、茲《こゝ》に掉尾《たうび》の一飛躍《ひやく》を演出《えしゆつ》せり。

三十五　諸將の年齢

我《われ》居常《きよじやう》以爲《おも》へらく、天下《てんか》の政權《せいけん》は、地位あり、閲歷あり、且《か》つ其《その》神識及《および》精力の老《お》いて衰耄せざるの人《ひと》に歸《き》すと。何《なん》となれば、地位あらざれば、以《もつ》て身《み》を起《おこ》し易《やす》からず。閲歷あらざれば、以《もつ》て衆《しゆう》を服《ふく》するに足《た》らず。而《しか》して老《らう》に至《いた》りても、神識と精力兩《ふた》つながら衰耄《すゐもう》せざれば、其《その》思慮、經驗、手腕、術數、誰《たれ》か之《これ》と匹《ひつ》するを得《え》んや。之《これ》を慶長《けいちやう》五年《ねん》の當時《たうじ》に觀《み》ても、自《おのづか》ら吾見《わがけん》の多《おほ》く誤《あやま》らざるを認《みと》むるものあり。試《こゝろみ》に當時《たうじ》に知《し》られたる東西《とうざい》諸將《しよしやう》の年齢《ねんれい》を表示《へうし》せん乎《か》。

	年齢
豐臣秀頼	八
蜂須賀豐雄	一五
福島正之	一六

黒田如水

蒲生秀行　一八
本多忠朝　一九
松平忠吉　二一
織田秀信　二一
鍋島勝茂　二一
毛利秀元　二二
徳川秀忠　二二
前田利政　二三
小早川秀秋　二四
淺野幸長　二五
南部利直　二五
島津忠恒　二五
堀秀治　二六
結城秀康　二七
宇喜多秀家　二九
丹羽長重　三〇

中川秀成　三〇
島津豊久　三〇
眞田幸村　三一
有馬豊氏　三一
京極高知　三一
佐竹義宣　三一
森忠政　三一
木下勝俊　三一
立花宗茂　三二
黒田長政　三三
伊達政宗　三四
眞田信幸　三五
一柳直盛　三六
長岡忠興 細川　三七
池田輝政　三七
京極高次　三八

黒田如水

大谷吉継　三八
加藤嘉明　三八
前田利長　三九
加藤清正　四〇
直江兼續　四〇
吉川廣家　四〇
井伊直政　四〇
福島正則　四〇
石田三成　四一
蜂須賀家政　四一
大友義統　四三
藤堂高虎　四五
上杉景勝　四六
脇坂安治　四七
毛利輝元　四八
土方雄久　四八

阿多盛淳　五三
本多忠勝　五三
榊原康政　五三
織田有樂　五四
淺野長政　五四
山内一豐　五五
最上義光　五五
黒田如水　五五
增田長盛　五六
堀尾吉晴　五七
眞田昌幸　五七
木下家定　五八
德川家康　五九
九鬼嘉隆　五九
鳥居元忠　六二
本多正信　六三

鍋島直茂　六五
島津惟新　六六
長岡幽齋 細川　六七

小西行政、長束正家、前田玄以、長曾我部盛親、田中吉政、安國寺惠瓊、島勝猛、大野治長等は年齢詳ならず。暫く爲を鈌如せり。

以《い》上《じやう》の年齒《ねんし》に就《つ》きて、更《さら》に諸將《しよしやう》の如何《いかん》を念《おも》へ。家康《いへやす》の最《もつと》も諸資《しよし》格《かく》を具備《ぐび》して、獨《ひと》り年長《ねんちやう》たるを看《み》ん。彼《かれ》の群雄《ぐんゆう》を籠絡《ろうらく》し、豐家《ほうか》の政權《せいけん》を攘奪《じやうだつ》したるの偶然《ぐうぜん》ならざるを知《し》るを得《え》ん。之《これ》を外《ほか》にしては如水《じよすゐ》あり。彼《かれ》も亦《また》此《この》政權《せいけん》移動《いどう》の時局《じきよく》に參與《さんよ》せんと試《こゝろ》みたる一人《にん》なり。惜《をし》い哉《かな》斯人《このひと》の資格《しかく》には、第《だい》一地位の足《た》らざるあり。且《か》つ夫《そ》れ斯《か》かる世局變轉《せいきよくへんてん》の秋《とき》に當《あた》り、中央《ちうあう》の地《ち》を棄《す》てゝ、遠《とほ》く九州《しう》の一隅《ぐう》に退隱《たいいん》し居《ゐ》たりしは、疑問《ぎもん》なり。或《あるひ》は其人《そのひと》病羸《びやうるゐ》の故《ゆゑ》を以《もつ》て、其《その》精力に於《おい》て、既《すで》に强弩《きやうど》の中勢《ちうせい》以後《いご》に屬《ぞく》したるもの無《な》きを知《し》らんや。然《しか》れども機を見《み》て躊躇《ちうちよ》せず、立《た》ちて其足《そのあし》を揚《あ》げたるもの、如水《ぢよすゐ》の如水《ぢよすゐ》たる所以《ゆゑん》なり。如水《ぢよすゐ》の傳《でん》を叙《じよ》して、關鍵《くわんけん》の處《ところ》に達《たつ》す。一たび擧《あ》げて之《これ》を問《と》ふ。

三十六　上國の變報

上國の變報……三成の甘誘……如水の機略

慶長《けいちやう》五年《ねん》、如水《ぢよすゐ》は西下《せいか》して、中津《なかつ》に歸《かへ》り、工《こう》を督《とく》して、荐《しきり》に城《じやう》池《ち》を修《をさ》む。蓋《けだ》し九州《しう》は三成《みつなり》の黨《たう》多《おほ》ければ、豫《あらかじ》め之《これ》が備《そなへ》を爲《な》し、且《か》つ別《べつ》に思《おも》ふ所《ところ》ありたればなり。既《すで》にして家康《いへやす》東伐《とうばつ》の軍《ぐん》を發《はつ》し長政《ながまさ》も亦從《またしたが》ひて東行《とうかう》す。虚《きよ》に乘《じよう》じて、三成《みつなり》大《おほい》に諸侯伯《しよこうはく》を糾合《きうがふ》し天下《てんか》の大亂《たいらん》は一時《じ》に迸發《へいはつ》せり。如水《ぢよすゐ》夙《つと》に此事《このこと》あるを慮《おもんぱか》り、輕舸《けいか》を大阪《おほさか》・鞆津《とものつ》・上關《かみのせき》の三港《こう》に置《お》き、恰《あたか》も驛傳《えきでん》の制《せい》の如《ごと》くし、港《こう》より港《こう》に其舸《そのか》を以《もつ》て之《これ》を聯接《れんせつ》せり。故《ゆゑ》に上國《じやうこく》生事《せいじ》の報《はう》、三日《か》を出《い》でずして、中津《なかつ》に傳達《でんたつ》せざる無《な》し。七月十七日、如水《ぢよすゐ》は竹中伊豆《たけなかいづの》守《かみ》隆重《たかしげ》を拉《と》りて、城下《じやうか》の一商戸《しやうこ》伊豫屋《いよや》某《ぼう》が宅《たく》に遊《あそ》び居《ゐ》たるに、大阪邸《おほさかてい》の留守《りうしゆ》栗山四郎右衛門《くりやましらうゑもん》安利が急使《きふし》は到《いた》れり。如水《ぢよすゐ》迎《むか》へて來《らい》由《いう》を問《と》ふ。使价《しかい》一書《しよ》を探《さぐ》りて之《これ》を捧《さゝ》げ、聲《こゑ》を秘《ひそ》めて、三成《みつなり》擧兵《きよへい》の實《じつ》を告《つ》ぐ。如水《ぢよすゐ》噱然《きやくぜん》として曰《いは》く、治部《ぢぶ》遂《つひ》に難《なん》を發《はつ》せし歟《か》。我《われ》の此事《このこと》あるを思《おも》ふや久《ひさ》し。彼《かれ》設《たと》ひ兵《へい》を擧《あ》ぐるとも、是《こ》れ螳螂《たうらう》の斧《おの》を揮《ふる》ふに等《ひと》しきのみ。何《なん》ぞ能《よ》く內府《ないふ》に克《か》つを得《え》んや。惟《おも》ふに九州《しう》にも三成《みつなり》に黨《たう》する者《もの》多《おほ》し。我《われ》、是《これ》より其黨與《そのたうよ》を征服《せいふく》し、以《もつ》て九州《しう》を平定《へいてい》せんと。顧《かへり》みて隆重《たかしげ》に謂《いつ》て曰《いは》く、子《し》も亦速《またすみやか》に高田《たかた》に歸《かへ》り、我《われ》を助《たす》けて、以《もつ》て內府《ないふ》に應《おう》ず可《べ》しと。即日《そくじつ》令《れい》して城池《じやうち》の修繕《しうぜん》を停《とゞ》め、且《か》つ大《おはい》に出征《しゆつせい》の準備《じゆんび》を命《めい》ず。老臣《らうしん》井上《ゐのうへ》九郎《らう》右《ゑ》衞《も》門《ん》等《ら》進《すゝ》みて曰《いは》く、今《いま》や太守《たいしゆ》一州《しう》の精銳《せいえい》を率《ひき》ゐて、內府《ないふ》東伐《とうばつ》の軍《ぐん》に從《したが》ひたまひ、城中《じやうちう》の見兵《けんぺい》太《はなは》だ寡《すくな》し。而《しか》して三成《みつなり》の黨與《たうよ》は四隣《りん》に列植《れつしよく》せり。老公《らうこう》の勇武《ゆうぶ》を以《もつ》てすと雖《いへど》も、此寡單《このくわたん》の兵《へい》を以《もつ》て、彼衆敵《かのしゆうてき》に當《あた》るを得《え》んや。今《いま》の計《けい》を爲《な》せば、益〻本城《ますゝほんじやう》を修治《しうぢ》し、壁《へき》を高《たか》くし、池《いけ》を深《ふか》くして、此《こゝ》を嬰守《えいしゆ》し、機《き》を見《み》て而《しか》る後《の》ち師《いくさ》を出《いだ》したまはんも、未《いま》だ遲《おそ》しとせざらん歟《か》と。如水《じよすゐ》頭《とう》を掉《ふる》ひて曰《いは》く、是《こ》れ爾等《なんぢら》が知《し》る所《ところ》に非《あら》ず。今《いま》や治部《ぢぶ》等《ら》に應《おう》ずる者《もの》にして、本州《ほんしう》に逼迫《ひよくはく》せるは、即《すなは》ち豐後《ぶんご》の七黨《たう》なり。我《われ》、吾《わが》豢養《けんやう》の見兵《けんぺい》を率《ひき》ゐて之《これ》に臨《のぞ》まん乎《か》。七黨《たう》を征服《せいふく》するは朝飯事《てうはんじ》なり。爾等《なんぢら》にして先鋒《せんはう》たらば、比丘尼《びくに》を聚《あつ》めて之《これ》に次《つ》がしむるも患《うれひ》なけん。二

黒田如水

豐《ほう》旣《すで》に吾《わが》手《て》に落《お》ちなば、兵《へい》を移《うつ》して筑紫《つくし》の諸《しよ》州《しう》を征《せい》定《てい》し、而《しか》る後《のち》毛利《まうり》氏《し》を壓《あつ》して、廣島城《ひろしまじやう》を攻略《こうりやく》し、進《すゝ》みて播州《ばんしう》に入《い》らば、姬路《ひめぢ》は吾《わが》生境《せいきやう》なり。州人《しうじん》は簞食《たんし》壺醬《こしやう》して、以《もつ》て我《われ》を迎《むか》ふ可《べ》し。九州《しう》・中國《ちうごく》旣《すで》に我《われ》に屬《ぞく》せん乎《か》。其衆《そのしゆう》を擧《あ》げて、旗《はた》を畿甸《きでん》に建《た》て、內府《ないふ》を助《たす》けて、天下《てんか》を戡定《かんてい》せんのみ。今《いま》の時《とき》は是《こ》れ何《なん》の秋《とき》ぞ、雄飛《ゆうひ》雌伏《しふく》の分《わか》るゝ所《ところ》なり。豈《あに》區々《く》として中津《なかつ》の一城《じやう》を事《こと》とせんや。且《か》つ其《そ》れ軍旅《ぐんりよ》を糾合《きうがふ》する。我《われ》に成算《せいさん》の存《そん》するあり。爾等《なんぢら》以《もつ》て意《い》とする勿《なか》れと。由《よ》りて大《おほい》に戰備《せんび》を修《をさ》む。

旣《すで》にして三成《みつなり》の密使《みつし》も亦《また》到《いた》る。曰《いは》く、內府《ないふ》、故《こ》太閤《たいかふ》の遺命《ゐめい》を蔑《ないがしろ》にし、將《まさ》に豐家《ほうか》の天下《てんか》を奪《うば》はんとす。今《いま》に於《おい》て之《これ》を除《のぞ》かざれば、禍將《わざはひまさ》に測《はか》られざらんとす。故《ゆゑ》に今《いま》討伐《とうばつ》の軍《ぐん》を發《はつ》したり。足下《そくか》は固《もと》より豐家《ほうか》の勳舊《くんきう》。嗣君《しくん》の深《ふか》く倚信《いしん》したまふ所《ところ》なり。且《か》つ足下《そくか》の將才《しやうさい》は諸將《しよしやう》の夙《つと》に推服《すゐふく》する所《ところ》。吾軍《わがぐん》の節度《せつど》、一に足下《そくか》を煩《わづら》はす。請《こ》ふ速《すみやか》に入京《にふきやう》して、以《もつ》て此任《このにん》に當《あた》る可《べ》し。大事《だいじ》にして聚《あつま》らば、封拜《ほうはい》は足下《そくか》の欲《ほつ》するまゝならんと。如水《ぢよすゐ》曰《いは》く、我《われ》固《もと》より故太閤《こたいかふ》の洪恩《こうおん》を荷《にな》ふ者《もの》、且《か》つ今貴諭《いまきゆ》に接《せつ》す。願《ねがは》くば西海《さいかい》七州《しう》の封《ほう》を得《え》て、以《もつ》て事《こと》に從《したが》ふ可《べ》し。軍事《ぐんじ》往々《わう〳〵》齟齬《そご》多《おほ》し。請《こ》ふ先《ま》づ誓書《せいしよ》を得《え》て、而《しか》る後《のち》東上《とうじやう》努力《どりよく》せんと。家臣《かしん》を簡《えら》みて、密使《みつし》の歸阪《きはん》に副《ふく》せしむ。老臣等《らうしんら》爭《あらそ》ひて曰《いは》く、老公《らうこう》今日《こんにち》の擧《きよ》、前日《ぜんじつ》の諭命《ゆめい》と同《おな》じからず。加之《しかのみならず》、太守《たいしゆ》現《げん》に東軍《とうぐん》に在《ま》しますに、公《こう》は別《べつ》に西軍《せいぐん》に應《おう》じたまはゞ、臣等《しんら》適從《てきじゆう》する所《ところ》を知《し》らず。之《これ》を爲《な》すこと奈何《いかん》と。如水《ぢよすゐ》哂《わら》ひて曰《いは》く。爾等《なんぢら》何《なん》ぞ沒曉《ぼつげう》なる。治部《ぢぶ》欺《あざむ》きて我《われ》を誘《いざな》ふ。故《ゆゑ》に我《われ》亦《また》欺《あざむ》きて之《これ》を致《いた》すのみ。今《いま》や敵《てき》は四隣《りん》に在《あ》り。日夜《にちや》吾《わが》動靜《どうせい》を窺《うかゞ》へり。使价《しかい》往復《わうふく》して旬月《じゆんげつ》に亘《わた》るの間《かん》に、吾《わが》戰備《せんび》完《まつた》からんのみ。我《われ》豈《あに》治部《ぢぶ》に黨《たう》する者《もの》ならんやと。老臣《らうしん》等《ら》益〻《ますく》如水《ぢよすゐ》の機略に服《ふく》せり。

三十七　如水の募兵

金穀の發出……浮浪の四聚……如水の寛大……收攬の妙味

如水《ぢよすゐ》の意《い》を出師《すゐし》に決《けつ》するや、須《しゆ》臾も躊躇《ちうちよ》せず。府庫《ふこ》の財《ざい》を發出《はつしゆつ》して、之《これ》を大書院《だいしよゐん》の中央《ちうあう》に山積《さんせき》し、勘定奉行《かんじやうぶぎやう》に告《つ》げて曰《いは》く、我《われ》平生《へいぜい》國用《こくよう》を節《せつ》し、多《おほ》く金穀《きんこく》を蓄《たくは》へたる所以《ゆゑん》のものは、緩急《くわんきふ》の需《もとめ》に應《おう》ぜんが爲《ため》なり。今《いま》や天下《てんか》の大亂《たいらん》は發《はつ》せり。此《この》財《ざい》を散《さん》じて、軍資《ぐんし》に充《あ》てなば、四方《はう》の討伐《とうばつ》何《なに》かあらん。將校士卒《しやうかうしそつ》の窮乏《きうはふ》なる者《もの》には、分《ぶん》に應《おう》じて。額《がく》を定《さだ》め一々之《これ》に支給《しきふ》す可《べ》しと。同時《どうじ》に檄《げき》を四方《はう》に傳《つた》へて曰《いは》く、吾軍《わがぐん》に從《したが》ひて。功名《こうみやう》を立《た》てんと欲《ほつ》する者《もの》は、其《そ》の浮浪《ふらう》たると農商《のうしやう》たるとを問《と》はず、來《きた》りて軍門《ぐんもん》に投《とう》ず可《べ》し。恩賞《おんしやう》は人々《ひと〴〵》の戰功《せんこう》に由《よ》り、地位《ちゐ》は個々《こゝ》の技能《ぎのう》に由《よ》らん。遲疑《ちぎ》して好機《かうき》を愆《あやま》ること勿《なか》れと。檄《げき》の一たび發《はつ》するや、遠近《ゑんきん》喧《けん》傳《でん》すらく、中津《なかつ》の老雄《らうゆう》龍驤《りうじやう》を思《おも》へり。其《そ》れ此《この》龍髯《りうぜん》に附攀《ふはん》して、以《もつ》て青雲《せいうん》の志《こゝろざし》を達《たつ》せよやと。輿望《よはう》は欝欝《うつ〳〵》、如水《ぢよすゐ》の一身《しん》に攅《あつ》まれり。瘦馬《やせうま》に騎《き》する者《もの》、弊甲《やぶれよろひ》を擐《めぐ》らす者《もの》、銹槍《さびやり》を擔《かつ》ぐ者《もの》、チヤンパタ刀《がたな》を橫《よこた》ふ者《もの》、中津《なかつ》の道上《だうじやう》に相望《あひのぞ》み、軍門《ぐんもん》日々《ひゞ》に市《いち》を爲《な》せり。既《すで》に到《いた》りて刺《し》を通《つう》じ。景附《けいふ》を請《こ》へば、奉行《ぶぎやう》の將校《しやうかう》出《い》でゝ接《せつ》し、簿《は》を按《あん》じて、着到《ちやくたう》を注《ちう》し、人每《ひとごと》に銀《ぎん》一枚《まい》を給與《きふよ》し、以《もつ》て其《その》行色《かうしよく》を壯《さかん》にせしむ。中《うち》に一人《にん》の陋劣《ろうれつ》なる者《もの》あり。兩日《りやうじつ》刺《し》を通《つう》じて、其《その》到着《たうちやく》を再録《さいろく》せしめ、由《よ》りて以《もつ》て銀《ぎん》二枚《まい》を貪取《どんしゆ》せり。奉行杉原《ぶぎやうすぎはら》一佐之《いちすけこれ》を捕《とら》へて、如水《ぢよすゐ》に稟《りん》し、裁《さい》を請《こ》ふ。如水斥《ぢよすゐしりぞ》けて曰《いは》く、爾《なんぢ》何《なん》ぞ事宜《じぎ》を解《かい》せざるの甚《はなはだ》しき。今《いま》の時《とき》に方《あた》りては、一人《にん》多《おほ》きを加《くは》ふれば、一人《にん》の得《とく》あり。今其《いまそ》れ一人《にん》を得《え》て、二人《にん》の聞《ぶん》あり。吾衆益〻勇躍《わがしゆうますますゆうやく》す可《べ》く、敵國益〻恐悸《てきこくますますきようき》す可《べ》し。且《か》つ其者《そのもの》來附《らいふ》する、身《しん》命《めい》を愛《をし》まず。我《われ》亦《また》何《なん》ぞ金銀《きんぐ》を惜《をし》まんや。免《ゆる》して之《これ》を問《と》ふこと勿《なか》れと。奉行《ぶぎやう》乃《すなは》ち旨《むね》を諭《さと》して縛《はく》を解《と》く。貪者《どんしや》且《か》つ慚《は》ぢ、且《か》つ悔《く》いて、感泣《かんきふ》恩《おん》を謝《しや》し、亦《また》遂《つひ》に忠勇《ちうゆう》の士《し》となれり。初《はじ》め如水《ぢよすゐ》の招徠《せうらい》に從事《じゆうじ》するや、四隣《りん》の敵國《てきこく》嗤《わら》ひていふ、設《たと》ひ其《その》衆《しゆう》千萬《まん》に達《たつ》すとも、是《こ》れ窮鬼《きうき》の齋《とき》に就《つ》くに異《こと》ならず。烏合《うがふ》の兵《へい》何《なん》ぞ用《もち》ふるに足《た》らんや。一戰《せん》に會《くわい》せば、忽《たちま》ち瓦《かわら》の如《ごと》く解《と》けんのみと。既《すで》にして如水此衆《ぢよすゐこのしゆう》を督《とく》して境《きやう》を出《い》づ。毎朝左右數人《まいてうさいうすうにん》を從《したが》へて、其《その》軍《ぐん》發程《はつてい》の前路《ぜんろ》に在《あ》り。新附《しんぷ》の衆《しゆう》の過《す》ぐるを目送《もくそう》しつゝ曰《いは》く、爾《なんぢ》は誰《たれ》とか爲《な》すや。曰《いは》く、爾《なんぢ》の面貌《めんばう》爲《な》すあるに似《に》たり。曰《いは》く、奮《ふる》ひて功名《こうめい》を博《はく》す可《べ》し。曰《いは》く、逡巡《しゆん〲》して人後《じんご》に落《お》つる勿《なか》れと。斯《か》くの如《ごと》くして朝又朝《あしたまたあした》を重《かさ》ね、由《よ》りて以《もつ》て士卒《しそつ》と相識《あひし》り由《よ》りて以《もつ》て勇怯《ゆうきよう》を察《さつ》す。衆皆《しゆうみな》相慶《あひけい》して曰《いは》く、主公《しゆこう》我《われ》を知《し》り、主《しゆ》公《こう》我《われ》に任《にん》ずと。一戰《せん》を經《へ》來《きた》れば、新舊《しんきう》を論《ろん》ぜず。功《こう》ある者《もの》は之《これ》を進《すゝ》め、功《こう》なき者《もの》は之《これ》を斥《しりぞ》く。衆亦《しゆうまた》相慶《あひけい》して曰《いは》く、主《しゆ》を得《う》ること斯《か》くの如《ごと》し。此公《このこう》に從《したが》ひて功名《こうめい》を立《た》てざれば、其《そ》れ誰《たれ》とか與《とも》にせんやと。人々《じん〲》奮《ふる》ひて戰《たゝかひ》に力《つと》む。是《これ》を以《もつ》て烏合《うがふ》と目《もく》せられたる新附《しんぷ》の壯兵《さうへい》、未《いま》だ旬月《じゆんげつ》を出《い》でざるに、早《はや》くも馳突《ちとつ》無前《ぶぜん》の義勇《ぎゆう》軍《ぐん》とはなれり。吁《あゝ》之《これ》を用《もち》ふれば、鼠《ねずみ》も虎《とら》となり、用《もち》ひざれば、虎《とら》も鼠《ねずみ》となる。今日《こんにち》一藩閥《はんばつ》の力《ちから》を頼《たの》みて、天下《てんか》の民《たみ》を踈外《そぐわい》し、國勢《こくせい》の振興《しんこう》を思《おも》はざる者《もの》、如水《ぢよすゐ》に睹《み》て、其《そ》れ愧死《きし》す可《べ》きのみ。

三十八　豊後の諸城

如水の密偵……杵築の救護

剛《がう》も茹《くら》はず、柔《じう》も吐《は》かずとは、其《そ》れ如水《ぢよすゐ》の謂《いひ》なる歟《か》。彼《かれ》は既《すで》に一方《はう》には策《さく》を進攻《しんこう》に決《けつ》し、本城《ほんじやう》の工事《こうじ》を停止《ていし》して、盛《さかん》に出師《すゐし》を準備《じゆんび》しつゝ、更《さら》に一方《はう》には封境《ほうきやう》に在《あ》る高森《たかもり》・感田《かんだ》・高岳《たかをか》等《とう》の諸城《しよじやう》を修繕《しうぜん》せしめ、敵《てき》をして一歩《ほ》も封内《ほうない》に蹊入《ふみい》らざらしめんと期《き》せり。既《すで》にして如水《ぢよすゐ》の夫人《ふじん》櫛橋氏《くしはしし》、長政《ながまさ》の新夫人《しんふじん》保科氏《ほしなし》と大阪《おほさか》を脱《だつ》して逃《のが》れ帰《かへ》るに會《くわい》せり。如水《ぢよすゐ》喜《よろこ》びて曰《いは》く、是《こ》れ寔《まこと》に慶幸《けいかう》なりと。

城下《じやうか》の市《し》民《みん》に命《めい》じて華《くわ》車《しや》を出《いだ》して祝《しゆく》せしむ。市《し》民《みん》千百群《ぐん》を成《な》し、日《ひ》に歌《か》舞《ぶ》して城《じやう》に入《い》る。如《ぢよ》水《すゐ》之《これ》を觀《み》て怡《い》々如《ぢよ》たり。其《その》狀《じやう》恰《あだか》も大《たい》難《なん》の前《まへ》に迫《せま》れるを知《し》らざる者《もの》の如《ごと》し。蓋《けだ》し如《ぢよ》水《すゐ》は是《これ》を用《もち》ひて、外《ほか》には急《きふ》に出《すゐ》師《し》の意《い》なきを示《しめ》し、内《うち》には大《おほい》に人《じん》心《く》を安《あん》慰《ゐ》喜《き》悦《えつ》せしめしなり。

是《この》時《とき》に當《あた》りて、南《なん》隣《りん》の豐《ぶん》後《ご》を顧《かへり》みれば、牧《ほく》伯《はく》の藩《はん》封《ほう》棊《き》布《ふ》したり。其《その》城《じやう》砦《さい》及《および》城《じやう》主《しゆ》を擧《あ》ぐれば、

高田城	西國東郡	竹中伊豆守隆重
富《とみ》來《く》城	東國東郡	垣見和泉守一直
安《あ》岐《き》城	同上	熊谷内藏允直盛
杵《き》築《づき》城	速見郡 長岡忠興所管	（松井佐渡康之城代 有吉四郎右衞門立行）

府内《ふない》城	大分郡 今の大分	早川主馬首長政
臼杵《うすき》城	北海部郡	太田飛騨守一吉
佐伯《さへき》城	南海部郡	毛利民部太輔高政
竹田城	直入郡	中川修理亮秀成
角牟禮《つのむれ》城	玖珠郡 今の森	毛利高政所管
日隈《ひぐま》城	日田郡 今の日隈	同

中《なか》に就《つ》き、富來城主《とみくのじやうしゆ》垣見一直《かきみかずなほ》、安岐城主《あきのじやうしゆ》熊谷直盛《くまがやなほもり》、佐伯《さへき》・角牟禮《つのむれ》・日隈《ひぐま》の城主《じやうしゆ》毛利高政《まうりたかまさ》は夙《つと》に西軍《せいぐん》に屬《ぞく》して、大垣《おほがき》の軍中《ぐんちう》に在《あ》り。府内城主早川長政《ふないのじやうしゆはやかはながまさ》。臼杵城主太田一吉《うすきのじやうしゆおほたかずよし》も亦《また》西軍黨《せいぐんたう》にして、殊《こと》に長政《ながまさ》は長岡幽齋《ながをかいうさい》が嬰守《えいしゆ》せる田邊城《たなべじやう》の攻圍軍《こうゐぐん》に加《くは》はれり。而《しか》して高田城主竹中高重《たかたのじやうしゆたけなかたかしげ》は曩《さき》に如水《ぢよすゐ》に激勵《げきれい》せられたるにも關《かゝ》はらず、竊《ひそか》に形勢《けいせい》を觀望《くわんばう》し、竹田城主中川秀成《たけだのじやうしゆなかがはひでなり》も亦未《またいま》だ去就《きよしう》を決《けつ》せず。

是《これ》を以《もつ》て豐後《ぶんご》の州内《しうない》にて東軍《とうぐん》に屬《ぞく》するものは、獨《ひと》り長岡《ながをか》忠興《たゞおき》の所管《しよくわん》せる杵築《きづき》の一城《じやう》これあるのみ。

一日《じつ》如水《ぢよすゐ》は封境《ほうきやう》の固《かため》を檢閲《けんえつ》すと稱《しよう》し、漁艇《ぎよてい》に搭《たふ》じて出《い》で、先《ま》づ垣見《かきみ》一直《かずなほ》が富來城《とみくじやう》の濱海《ひんかい》を過《す》ぎ、轉《てん》じて熊谷《くまがや》直盛《なほもり》が安岐城《あきじやう》の沿岸《えんがん》を航《かう》して、熟ゝ《つら〳〵》兩城《りやうじやう》の形勢《けいせい》を偵察《ていさつ》し、而《しか》る後《の》ち長岡《ながをか》忠興《たゞおき》所管《しよくわん》の杵築城下《きづきじやうか》に抵《いた》り、城代《じやうだい》松井《まつゐ》康之《やすゆき》・有吉《ありよし》立行《たてゆき》に會《くわい》し、其《その》防衞《はうゑい》如何《いかん》と問《と》ふ。二人《にん》喜《よろこ》び導《みちび》きて、城内《じやうない》を巡視《じゆんし》せしむ。如水《ぢよすゐ》一々戰備《せんび》を指示《しじ》し、緩急赴援《くわんきふふえん》を約《やく》して歸《かへ》れり。

是《これ》より先《さ》き、大谷吉繼《おほたによしつぐ》は書《しよ》を杵築《きづき》に贈《おく》り、西軍《せいぐん》に應《おう》せんことを勸《すゝ》む。康之《やすゆき》答《こた》へず。之《これ》を如水《ぢよすゐ》及《および》加藤《かとう》清正《きよまさ》に報《はう》じ、一意《い》防衞《はうゑい》に從事《じゆうじ》せり。是《これ》に由《よ》りて如水《ぢよすゐ》此行《このかう》あり。既《すで》にして西軍《せいぐん》の諸將《しよしやう》は相議《あひぎ》して、臼杵《うすき》の城主《じやうしゆ》太田《おほた》一吉《かずよし》が一子《し》一成《かずなり》に命《めい》じ、之《これ》を大阪《おほさか》より下《くだ》し、杵築城《きづきじやう》を收《をさ》めしむ。一成《かずなり》乃《すなは》ち歸《かへ》り、八月十三日使《つかひ》を杵築《きづき》に遣《つかは》し、毛利《まうり》輝元《てるもと》等の書《しよ》を示《しめ》して、輸城《しゆじやう》を求《もと》めたるも、亦《また》應《おう》せず。是《これ》に於《おい》て一成《かずなり》は其父《そのちゝ》一吉《かずよし》と倶《とも》に兵《へい》を發《はつ》し、夜半《やはん》船《ふね》を深江《ふかえ》に泊《はく》し、明朝《みやうてう》將《まさ》に上陸《じやうりく》して附近《ふきん》の舊城《きうじやう》を占領《せんりやう》し、以《もつ》て杵築《きづき》に迫《せま》らんとす。康之《やすゆき》偵知《ていち》して、急《きふ》に舊城《きうじやう》を毀《こぼ》ちたれば、果《はた》さずして退軍《たいぐん》せり。時《とき》に康之等《やすゆきら》の室《しつ》大阪《おほさか》に在《あ》り。奉行等《ぶぎやうら》之《これ》を質《ち》とし、更《さら》に書《しよ》を與《あた》へて誘降《いうかう》したるも、康之等《やすゆきら》亦《また》應《おう》せず。急《きふ》を如水《じよすゐ》及《および》清正《きよまさ》に報《はう》ず。如水《じよすゐ》は乃《すなは》ち砲《はう》三門《もん》を遺《おく》り、清正《きよまさ》も亦《また》糧食《りやうしよく》彈藥《だんやく》若干《じやくかん》を贈《おく》りて、其防《そのはう》備《び》を助《たす》く。是《これ》に至《いた》りて戰雲《せんうん》漠々《はく〳〵》。先《ま》づ南豐《なんほう》の分野《ぶんや》に横《よこた》はれり。

三十九　大友義統の西下

大友義統の西下……如水の南征

前豐後國主《さきのぶんごのこくしゆ》大《おほ》友《とも》左兵衛督《さひやうゑのかみ》義統《よしむね》は、征韓《せいかん》の役《えき》に從軍《じゆうぐん》し、怯懦《きようだ》に坐《ざ》して除封《ぢよほう》せられ、久《ひさ》しく安藝《あき》に幽居《いうきよ》せり。今回《こんくわい》の事發《ことはつ》するに及《およ》び。毛利《まうり》輝元《てるもと》、五奉行《ぶぎやう》と相議《あひぎ》し、秀頼《ひでより》の命《めい》と稱《しよう》して、舊封《きうほう》に復《ふく》し、鞍馬《あんば》百頭《とう》・甲冑《かつちう》百領《りやう》・長槍《ちやうさう》百本《ぽん》・銃《ぢう》三百挺《ちやう》・白銀《はくぎん》三千枚《まい》を給《きふ》して、豐後《ぶんご》に入《い》らしむ。如水《ぢよすゐ》設置《せつち》する所《ところ》の鞆津《とものつ》の哨船《せうせん》馳《はせ》來《きた》りて、其《そ》の將《まさ》に長門《ながと》より豐後《ぶんご》に入《い》らんとするを報《はう》ず。如水《ぢよすゐ》即《すなは》ち其臣《そのしん》宇治《うぢ》勘《かん》七に大友《おほとも》の舊臣《きうしん》大神《おほが》大學《だいがく》を副《そ》へて、上關《かみのせき》に遣《つか》はし、義統《よしむね》に見《まみ》えて、其《そ》の復封《ふくほう》を賀《が》し、且《か》つ東西《とうざい》の優劣《いうれつ》と由來《ゆらい》の情誼《じやうぎ》とを歴陳《れきちん》し心《こゝろ》を飜《ひるが》へして東軍《とうぐん》に屬《ぞく》せんことを勸《すゝ》めしむ。蓋《けだ》し如水《ぢよすゐ》の意《い》は、能《あた》ふ可《べ》くば、之《これ》を說諭《せつゆ》して、吾軍《わがぐん》に屬《ぞく》せしめ、若《も》し聽《き》かざれば其軍情《そのぐんじやう》を偵察《ていさつ》して、之《これ》に對《たい》する方略《はうりやく》に資《し》せんと欲《ほつ》するに在《あ》り。時《とき》に義統《よしむね》は輝元《てるもと》等の旨《むね》を承《う》け、豐後《ぶんご》の七黨《たう》及《および》豐前小倉《ぶぜんこくら》の毛利氏《まうりし》と相聯《あひつら》なり、南北《なんぼく》より中津《なかつ》に迫《せま》り、一擧《きよ》如水《ぢよすゐ》を討滅《とうめつ》せんと欲《ほつ》す。故《ゆゑ》に依違《いゐ》して其意《そのい》を明言《めいげん》せず。二使《し》を謝《しや》して遣《や》り歸《かへ》し、九月八日海《うみ》に航《かう》して豐後《ぶんご》の大畠《おほはたけ》に達《たつ》し、檄《げき》を遠近《ゑんきん》に傳《つた》ふ。是《これ》に於《おい》て田原紹忍《たはらぜうにん》、親堅《ちかかた》、宗像掃部《むねかたかもん》、鎭次《しげつぐ》は竹田《たけだ》より、其他舊臣《そのたきうしん》の四方《はう》に潜伏《せんぷく》する者《もの》相率《あひひき》ゐて來會《らいくわい》し、土民《どみん》も亦《また》舊主《きうしゆ》の復封《ふくほう》を歡迎《くわんげい》したれば、忽《たちま》ちにして衆《しゆう》二千に達《たつ》せり。義統《よしむね》大《おほい》に喜《よろこ》び、九日速見郡《はやみぐん》に上陸《じやうりく》し、進《すゝ》みて立石《たていし》今の立石南こ據《よ》る。此地《このち》鶴見嶽《つるみたけ》の東麓《とうろく》に在《あ》りて、北《きた》に石垣原《いしがきはる》の廣野《くわうや》を控《ひか》へ、最《もつと》も險要《けんえう》と稱《しよう》せらる。義統《よしむね》既《すで》に旗《はた》を此地《このち》に樹《た》て、翌《よく》十、日には吉弘統幸《よしひろむねゆき》等をして杵築城《きづきじやう》に逼《せま》らしむ。其聲《そのせい》勢頗《すこぶ》る振《ふる》へり。

是《これ》より先《さ》き、如水《ぢよすゐ》遣《つか》はす所《ところ》の二使《し》、歸《かへ》り來《きた》りて、義統《よしむね》の答旨《たふし》を復《ふく》す。如水《ぢよすゐ》曰《いは》く、善《よ》し、先《ま》づ迎撃《げいげき》して義統《よしむね》を取《と》らんと。九、日を以《もつ》て全軍雷發《ぜんぐんらいはつ》の期《き》と定《さだ》む。老臣《らうしん》又《また》諫《いさめ》て曰《いは》く、中原《ちうげん》の大勢《たいせい》未《いま》だ定《さだ》まらざるに、本城《ほんじやう》を空《むなし》くして、軍《ぐん》を出《いだ》したまふは、事《こと》早計《さうけい》に幾《ちか》く、加之《しかのみならず》、九、日は凶日《きようじつ》なり。寧《むし》ろ暫《しばら》く其期《そのき》を緩《ゆる》め、上國《じやうこく》最後《さいご》の報《はう》を待《ま》ち、而《しか》る後《の》ち攻守《こうしゆ》を決《けつ》せられんは、豈《あに》萬全《ばんぜん》の道《みち》には非《あら》ずやと。如水《ぢよすゐ》頭《とう》を掉《ふる》ひて曰《いは》く、徒《いたづ》らに上國《じやうこく》最後《さいご》の報《はう》を待《ま》たば、大《だい》事《じ》は定《さだ》まり、好機は逸去《いつきよ》せん。且《か》つ夫《そ》れ今《いま》の秋《とき》に當《あた》り、坐《ざ》して其報《そのはう》を待《ま》ち、而《しか》る後《の》ち攻守《こうしゆ》を決《けつ》せん乎《か》、內府《ないふ》之《これ》を何《なに》とか謂《い》はん。爾等《なんぢら》如水《ぢよすゐ》に觀望《くわんばう》の誹《そしり》を貽《のこ》さんとする歟《か》。兵《へい》は元《もと》危《き》道《だう》なり。日《ひ》の吉凶何《きつきようなに》かあらん。凶日《きようじつ》を畏《おそ》るゝ者《もの》は、遺《のこ》りて城《しろ》に留《とゞ》まる可《べ》し。如水《ぢよすゐ》は即《すなは》ち發《はつ》せんのみと。母里《ほり》太兵衛《たへゑ》友信《とものぶ》剛直《がうちよく》を以《もつ》て部下《ほうか》に鳴《な》る。如水《ぢよすゐ》の言《げん》を聽《き》き、目《め》を瞋《いか》らして曰《いは》く、臣等《しんら》忠貞《ちうてい》を思《おも》ふが故《ゆゑ》に、所思《しよし》を披瀝《ひれき》したるのみ。誰《たれ》か凶日《きようじつ》を畏《おそ》れ、主《しゆ》を棄《す》てゝ省《かへり》みざる者《もの》あらんや。公《こう》の放言《はうげん》したまふも、亦太《またはなは》だ甚《はなはだ》しからずやと。口角《こうかく》沫《あわ》を吐《は》く。如水《ぢよすゐ》聽《き》かざる爲《まね》して、先《ま》づ盃《はい》を友信《とものぶ》に屬《しよく》し、順《じゆん》を以《もつ》て列坐《れつざ》の將士《しやうし》に賜《たま》ふ。出兵《しゆつぺい》の議《ぎ》立《た》ちどころに決《けつ》し、一軍《ぐん》踊躍《ようやく》せざる無《な》し。如水《ぢよすゐ》乃《すなは》ち其軍《そのぐん》を分《わか》ちて八隊《たい》と爲《な》す。母里《ほり》太兵衛《たへゑ》友信《とものぶ》は第《だい》一隊《たい》。黒田《くろだ》兵庫助《ひやうごのすけ》利高《としたか》等《ら》は第《だい》二隊《たい》。栗山《くりやま》四郎《らう》右衛門《ゑもん》利安《とし》等《やすら》は第《だい》三隊《たい》。井上《ゐのうへ》九郎《らう》右衛門《ゑもん》は第《だい》四隊《たい》。野村《のむら》市右衛門《いちゑもん》等《ら》は第《だい》五隊《たい》。母里《ほり》與《よ》三兵衛《びやうゑ》等《ら》は第《だい》六隊《たい》。久野《ひさの》次左衛門《じざゑもん》等《ら》は第《だい》七隊《たい》に長《ちやう》たり。而《しか》して如水自《ぢよすゐみづか》ら麾下《きか》一隊《たい》を率《ひき》ゆ。其兵《そのへい》新舊《しんきう》を合《がつ》して九千餘人《よにん》、號《がう》して衆《しゆう》一萬《まん》と稱《しよう》す。九日を以《もつ》て中津《なかつ》を發《はつ》す。如水《ちよすゐ》之《これ》を郊外《かうぐわい》に閱《けみ》し、揚言《やうげん》して曰《いは》く、治部《ぢぶ》や内府《ないふ》の敵《てき》に非《あら》ず。其軍《そのぐん》多《おほ》しと雖《いへど》も、烏合《うがふ》の衆《しゆう》のみ。終《つひ》に能《よ》く何《なに》をか爲《な》さん。吾此行《わがこのかう》先《ま》づ豐《ぶん》後《ご》の城邑《じやういふ》を降《くだ》し、兵《へい》を移《うつ》して九州《しう》を平定《へいてい》し、而《しか》る後《の》ち旗《はた》を中原《ちうげん》に進《すゝ》めんこと、斯方寸《このはうすん》の裏《うち》に在《あ》り。大友義統《おほともよしむね》が如《ごと》き、徒手《としゆ》にして生擒《せいきん》せんのみと。意氣《いき》早《はや》く九州《しう》を呑《の》めり。

四十　如水の南征

高田城の制定……杵築城の救援

實數《じつすう》九千餘《よ》、號稱《がうしよう》一萬《まん》の如水軍《ちよすゐぐん》は、九日を以《もつ》て中津《なかつ》を發《はつ》し、十日の朝《あした》、堂々《だう／＼》として竹中《たけなか》伊豆守《いづのかみ》隆重《たかしげ》が高田城《たかたじやう》を壓《あつ》したり。是《これ》より先《さ》き兩月《りやうげつ》、如水《ぢよすゐ》は隆重《たかしげ》の中津《なかつ》に來遊《らいいう》したるを機《き》とし、之《これ》を諭《さと》して遣《や》り歸《かへ》し、東軍《とうぐん》の爲《ため》に戰備《せんび》を修《をさ》めしめたるも、東西《とうざい》の優劣《いうれつ》未《いま》だ判《はん》せざれば、小藩《せうはん》の隆重《たかしげ》は形勢《けいせい》を觀望《くわんばう》して、敢《あへ》て動《うご》かず。是《これ》に於《おい》て如水《ぢよすゐ》は大軍《たいぐん》を城《しろ》の附近《ふきん》に駐《とゞ》め、使《つかひ》を遣《つか》はし、兵《へい》を率《ひき》ゐて來會《らいくわい》せんことを促《うなが》せり。隆重《たかしげ》心《こゝろ》に遲疑《ちぎ》を抱《いだ》き、兵《へい》を整《とゝの》へて、而《しか》る後《の》ち出《い》でゝ軍《いくさ》に參加《さんか》せんと答《こた》ふ。如水《ぢよすゐ》曰《いは》く、果《はた》して然《しか》らば隆重《たかしげ》の向背《かうはい》未《いま》だ知《し》れざるなり。向背《かうはい》未《いま》だ知《し》れざるの城守《じやうしゆ》を放却《はうきやく》し、進《すゝ》みて敵地《てきち》に入《い》るを得《え》んや。先《ま》づ此城《このしろ》を蹂藉《じうせき》し、以《もつ》て軍後《ぐんご》を靖《やす》んず可《べ》きのみと。旌旗《せいき》をして城《しろ》に向《むか》はしむ。隆重《たかしげ》大《おほい》に懼《おそ》れ、猝《にはか》に其長子《そのちやうし》采女正重義《うねめのしやうしげよし》に命《めい》じ、兵《へい》二百餘人《よにん》と倶《とも》に、出《い》でゝ軍《いくさ》に從《したが》はしむ。是《これ》に於《おい》て未《いま》だ一兵《へい》に衂《ちぬ》らずして、豐後《ぶんご》の十城中《じやうちう》、先《ま》づ第《だい》一城《じやう》を徇《とな》へたり。

此夜《このよ》如水《ぢよすゐ》は赤根《あかね》嶺《たうげ》に軍《ぐん》す。會《たま〳〵》松井《まつゐ》康之《やすゆき》が使《つかひ》馳來《はせきた》りて、杵築《きづき》の急《きふ》を告《つ》ぐ。即《すなは》ち井上《ゐのうへ》九郎《らう》右衛《ゑ》門《もん》・野村《のむら》市右衛門《いちゑもん》・久野《ひさの》次左衛門《じざゑもん》・母里《ぼり》與《よ》三兵衛《べゑ》等《ら》が三隊《たい》を分《わか》ちて赴援《ふえん》し、次《つ》ぎて立石《たていし》に迫《せまら》しめ、翌《よく》十一日如水《ぢよすゐ》は自《みづか》ら進《すゝ》みて垣見《かきみ》和泉守《いづみのかみ》一直《かずなほ》が富來城《とみくじやう》を圍《かこ》めり。城代《じやうだい》覚《かけひ》利《り》右《ゑ》衛門《もん》直延《なほのぶ》は一直《かずなほ》が兄《あに》なり。城兵《じやうへい》を督勵《とくれい》して、死守《ししゆ》を期《き》せり。如水《ぢよすゐ》謂《おも》へらく、此城《このしろ》を力取《りよくしゆ》せんと欲《ほつ》すれば、旬日《じゆんじつ》を要《えう》す可《べ》し。此間《このあひだ》義統《よしむね》を放《はな》ちて、其《そ》の爲《な》す所《ところ》に委《まか》せん乎《か》、豐後《ぶんご》は大友《おほとも》世《よ》々の舊封《きうほう》なり。兵衆日《へいしゆうひ》に加《くは》はらん。今《いま》に於《おい》て彼《かれ》を掩取《えんしゆ》せば、本城《ほんじやう》の如《ごと》き戰《たゝか》はずして自《おのづか》ら降《くだ》らんのみと。乃《すなは》ち圍《かこみ》を解《と》き、鋒《ほこさき》を轉《てん》じて南進《なんしん》せり。

十二日進《すゝ》みて熊谷《くまがや》内藏介《くらのすけ》直盛《なほもり》が安岐城《あきじやう》の附近《ふきん》に到《いた》りて、今夜《こんや》此《こゝ》に露《ろ》營《えい》せり。城兵《じやうへい》出でゝ、戰《たゝかひ》を挑《いど》む。如水《ぢよすゐ》衆《しゆう》を警《いまし》めて、與《とも》に爭《あらそ》はず。栗山《くりやま》四郎《らうゑ》右衞門《もん》利安《としやす》を召《め》し、命《めい》じて曰《いは》く、安岐《あき》の城兵《じやうへい》甚《はなは》だ騷《さわ》げり。明朝《みやうてう》吾營《わがえい》を撤《てつ》しなば、必《かな》らず出《い》でゝ尾擊《びげき》せん。爾《なんぢ》一隊《たい》を道傍《だうはう》に伏《ふ》せ、其出《そのい》でゝ爭《あらそ》ふを待《ま》ち、掩《おほ》ひて之《これ》を取《と》る可《べ》しと。翌《よく》十三日の拂曉《ふつげう》、營《えい》を拔《ぬ》きて、亦南進《またなんしん》す。城兵《じやうへい》果《はた》して追尾《つゐび》し來《きた》る。利安《としやす》が伏篁《ふくくわう》裏《り》より發《はつ》し、其不意《そのふい》を襲《おそ》ひて之《これ》を破《やぶ》り、首《くび》を獲《う》ること四十八級《きふ》。而《しか》る後《のち》兵《へい》を收《をさ》めて、本軍《ほんぐん》に合《がつ》せり。

是《これ》より先《さ》き、井上《ゐのうへ》・野村《のむら》・母里《ぼり》等《ら》の赴《ふ》援隊《えんたい》は、間道《かんだう》より杵築《きづき》に到《いた》る。大友《おほとも》の兵《へい》之《これ》を諜知《てふち》し、引《ひ》きて去《さ》る。杵《き》築《づき》の城代《じやうだい》松井《まつゐ》佐渡《さど》康之《やすゆき》・有《あり》吉《よし》四郎《らうゑ》右衞門《もん》立行《たてゆき》大《おほい》に喜《よろこ》び、城兵《じやうへい》二百餘《よ》人《にん》を率《ひき》ゐ、出《い》でゝ吾赴《わがふ》援隊《えんたい》に合《がつ》したり。是《これ》に於《おい》て豐後《ぶんご》の十城中《じやうちう》、其《その》第二城も亦《また》如水《ぢよすゐ》の節度《せつど》に歸《き》せり。

赴《ふ》援《えん》隊《たい》は即《すなは》ち時《とき》を移《うつ》さず、其衆《そのしゆう》三千餘《よ》人《にん》を勒《ろく》し、立石《たていし》を攻《せ》めんと欲《ほつ》し、進《すゝ》みて實相寺山《じつさうじやま》に抵《いた》れり。義統《よしむね》の部下《ぶか》第《だい》一の驍將《げうしやう》吉弘《よしひろ》嘉兵衛《かへゑ》統幸《むねゆき》之《これ》を聞《き》き、兵《へい》を分《わか》ちて三隊《たい》と爲《な》し、亦《また》立石《たていし》を發《はつ》す。立石《たていし》、實相寺山《じつさうじやま》と相距《あひさ》ること約《やく》一里許《りばかり》、其中間《そのちうかん》に險惡無比《けんあくむひ》なる石垣原《いしがきはる》の曠野《くわうや》あり。兩軍《りやうぐん》は端《はし》なく此地《このち》に於《おい》て衝突《しようとつ》し、爰《こゝ》に著名《ちよめい》なる石垣原《いしがきはる》の戰《たゝかひ》とはなれり。

四十一　石垣原の血戰

吉弘統幸の忠勇……黒田大友兩軍の對抗

吉弘嘉兵衛統幸《よしひろかへゑむねゆき》は大友氏《おほともし》の宿將《しゆくしやう》なり。驍名《げうめい》夙《つと》に諸侯《しよこう》に聞《きこ》ゆ。義統《よしむね》の除封《ぢよほう》せらるゝや、江湖《こうこ》に放浪《はうらう》し、一時《じ》如水《ぢよすゐ》に寄《よ》れり。如水《ぢよすゐ》其《その》臣《しん》井上《ゐのうへ》九郎《らう》右《ゑ》衞《も》門《ん》に命《めい》じて善《よ》く之《これ》を遇《ぐう》せしむ。立《たち》花《はな》宗《むね》茂《しげ》は統《むね》幸《ゆき》と從兄弟《じゆうけいてい》の誼《ぎ》あり。乃《すなは》ち之《これ》を柳河《やながは》に招《まね》き、二千石《こく》を給《きふ》して、客待《きやくたい》せり。居《を》ること數《すう》年《ねん》にして東《とう》西《ざい》の爭《さう》端《たん》は發《はつ》す。統《むね》幸《ゆき》謂《おも》へらく、義《よし》統《むね》怯懦《きようだ》、爲《な》すあるに足《た》らざるも、幸《さいはひ》に嗣《し》子《し》義《よし》延《のぶ》の關東《くわんとう》に在《あ》るあり。今《いま》や天《てん》下《か》の大《たい》難《なん》は發《はつ》せり。義《よし》延《のぶ》を助《たす》けて、内《ない》府《ふ》に應《おう》じ、以《もつ》て主《しゆ》家《か》を再《さい》興《こう》す可《べ》しと。入《い》りて之《これ》を宗《むね》茂《しげ》に告《つ》ぐ。宗《むね》茂《しげ》深《ふか》く之《これ》を義《ぎ》とし、多《おほ》く資《し》を與《あた》へ、去《さ》りて上國《じやうこく》に赴《おもむ》かしむ。統《むね》幸《ゆき》意《い》氣《き》に感《かん》じて傳《でん》家《か》の名《めい》刀《たう》を献《けん》じて別《べつ》を留《とゞ》む。宗《むね》茂《しげ》亦《また》佩《はい》刀《たう》を脱《だつ》し、贈《おく》りて之《これ》に答《こた》へたり。既《すで》に發《はつ》す。途《みち》にして義《よし》統《むね》西《せい》軍《ぐん》に應《おう》じ、舊《きう》封《ほう》に歸《かへ》りて兵《へい》を擧《あ》げんとするを聞《き》き、往《ゆ》きて之《これ》に見《まみ》え、諫《いさ》めて曰《いは》く、今《いま》や東《とう》西《ざい》相《あひ》對《たい》し、勢《せい》聲《〱》相《あひ》當《あた》れりと雖《いへど》も、内《ない》府《ふ》の英略《えいりやく》天下《てんか》に敵《てき》なし。行《ゆく》々《〱》東《とう》軍《ぐん》の捷《かち》に歸《き》せんのみ。且《か》つ今《いま》郎《らう》君《くん》は東《ひがし》に在《あ》り。

盍ぞ其圖《そのと》を改《あらた》めて内府《ないふ》に應《おう》じ、傾廢《けいはい》の公家《こうか》を再興《さいこう》したまはざると。義統《よしむね》聽《き》かず。統幸《むねゆき》退《しりぞ》きて嘆《たん》じて曰《いは》く、嗟是《あゝこ》れ天《てん》の大友氏《おほともし》を亡《ほろ》ぼすの秋歟《ときか》。世主《せいしゆ》の亡《はう》に就《つ》くを睹《み》ながら、之《これ》を棄《す》てゝ東《ひがし》するは義《ぎ》に非《あら》ずと。終《つひ》に倶《とも》に西下《せいか》せり。既《すで》にして如水《ぢよすゐ》の書使《しよし》到《いた》り、義統《よしむね》の飜應《ほんおう》を促《うなが》す。統幸《むねゆき》又之《またこれ》を賛《さん》して曰《いは》く、如水氏《じよすゐし》舊《きう》あり。今《いま》其來意《そのらいい》亦欵懇《またくわんこん》なり。宜《よろし》く之《これ》に從《したが》ひたまふべし。否《しか》らざれば、公家《こうか》の運命《うんめい》爰《こゝ》に盡《つ》きんと。義統《よしむね》亦斷《まただん》ぜず。統幸《むねゆき》一死《し》以《もつ》て家國《かこく》に殉《じゆん》せんと決《けつ》せり。宗像掃部《むねかたかもん》鎭次《しげつぐ》も又大友氏《またおほともし》の宿將《しゆくしやう》なり。竹田《たけだ》より來《きた》りて軍《ぐん》に會《くわい》し、亦統幸《またむねゆき》と志《こゝろざし》を同《おな》じくせり。十三日中津《なかつ》の一軍來《ぐんきた》り迫《せま》ると聞《き》くや、統幸《むねゆき》は即時部下《そくじほうか》の兵《へい》九百を分《わか》ちて三隊《たい》と爲《な》し、心《こゝろ》に惡戰《あくせん》を盟《ちか》ひて以《もつ》て出《い》づ。餘衆之《よしゆうこれ》に從《したが》ひ、立石《たていし》より石垣原《いしがきはる》に進《す》む。

吾《わが》別《べつ》軍《ぐん》の實《じつ》相《さう》寺《じ》山《やま》に到《いた》れるものも、亦《また》分《わか》れて三隊《たい》となり、母《ほ》里《り》與《よ》三兵《べ》衞《ゑ》時《とき》枝《えだ》平《へい》太《だ》夫《いふ》は第《だい》一前《ぜん》隊《たい》を率《ひき》ゐ、久《ひさ》野《の》次《じ》左《ざ》衞《ゑ》門《もん》・曾《そ》我《が》部《べ》五右《ゑ》衞《も》門《ん》は第《だい》二前《ぜん》隊《たい》を率《ひき》ゐて、其《その》後《あと》に次《つ》ぎ、井《ゐの》上《うへ》九郎《らう》右《ゑ》衞《も》門《ん》が部《ぶ》隊《たい》は野《の》村《むら》市《いち》右《ゑ》衞《も》門《ん》・後《ご》藤《とう》太《た》郎《らう》助《すけ》基次の長子が部《ぶ》隊《たい》と相《あひ》合《がつ》し、本《ほん》隊《たい》を作《つく》りて、亦又《また〳〵》其《その》後《うしろ》に續《つゞ》き、井《ゐの》上《うへ》九郎《らう》右《ゑ》衞《も》門《ん》全《ぜん》軍《ぐん》の司《し》令《れい》に當《あた》り、北《きた》より石《いし》垣《がき》原《はる》へと進《すゝ》む。而《しか》して松《まつ》井《ゐ》佐《さ》渡《ど》康《やす》之《ゆき》・有《あり》吉《よし》四郎《らう》右《ゑ》衞《も》門《ん》立《たて》行《ゆき》が所《しよ》率《そつ》の二百人《にん》は豫《よ》備《び》隊《たい》となり、實《じつ》相《さう》寺《じ》山《さん》下《か》の丘《きう》上《じやう》に在《あ》りて、吾《わが》軍《ぐん》の策《さく》應《おう》に備《そな》へたり。此《この》戰《たゝかひ》たる、南《なん》豐《ほう》形《けい》勢《せい》の判《わか》るゝ所《ところ》。如《ぢよ》水《すゐ》擧《きよ》兵《へい》の目《もく》的《てき》を達《たつ》すると否《しか》らざると、其《そ》の關《くわん》する所《ところ》のもの大《だい》なれば、我《が》軍《ぐん》の將《しやう》卒《そつ》も亦《ま》た血《けつ》戰《せん》を期《き》せり。是《この》時《とき》に當《あた》りて、如《ぢよ》水《すゐ》の統《とう》率《そつ》する本《ほん》軍《ぐん》は、纔《わづか》に安《あ》岐《き》の城《じやう》下《か》を離《はな》れ、戰《せん》場《ぢやう》を距《さ》ること尚《なほ》數《すう》里《り》の外《ほか》に在《あ》り。之《これ》に反《はん》して義《よし》統《かね》の根《こん》據《きよ》とせる立《たて》石《いし》は、一里《り》以《い》内《ない》に在《あ》り。故《ゆゑ》に今《いま》や石垣原《いしがきはる》に衝突《しようとつ》せる兵數《へいすう》のみより算《さん》すれば、中津《なかつ》軍《ぐん》優勢《いうせい》なるも、義統《よしむね》にして其衆《そのしゆう》を盡《つく》し、出《い》でゝ會《くわい》すれば、兩軍《りやうぐん》の勢力《せいりよく》は一變《べん》し、勝敗《しようはい》未《いま》だ知《し》る可《べ》からず。兩軍《りやうぐん》共《とも》に速戰《そくせん》の利《り》を思《おも》へり。

四十二　同

黒田軍ニ前隊の敗北……最後の勝利……統幸の戰死

兩軍《りやうぐん》既《すで》に石垣原《いしがきはる》に會《くわい》す。吉弘統幸《よしひろむねゆき》先《ま》づ輕兵《けいへい》を發《はつ》して、吾軍《わがぐん》を誘《いざな》はしむ。母里《ぼり》與《よ》三兵衛《べゑ》・時枝《ときえだ》平太夫《へいだいふ》第一前隊《ぜんたい》を進《す》めて之《これ》を擊《う》つ。南兵《なんぺい》且《か》つ戰《たゝか》ひ、且《か》つ退《しりぞ》く。吾隊《わがたい》方《まさ》に之《これ》を追《お》ふ。忽《たちまち》にして統幸《むねゆき》兩《りやう》翼《よく》中堅《ちうけん》の三段《だん》を合《がつ》して一團《だん》と爲《な》し、猛然《まうぜん》として邀擊《けうげき》し來《きた》る。吾《わが》前隊力戰《ぜんたいりよくせん》して克《か》たず。現兵《げんぺい》八十餘人《よにん》を失《うしな》ひて、遂《つひ》に敗《やぶ》る。南軍《なんぐん》の勢《いきほひ》疾風《しつぷう》の如《ごと》く、追擊《つゐげき》して犬《いぬ》の馬場《はゞ》に抵《いた》る。久野《ひさの》次左衞門《じざゑもん》曾我《そが》部《べ》五右衞門《ゑもん》第《だい》二前隊《ぜんたい》を指揮《しき》し、代《かは》りて之《これ》に當《あた》る。大友氏《おほともし》の將宗《しやうむな》像《かた》掃部《かもん》鎭次《しげつぐ》之《これ》を望見《ばうけん》し、亦《また》一隊《たい》を進《すゝ》め、統幸《むねゆき》を援《たす》けて、戰《せん》線《く》に入《い》り來《きた》る。久野《ひさの》次《じ》左《ざ》衞《ゑ》門《もん》年少《ねんせう》にして氣《き》を負《お》へり。敵兵《てきへい》の競《きそ》ひ迫《せま》るを睹《み》て憤激《ふんげき》し、身《み》を挺《てい》して突進《とつしん》す。曾我《そが》部《べ》五右《ゑ》衞門《もん》制《せい》して曰《いは》く、今《いま》や敵兵《てきへい》勝《かち》に乘《じよう》じ、鋭鋒《えいはう》當《あた》り易《やす》からず。暫《しばら》く吾陣《わがぢん》を固《かた》めて之《これ》を防戰《はうせん》し、其《そ》の疲困《ひこん》を待《ま》ちて、而《しか》る後《の》ち攻勢《こうせい》に轉《てん》ず可《べ》しと。次《じ》左《ざ》衞《ゑ》門《もん》聽《き》かず。五右《ゑ》衞門《もん》亦已《またや》むを得《え》ず、其後《そのゝち》に次《つ》げり。惡鬪《あくとう》血戰《けつせん》焉《これ》を久《ひさし》くして、二隊長皆《たいちやうみな》戰死《せんし》す。松井《まつゐ》康之《やすゆき》・有吉《ありよし》立行《たてゆき》豫備隊《よびたい》を率《ひき》ゐて之《これ》を救《すく》ひたるも、亦克《またか》たず。第《だい》二前隊再《ぜんたいふたゝ》び潰《つひ》え、豫備《よび》隊《たい》も亦退《またしりぞ》きて、實相寺山《じつさうじやま》を保《ほ》す。今《いま》は南軍《なんぐん》に剩《あま》す所《ところ》は井上《ゐのうへ》九郎《らう》右衛門《ゑもん》が部下《ぶか》と野村市右衛門《のむらいちゑもん》・後藤太郎助《ごとうたらうすけ》が所率《しよそつ》との聯合本隊《れんがふほんたい》のみとなれり。九郎右衛門《らうゑもん》固《もと》より兵機《へいき》に老練《らうれん》なり。二前隊《ぜんたい》の敗退《はいたい》に會《くわい》しながら、自若《じじやく》として動《うご》かず。高丘《かうきう》に立《たち》て、靜《しづか》に敵狀《てきじやう》を展《てん》望《ばう》せり。時《とき》に統幸《むねゆき》は吾《わが》二前隊及《ぜんたいおよび》豫備隊《よびたい》を破《やぶ》り、其兵《そのへい》も亦大《またおほい》に疲《つか》れたれば、全隊《ぜんたい》を收《をさ》めて、一地《ち》に憩《いこ》へり。九郎右衛門《らうゑもん》大喝《たいかつ》して曰《いは》く、機合《きがつ》せりと。全隊《ぜんたい》を麾《さしまね》きて之《これ》に迫《せま》らしむ。是《これ》に於《おい》て乎《か》最《さい》後《ご》の血戰《けつせん》は亦又開始《またまたかいし》せり。弓銃《きうじう》既《すで》に交《まじ》はり、刀槍《たうさう》亦接《またせつ》し、人々《じん〱》皆鬪《みなたゝかひ》を爲《な》す。時《とき》に九郎右衛門《らうゑもん》は前面《ぜんめん》よりし、野村市右衛門《のむらいちゑもん》は右《う》方《はう》よりし、後藤太郎助《ごとうたらうすけ》は迂回《うくわい》して背面《はいめん》よりし、三面合擊《めんがふげき》を試《こゝろ》む。統幸《むねゆき》亦全隊《またぜんたい》を三分《ぶん》して之《これ》に當《あた》り、一離《り》一合《がふ》、久《ひさし》くして決《けつ》せず。統幸《むねゆき》固《もと》より戰死《せんし》を必期《ひつき》し、朱柄《しゆえ》の槍《やり》を揮《ふる》ひて、縱橫《じゆうわう》に馳突《ちとつ》す。

嚮《むか》ふ所《ところ》として披靡《ひび》せざる無《な》く、朝來《てうらい》敵《てき》を仆《たふ》すこと二十三人《にん》、進《すゝ》みて吾本隊《わがほんたい》に突入《とつにふ》し、軍司令《ぐんしれい》九郎右衞門《らうゑもん》を見《み》て、呼《よ》びて曰《いは》く、子《し》は井上君《ゐのうへくん》には非《あら》ずや。久濶亦甚《きうくわつまたはなはだ》し。今幸《いまさいはひ》に此地《このち》に邂逅《かいこう》せり。快《こゝろよ》く雌雄《しゆう》を決《けつ》せんと。九郎右衞門《らうゑもん》曰《いは》く、幸甚《さいはひはなはだ》し。請《こ》ふ倶《とも》に鋒《ほこさき》を交《まじ》へんと。十字《じ》の槍《やり》を揮《ふる》ひて挌鬪《かくとう》す。槍尖互《さうせんたがひ》に火《ひ》を發《はつ》す。統幸《むねゆき》屢〻《しば〳〵》九郎右衞門《らうゑもん》を突《つ》くも、甲堅《かふかた》くして入《い》らず。最後《さいご》に九郎右衞門《らうゑもん》が槍《やり》統幸《むねゆき》の腋下《えきか》を貫《つらぬ》く。是《これ》に至《いた》りて統幸《むねゆき》終《つひ》に首《かふべ》を授《さづ》く。此報《このはう》一たび傳《つた》はるや、南軍忽《なんぐんたちま》ち動搖《どうえう》し來《きた》る。吾軍機《わがぐんき》に乘《じよう》じ、諸《しよ》隊齊《たいひとし》く進《すゝ》みて疾擊《しつげき》す。南軍支《なんぐんさゝ》へず。遂《つひ》に大《おほい》に潰《つひ》ゆ。此日《このひ》吾軍《わがぐん》は敵將吉弘《てきしやうよしひろ》嘉《か》兵《へ》衞《ゑ》統幸《むねゆき》以下《いか》宗像《むねかた》掃部《かもん》鎭次《しげつぐ》・都甲《とかふ》兵部《ひやうぶ》・竹田《たけだ》志津摩《しつま》入道《にふだう》一卜・木《ほくき》部《べ》玄琢《げんたく》・吉良《きら》傳右衞門《でんゑもん》・小田原《をだはら》又左衞門《またざゑもん》・柴田《しばた》次左衞門《じざゑもん》・攝津《せつつ》角《つの》右衞門《ゑもん》・豐饒《ぶねう》彈正《だんにやう》・山下《やました》石菴《せきあん》・深栖《ふかす》七右衞門《ゑもん》・秋岡《あさなか》式部《しきぶ》・永富《ながとみ》與《よ》右衞門《ゑもん》・同《どう》九郎《らう》・原田《はらだ》舍人《とねり》・橋本《はしもと》彌平《やへい》・安藤《あんどう》主膳《しゆぜん》・瓜畑《うりはた》左京《さきやう》・大神《おほが》賢介《けんすけ》・安部《あべ》左京《さきやう》等の首《かうべ》を獲《え》たり。是《これ》に於《おい》て乎《か》、南軍《なんぐん》の精鋭《せいえい》幾《ほと》ど竭《つ》き、如水《ぢよすゐ》南豐《なんほう》經略《けいりやく》の勢《いきほひ》大《おほい》に成《な》れり。

四十三　如水の南豐經略

大友義統の投降……安岐城の降伏

九月十三日、如水《ぢよすゐ》は安岐《あき》を棄《す》て、南進《なんしん》半日《はんじつ》、中途《ちうと》にして石垣原《いしがきはる》の捷報《せふほう》に接《せつ》せり。乃《すなは》ち其地《そのち》に抵《いた》り、斬獲《ざんくわく》せし首級《しゆきふ》を實檢《じつけん》し、全《ぜん》軍《ぐん》を部署《はうしよ》して、薄暮《はくぼ》別府《べつぷ》の邊《ほとり》に陣《ぢん》し、將《まさ》に明日《みやうにち》を以《もつ》て立石《たていし》を攻《せ》めんとす。此夜《このよ》風雨《ふうう》殊《こと》に甚《はなはだ》しかりしかば、十四日は軍《ぐん》を駐《とゞ》むると一日《じつ》、雨《あめ》の霽《は》るゝを待《ま》ちつゝ、昨日《さくじつ》激戰《げきせん》の勞《らう》を憩《いこ》へ、大《おほい》に軍《ぐん》容《よう》を示《しめ》せり。老臣《らうしん》栗山《くりやま》四郎《らう》右《ゑ》衞門《もん》利安《としやす》議《ぎ》を建《た》てゝ曰《いは》く、昨日《さくじつ》の一戰《せん》に敵《てき》の精鋭《せいえい》は幾《ほと》んど盡《つ》きたり。盍《なん》ぞ豐州《ほうしう》を誘降《いうかう》したまはざると。如水《ぢよすゐ》曰《いは》く、我《われ》も亦《また》之《これ》を思《おも》へり。軍《ぐん》を按《あん》じて進《すゝ》まざるは、即《すなは》ち是《これ》が爲《ため》なるなり。義統《よしむね》怯懦《きようだ》、田原紹忍《たはらぜうにん》も亦《また》怯懦《きようだ》なり。威《ゐ》して之《これ》を取《と》る可《べ》きのみ。誰《たれ》か彼營《かのえい》に使《つかひ》す可《べ》き者《もの》ぞ。老臣《らうしん》母里《ぼり》太兵《たへ》衞《ゑ》は義統《よしむね》と姻戚《いんせき》あり。請《こ》ひて自《みづか》ら之《これ》に當《あた》り、使《つかひ》を立石《たていし》に遣《つか》はして如水《ぢよすゐ》の寛厚《くわんこう》、昔日《せきじつ》の舊誼《きうぎ》を存《そん》するを說《と》き、其降《そのかう》を勸《すゝ》む。義統《よしむね》窘窮《きんきう》、策《さく》の出《い》づる所《ところ》を知《し》らず。衆《しゆう》を會《くわい》して之《これ》を議《ぎ》す。果《はた》して如《ぢよ》水《すゐ》の洞見《どうけん》せるが如《ごと》く、田原紹忍《たはらぜうにん》其降《そのかう》を贊《さん》す。惠《ゑ》藤《とう》又右衞門《またゑもん》・阿賀《あが》利《り》彌平次《やへいじ》怒《いか》りて曰《いは》く、曩《さき》には征韓《せいかん》の役《えき》、主公《しゆこう》怯懦《きようだ》に坐《ざ》して除封《ぢよほう》せられ、今又《いままた》一敗《はい》に遭《あ》ひて、敵《てき》に降《くだ》られなば、人其《ひとそ》れ之《これ》を何《なに》とか謂《い》はん。盍《なん》ぞ快《こゝろよ》く戰死《せんし》して、吾《わが》宗家《そうか》世《せい》の名譽《めいよ》を全《まつた》くしたまはざると。義統《よしむね》聽《き》かず。翌十五日薙髪《ちはつ》して軍門《ぐんもん》に降《くだ》り來《きた》る。是《これ》に於《おい》て餘衆《よしゆう》悉《ことごと》く散《さん》じ、大友氏《おほともし》終《つひ》に亡《ほろ》ぶ。如水《じよすゐ》乃《すなは》ち義統《よしむね》を收《をさ》めて中《なか》津《つ》に押送《あふそう》し、捷《せふ》を家康《いへやす》に報《はう》じ、義統《よしむね》の爲《ため》に宥《いう》を請《こ》ふ。後《のち》に死《し》一等《とう》を減《げん》ぜられ、常陸《ひたち》に放《はな》たれ、其地《そのち》に終《をは》る。顧《かへりみ》るに此十五日は上國《じやうこく》に於《おい》て關《せき》ヶ原《はら》大戰《たいせん》の決《けつ》したる日《ひ》なり。而《しか》して同日を以《もつ》て如《じよ》水《すゐ》亦《ま》た義統《よしむね》を取《と》り、九州《しう》の大勢《たいせい》を定《さだ》む。如水《じよすゐ》の得意《とくい》想《おも》ふ可《べ》きなり。

義統《よしむね》の子《こ》義延《よしのぶ》は關東《くわんとう》に留《とゞ》まりて、家康《いへやす》に仕《つか》へ、旗下《きか》に列《れつ》す。元祿《げんろく》中《ちう》吉《き》良《ら》上野介《かうづけのすけ》義央《よしなか》と倶《とも》に勅使《ちよくし》の接伴《せつはん》に當《あた》りたる高家《かうけ》大《なほ》友《とも》近江守《あふみのかみ》義孝《よしたか》は其甥《そのをひ》なり。

＊　＊　＊　＊　＊　＊

翌日《よくじつ》如水《じよすゐ》は杵築城《きづきじやう》に入《い》りて一宿《しゆく》し、十七日より安岐城《あきじやう》を包圍《はうゐ》せり。城代《じやうだい》熊谷外記《くまがやげき》防守《はうしゆ》すること數日《すうじつ》、城兵《じやうへい》其《そ》の支《さゝ》へざるを知《し》り竊《ひそか》に如水《じよすゐ》に内應《ないおう》せんと請《こ》ふ者《もの》あり。如水《じよすゐ》其不義《そのふぎ》を惡《にく》みて許《ゆる》さず。部下《はうか》の士《し》馬杉喜右衞門《ますぎきゑもん》が外記《げき》と舊《きう》あるを思《おも》ひ、其《そ》れをして書《しよ》を城中《じやうちう》に贈《おく》り、告《つ》ぐるに叛者《はんしや》の内通《ないつう》を以《もつ》てし、降《かう》を勸《すゝ》む。外記《げき》即《すなは》ち諸士《しよし》を集《あつ》めて、去就《きよしう》を議《ぎ》す。衆論紛々《しゆうろんふん〳〵》歸《き》一する所《ところ》あらず。外《げ》記《き》慷慨《かうがい》して曰《いは》く、外援《ぐわいえん》なきの孤城《こじやう》に據《よ》りて、乘勝《じよう〳〵》の軍《ぐん》に對《たい》す。城《しろ》の保《たも》たざるや言《げん》を待《ま》たず。等《ひと》しく是《こ》れ保《たま》たずば、我《われ》一人自《にんじ》裁《さい》して城《しろ》を致《いた》し、城中《じやうちう》の人命《じんめい》を全《まつた》くするに如《し》かずと。即時《そくじ》に休戰《きうせん》を請《こ》ひ、家士《かし》平野勘左衞門《ひらのかんざゑもん》をして來《きた》りて其意《そのい》を致《いた》さしむ。如水《じよすゐ》之《これ》を嘉《よみ》し、外記《げき》の死《し》までも宥《なだ》め、其《そ》の開城《かいじやう》を命《めい》じ、二十二日安《あ》岐城《きじやう》を收《をさ》めたり。是《これ》に於《おい》て乎《か》、豐後《ぶんご》の十城中《じやうちう》、亦《また》其《その》第三城を徇《とな》へたり。

四十四　同

富來城の降伏……如水の寛大……海上の一小戰

安岐《あき》城《じやう》既《すで》に吾手《わがて》に落《お》つ。如水《ぢよすゐ》は即日《そくじつ》其軍《そのぐん》を移《うつ》して、再《ふた》たび富來《とみく》城《じやう》を圍《かこ》み、廿三日使《つかひ》を城中《じやうちう》に遣《つか》はして、開城《かいじやう》を諭《さと》す。留主《りうしゆ》寛利《かけひり》右衛門《ゑもん》直延《なほのぶ》拒《こば》みて曰《いは》く、吾曹《ごさう》城主《じやうしゆ》に代《かは》りて本城《ほんじやう》を保守《ほしゆ》しながら命《めい》を待《ま》たずして城《しろ》を致《いた》すは、義《ぎ》に非《あら》ずと。銃《ぢう》を中津《なかつ》の營《えい》に發《はつ》して、絶意《ぜつい》を示《しめ》したり。是《これ》に於《おい》て如水《ぢよすゐ》は令《れい》を下《くだ》し、井樓《せいろう》を起《おこ》して城中《じやうちう》を瞰射《かんしや》せしめ、此掩護《こえんご》を用《もち》ひて、外壕《そとほり》を埋《うづ》め　着々《ちやく〳〵》本城《ほんじやう》に薄《せま》らしむ。城兵《じやうへい》外郭《ぐわいくわく》を棄《す》てゝ、二の丸《まる》に退《しりぞ》き、死守《ししゆ》を期《き》す。吾《わが》軍《ぐん》一齊《せい》に城《しろ》に乘《の》らんと競《きそ》ふ。如水《ぢよすゐ》制《せい》して曰《いは》く、此城《このしろ》險固《けんご》にして城兵《じやうへい》も亦《また》死《し》を必《ひつ》せり。急《きふ》に力攻《りよくこう》せば、多《おほ》く吾兵《わがへい》を損《そん》す可《べ》し。吾《わが》志《こゝろざし》は上國《じやうこく》に在《あ》り。輕進《けいしん》して自《みづか》ら傷《そこな》ふ勿《なか》れと。緩攻《くわんこう》數日《すうじつ》、變《へん》を待《ま》つ。十月二日に至《いた》り、海上《かいじやう》に布《ふ》置《ち》したる吾哨船《わがせうせん》、上國《じやうこく》より下《くだ》り來《きた》れる一輕舸《けいか》を誰何《すゐか》し、臨檢《りんけん》して、城主《じやうしゆ》垣見《かきみ》和泉守《いづみのかみ》一直《かずなほ》より留《りう》守《しゆ》直延《なほのぶ》に贈《おく》れる密書《みつしよ》を獲《え》、之《これ》を如水《ぢよすゐ》に獻《たてまつ》れり。如水《ぢよすゐ》披看《ひかん》すれば我《われ》は將《まさ》に大垣《おほがき》に戰死《せんし》して、以《もつ》て故太閤《こたいかふ》の恩《おん》に報《はう》せんとす。爾等《なんぢら》宜《よろし》く城《しろ》を開《ひら》きて、之《これ》を敵將《てきしやう》に致《いた》すべしといふに在《あ》り。同時《どうじ》舸中《かちう》に於《おい》て一直《かずなほ》が祐筆《いうひつ》江良《えら》某《ぼう》を生擒《せいきん》せり。如水《ぢよすゐ》乃《すなは》ち放《はな》ちて城《しろ》に入《い》れ、一直《かずなほ》の死《し》、關《せき》ケ原《はら》の敗《はい》を傳《つた》へしめて、再《ふた》たび降《かう》を諭《さと》す。直延《なほのぶ》等《ら》始《はじ》めて命《めい》を奉《ほう》じ、城門《じやうもん》を開《ひら》きて、出《い》でゝ降《くだ》る。是《これ》より先《さ》き、城《じやう》兵《へい》一夜《や》吾營《わがえい》を襲《おそ》ひ、我《われ》に多《た》少《せう》の死傷《ししやう》を出《いだ》せり。母里《ぼり》太《た》兵衛《へゑ》怒《いか》ること甚《はなはだ》し。如水《ぢよすゐ》に見《まみ》えて請《こ》ひて曰《いは》く、敵《てき》兵初《へいはじめ》より開諭《かいゆ》を聽《き》かず。吾軍《わがぐん》に對《たい》して亡狀《ばうじやう》を極《きは》む。宜《よろし》く之《これ》を鏖殺《あうさつ》して、以《もつ》て痛懲《つうちよう》を示《しめ》すべしと。如水《ぢよすゐ》一笑《せう》斥《しりぞ》けて曰《いは》く、彼《ひ》我《が》相敵《あひてき》するに當《あた》りては、攻《こう》讎《しう》固《もと》より其處《そのところ》なり。何《なん》の憎《にく》むことかこれあらん。寧《むし》ろ其主《そのしゆ》の爲《ため》にするを嘉《よみ》す可《べ》きのみと。悉《ことごと》く赦《ゆる》して其去就《そのきよしう》に任《まか》す。城兵《じやうへい》感激《かんげき》、概《おほむ》ね從屬《じゆうぞく》を請《こ》ふ。如水《ぢよすゐ》亦又《またく》之《これ》を許《ゆる》し、收《をさ》めて先鋒隊《せんぽうたい》中《ちう》に列《れつ》せり。是《これ》に於《おい》て乎《か》豐後《ぶんご》の十城中《じやうちう》其《その》第四城をも徇《とな》へたり。

※　※　※　※　※

富來《とみく》城攻圍《じやうこうゐ》中《ちう》の事《こと》なりき。如水《ぢよすゐ》は部下《ぶか》の海戰《かいせん》に熟練《じゆくれん》なる者《もの》を選《えら》び、又伊豫《またいよ》の野島《のじま》の海賊《かいぞく》を收《をさ》めて、一小水軍《せうすゐぐん》を作《つく》り、哨船《せうせん》二十餘《よ》隻《せき》を編《へん》して、海上《かいじやう》を巡邏《じゆんら》せしむ。會〻《たま〳〵》島津維新《しまづゐしん》關《せき》ヶ原《はら》に敗《やぶ》れ、婦《ふ》女《ぢょ》の大阪《おほさか》に質《ち》たりし者《もの》を收《をさ》め、海路《かいろ》より薩摩《さつま》に歸《かへ》らんとし、九月廿六日の夜、富來《とみく》の近海《きんかい》を過《す》ぐ。夜《よ》方《まさ》に闇黑《あんこく》、其屬船《そのぞくせん》三隻《せき》方向《はうかう》を誤《あやま》り、吾哨船《わがせうせん》の篝火《かゞりび》を認《みと》めて、惟新《ゐしん》の乘《の》れる牙船《がせん》と爲《な》し船《ふね》を進《すゝ》めて近《ちか》づき來《きた》りしが、天色漸《てんしょくやうや》く明《あ》けんとするに及《およ》び、始《はじ》めて其《そ》の否《しか》らざるを覺《さと》り、急遽《きふきょ》針《しん》を轉《てん》ぜんとす。吾哨船《わがせうせん》十六隻《せき》追躡《つゐせつ》して之《これ》に逼《せま》る。島津《しまづ》の船《ふね》には多《おほ》く婦女子《ふぢょし》を載《つ》せたるを以《もつ》て戰鬪《せんとう》を欲《ほつ》せず。竿頭《かんとう》に笠《かさ》を揭《かゝ》げて、降《かう》を請《こ》ひたるも、其意《そのい》通《つう》せず。吾船《わがふね》より頻《しきり》に之《これ》を銃擊《ぢうげき》せり。島津《しまづ》の兵固《へいもと》より海戰《かいせん》に熟《じゅく》す。勢《いきほひ》の不可《ふか》なるを睹《み》て、蓆《むしろ》を海水《かいすゐ》に涵《ひた》し、之《これ》を用《もち》ひて楯《たて》となし、大索《おほつな》を以《もつ》て三船《せん》を約《やく》し、殊死《しゅし》して以《もつ》て我《われ》に當《あた》る。吾船《わがふね》は小《せう》、彼《かの》船《ふね》は大《だい》、仰《あふ》ぎ攻《せ》むれども、克《か》つ能《あた》はず。將《まさ》に敵《てき》を逸《いつ》せんとす。吾軍《わがぐん》海賊《かいぞく》の頭目《とうもく》庄林《しやうはやし》七兵衞《べゑ》舷上《げんじゃう》に立《た》ちて、高呼《かうこ》して曰《いは》く、吾黨《わがたう》生命《せいめい》を水波《すゐは》に托《たく》し、今《いま》此《この》敵《てき》に遭《あ》ひて、克《か》つ能《あた》はずば、何《なん》の面目《めんぼく》ありて、中津《なかつ》の老將軍《らうしやうぐん》に見《まみ》えんや。一黨《たう》戰死《せんし》して、以《もつ》て野《の》島《じま》の名譽《めいよ》を保《たも》つ可《べ》きのみと。哨船《せうせん》を指揮《しき》して、二隊《たい》と爲《な》し、左右前《さいうぜん》後《ご》より再《ふた》たび敵《てき》に逼《せま》る。島津《しまづ》の兵《へい》亦《また》善《よ》く拒《こば》み、日《ひ》は廿七日の亭《てい》午《ご》を過《す》ぐるも未《いま》だ決《けつ》せず。吾《わが》兵《へい》の死傷《ししやう》前後《ぜんご》に相次《あひつ》げり。七兵衞《べゑ》乃《すなは》ち苫《とま》に點火《てんくわ》し、之《これ》を敵船《てきせん》に投《とう》ず。其《その》徒《と》爭《あらそ》ひて之《これ》に倣《なら》ひ、亦《また》火《ひ》の苫《とま》を投《とう》ず。猛火《まうくわ》忽《たちま》ち二船《せん》より發《はつ》し、遂《つひ》に消《け》す可《べか》らず。敵《てき》の部《ぶ》將《しやう》伊《い》集《しふ》院《ゐん》左《さ》京《きやう》以下《いか》二百餘《よ》人《にん》、或《あるひ》は戰歿《せんぼつ》し、或《あるひ》は焦死《せうし》し、午《ご》後《ご》四時《じ》に至《いた》り、敵船《てきせん》全《まつた》く燒沈《せうちん》せり。後《のち》に如水《ぢよすゐ》之《これ》を聞《き》き、深《ふか》く其《その》降《かう》を容《い》れざるを惜《をし》みたり。

四十五　同

竹田城の制定……臼杵・角牟禮・日隈三城の降伏

形勢《けいせい》を觀望《くわんばう》し、首鼠《しゆそ》兩端《りやうたん》を持《ぢ》する者《もの》は、小邦《せうはう》小藩《せうはん》の常態《じやうたい》なり。東西《とうざい》の爭端《さうたん》初《はじ》めて發《はつ》するや、竹田《たけだ》の城主《じやうしゆ》中川修理亮秀成《なかがはしゆりのすけひでなり》は一旦《たん》封地《はうち》に就《つ》き、同族《どうぞく》中川長祐《なかがはながすけ》等《ら》をして兵《へい》七百を率《ひき》ゐて、東上《とうじやう》せしむ。其兵《そのへい》大阪《おほさか》に達《たつ》すれば、西軍《せいぐん》方に伏見城《ふしみじやう》を陷《おとしい》れ、聲勢《せいせい》大《おほい》に揚《あ》がるの時《とき》なり。長祐《ながすけ》等《ら》躊躇《ちうちよ》し、暫《しばら》く此地《このち》に留《とゞ》まれり。大友義統《おほともよしむね》の韓事《かんじ》に坐《ざ》して除封《ぢよほう》せらるゝや、其臣《そのしん》宗像掃部鎭次《むねかたかもんしげつぐ》・田原紹忍親《たはらぜうにんちか》堅等《かたら》秀成《ひでなり》に頼《たよ》りて久《ひさ》しく竹田《たけだ》に在《あ》りしが、義統《よしむね》の豐後《ぶんご》に入《い》るに及《およ》び、起《た》ちて之《これ》に應《おう》じ、秀成《ひでなり》部下《ほうか》の兵《へい》五十餘人《よにん》と往《ゆ》きて義統《よしむね》に歸《き》せり。加之《しかのみならず》、紹忍《ぜうにん》等《ら》は中川《なかがは》の旗幟《きし》を立石《たていし》の城中《じやうちう》に飜《ひるがへ》し、且《か》つ太田《おほた》一吉《かずよし》・中川秀成《なかがはひでなり》來援《らいえん》の榜示《はうじ》を處々《しよ〳〵》に掲《かゝ》げ、大《おほい》に氣勢《きせい》を張《は》れり。既《すで》にして義統《よしむね》敗《やぶ》れ、如水《ぢよすゐ》の軍門《ぐんもん》に降《くだ》るや、紹忍《ぜうにん》は遁《のが》れて、再《ふた》たび竹田《たけだ》に投《とう》じたるも、秀成《ひでなり》之《これ》を納《い》れて問《と》ふ所《ところ》あらず。是《これ》を以《もつ》て如水《ぢよすゐ》は視《み》て西軍《せいぐん》に黨《たう》すと爲《な》し、特《とく》に之《これ》を家康《いへやす》に報《はう》じ、將《まさ》に軍《ぐん》を移《うつ》して之《これ》を征《せい》せんとす。既《すで》にして秀成《ひでなり》は關ヶ原《せきがはら》の敗聞《はいぶん》に接《せつ》し、又《また》曩《さき》に出《いだ》したる同族《どうぞく》長祐《ながすけ》等《ら》が家康《いへやす》の爲《ため》に譴責《けんせき》せられ、倉皇還《さうくわうかへ》り來《きた》るに會《くわい》し、危懼《きく》自《みづか》ら安《やす》んぜず。百方《はう》辯疏《べんそ》に力《つと》め、功《こう》を建《た》てゝ自《みづか》ら贖《あがな》はんことを請《こ》ふ。是《これ》に於《おい》て豐後《ぶんご》の十城中《じやうちう》、第五城も亦《また》如《ぢよ》水《すゐ》の節度《せつど》を受《う》くるに至《いた》れり。

臼杵《うすき》の城主《じやうしゆ》太田《おほた》飛彈守《ひだのかみ》一吉《かずよし》は初《はじめ》より三成《みつなり》に應《おう》じ、其子《そのこ》一成《かずなり》をして西軍《せいぐん》に屬《ぞく》せしめ、其身《そのみ》は疾《やまひ》と稱《しよう》して臼杵《うすき》に留《とゞ》まり、見兵《けんぺい》千五百を以《もつ》て本城《ほんじやう》を嬰守《えいしゆ》せり。義統《よしむね》の舊封《きうほう》に入《い》るや、一成《かずなり》も亦《また》歸《かへ》り來《きた》りて、聲勢《せい〳〵》を助《たす》く。中川《なかがは》秀成《ひでなり》之《これ》を攻《せ》めて、自《みづか》ら白《はく》せんと欲《ほつ》し、多《おほ》く浮浪《ふらう》を募《つの》り、九月廿八日部下《ほうか》の士《し》柴山《しばやま》重成《しげなり》に命《めい》じ、之《これ》を率《ひき》ゐて臼杵《うすき》に向《むか》はしめ、別《べつ》に田原《たはら》紹忍等《ぜうにんら》をして一隊《たい》は川登砦《かはのぼりのさい》に向《むか》ひ、一隊《たい》は佐賀關《さがのせき》を襲《おそ》はしむ。佐賀關《さがのせき》は一吉《かずよし》が倉廩《さうりん》を置《お》く處《ところ》なり。十月二日紹忍《ぜうにん》は細村《ほそむら》に至《いた》りて、新募《しんぼ》の兵《へい》と相合《あひがつ》し、翌日《よくじつ》進《すゝ》みて佐賀關《さがのせき》に逼《せま》る。一吉《かずよし》の兵《へい》之《これ》を三毬打《さぎちやう》ヶ鼻《はな》及《および》田中《たなか》に邀撃《けうげき》し、會戰兩日《くわいせんりやうじつ》、却《かへ》つて紹忍《ぜうにん》を仆《たふ》し、其兵《そのへい》を擊退《げきたい》せり。

十月朔、秀成《ひでなり》は自《みづか》ら一軍《ぐん》を率《ひき》ゐ、銳意《えいい》して臼杵城《うすきじやう》を攻《せ》む。城將《じやうしやう》一吉固《かずよしもと》より氣《き》を負《お》へり。衆《しゆう》を督《とく》して防戰《ばうせん》し、毫《がう》も屈下《くつか》せず。爲《ため》に多《おほ》く攻軍《こうぐん》に死傷《ししやう》を出《いだ》し、意《い》を得《う》る能《あた》はず。秀成乃《ひでなりすなは》ち使《つかひ》を城中《じやうちう》に遣《つか》はし、西軍《せいぐん》關《せき》ヶ原《はら》の敗《はい》を報《ほう》じて、開城《かいじやう》を勸《すゝ》む。一吉《かずよし》使者《ししや》に告《つ》げて曰《いは》く、我《われ》も亦《また》之《これ》を知《し》る。然《しか》も驒州《だんしう》に對《たい》して城《しろ》を致《いた》さば、吾《わが》平生《へいぜい》の武《ぶ》を損《そん》ず可《べ》し。如水氏《ぢよすゐし》にして馬《うま》を出《いだ》さば、謹《つゝし》みて命《めい》を拜《はい》す可《べ》きのみと。使者《ししや》歸《かへ》りて之《これ》を復《ふく》す。秀成《ひでなり》如何《いかん》ともする能《あた》はず。已《や》むを得《え》ずして、之《これ》を如水《ぢよすゐ》に轉知《てんち》せり。如水《ぢよすゐ》は時《とき》に富來《とみく》を圍《かこ》めり。乃《すなは》ち其甥《そのをひ》黒田《くろだ》吉兵衞《きちべゑ》政成《まさなり》をして一隊《たい》を率《ひき》ゐて之《これ》に赴《おもむ》かしむ。十月四日、臼杵城下《うすきじやうか》に抵《いた》る。一吉《かずよし》曰《いは》く、可《か》なりと。城《しろ》を政成《まさなり》に致《いた》して去《さ》れり。或《あるひ》はいふ。如水《ぢよすゐ》曩《さき》に一吉《かずよし》と密約《みつやく》し、東軍《とうぐん》勝《か》たば、如水《ぢよすゐ》一吉《かずよし》を救護《きうご》し、西軍《せいぐん》勝《か》たば、一吉《かずよし》、如水《ぢよすゐ》を救護《きうご》せんと。故《ゆゑ》に然《しか》りと。或《あるひ》は其《そ》れ然《しか》らん歟《か》。是《こゝ》に於《おい》て乎《か》豐後《ぶんご》の十城《じやう》中《ちう》、第六城をも徇《とな》へ得《え》たり。

＊　＊　＊　＊　＊　＊

如水《じよすゐ》は又更《またさら》に老臣《らうしん》栗山《くりやま》四郎右衛門《らうゑもん》利安《としやす》・母里《ほり》太兵衛《たへゑ》・菅《くわん》七郎兵衛《らうべゑ》に命《めい》じ、一支隊《したい》を率《ひき》ゐて、佐伯《さへき》の城主《じやうしゆ》毛利《まうり》民部《みんぶの》太輔《たいふ》高政《たかまさ》が所管《しよくわん》の角牟禮《つのむれ》及《および》日隈《ひぐま》の二城《じやう》に向《むか》はしむ。利安《としやす》等《ら》先《ま》づ角牟禮城《つのむれじやう》を壓《あつ》し、諭《さと》すに恩威《おんゐ》を以《もつ》てして之《これ》を降《くだ》し、轉《てん》じて日隈城《ひぐまじやう》に逼《せま》る。城代《じやうだい》毛《まう》利《り》隼《はい》人《との》佐《すけ》之《これ》を固守《こしゆ》したるも、上國《じやうこく》の敗《はい》を聞《き》き、亦《また》遂《つひ》に其城《そのしろ》を致《いた》したれば、豐後《ぶんご》十城中《じやうちう》の第七、第八兩城《りやうじやう》も、亦《また》如水《ぢよすゐ》の經略《けいりやく》に入《い》れり。

* * * * * *

今《いま》は剩《あま》す所《ところ》のもの、單《た》だ高政《たかまさ》の本城《ほんじやう》佐伯《さへき》と早川《はやかは》主馬首《しゆめのかみ》長政《ながまさ》が府《ふ》內城《ないじやう》とはなれり。是《これ》より先《さ》き高政《たかまさ》・長政《ながまさ》とは倶《とも》に西軍《せいぐん》に應《おう》じ、長《なが》岡《をか》幽齋《いうさい》が田邊城《たなべじやう》攻圍軍《こうゐぐん》中《ちう》に在《あ》りしが、關《せき》ケ原《はら》決戰《けつせん》の前《まへ》二日《か》、勅《ちよく》諭《ゆ》に由《よ》りて兵《へい》を解《と》き、次《つ》ぎて皆《みな》西軍《せいぐん》に歸服《きふく》したれば、遂《つひ》に兵《へい》を用《もち》ふるに及《およ》ばず。九月九日如《ぢよ》水《すゐ》軍《ぐん》を率《ひき》ゐて中津《なかつ》を發《はつ》し、一たび南豊《なんほう》に入《い》りしより、未《いま》だ一月《つき》を出《い》でずして、一州《しう》悉《ことごと》く定《さだ》まり、概《おほむ》ね如水《ぢよすゐ》の節度《せつど》に歸《き》したり。

四十六　如水の筑豊經畧

香春・小倉兩城の降伏……久留米城の降伏

如水《ぢよすゐ》の大友義統《おほともよしむね》に克《か》ち、又《また》安岐《あき》及《および》富來《とみく》の兩城《りやうじやう》を降《くだ》すや、豊後《ぶんご》の一州《しう》皆《みな》其威風《そのゐふう》に偃伏《えんぷく》せり。如水《ぢよすゐ》須臾《しはらく》も遲躕《ちちう》せず。十月二日富來《とみく》の降《かう》を受《う》くるや否《いな》や、即日《そくじつ》軍《ぐん》を收《をさ》めて、豊前《ぶぜん》に還《かへ》り、中津《なかつ》の城《じやう》下《か》を過《す》ぎて、家《いへ》に入《い》らず。廣津《ひろつ》山麓《さんろく》に野營《やえい》して夜《よ》を徹《てつ》し、三日毛利《まうり》壹岐守《いきのかみ》吉成《よしなり》一に勝信が香春《かはる》の支城《しじやう》を圍《かこ》めり。是《これ》より先《さ》き、城主《じやうしゆ》毛利《まうり》九左衞門《ざゑもん》は西軍《せいぐん》に屬《ぞく》して東上《とうじやう》し、伏見城攻撃《ふしみじやうこうげき》の役《えき》に死《し》せり。其子《そのこ》吉十郎《きちらう》は留《とゞ》まりて香春《かはる》に在《あ》り、吉成《よしなり》之《これ》をして父《ちゝ》の後《あと》を繼《つ》がしめず、己《おのれ》が季子某《きしそれがし》を封《ほう》じて、城主《じやうしゆ》とす。九左衞門《ざゑもん》の遺臣等《ゐしんら》之《これ》を悲《かなし》み、爭《あらそ》ひ訴《うつた》へたるも省《かへり》みられず。衆憤懣《しゆうふんまん》せり。如水《ぢよすゐ》來《きた》りて城《しろ》を圍《かこ》むや、先《ま》づ人《ひと》を城中《じやうちう》に遣《つか》はして、降《かう》を諭《さと》す。城中《じやうちう》の士《し》、如水《ぢよすゐ》の賴《たよ》る可《べ》きを思《おも》ひ、直《たゞ》ちに門《もん》を開《ひら》きて歸降《きかう》せり。如水《ぢよすゐ》其衆《そのしゆう》を收《をさ》めて先鋒《せんぽう》と爲《な》し、轉《てん》じて小倉城《こくらじやう》に向《むか》へり。

＊　＊　＊　＊　＊　＊　＊

同月六日進《すゝ》みて足立《あだち》の山麓《さんろく》に軍《ぐん》し、小倉城《こくらじやう》を壓《あつ》す。初《はじ》め城主《じやうしゆ》毛利《まうり》吉成《よしなり》は三成等《みつなりら》の命《めい》を承《う》け、西下《せいか》して城《しろ》に入《い》り、屢使《しば〱つかひ》を如水及《ぢよすゐおよび》加藤清正《かとうきよまさ》に遣《つか》はして、西軍《せいぐん》に應《おう》ぜんことを勸《すゝ》めたるも、二將《しやう》聽《き》かず。乃《すなは》ち衆《しゆう》を約《やく》して守城《しゆじやう》を期《き》す。既《すで》にして西軍《せいぐん》關《せき》ヶ原《はら》の敗聞《はいぶん》達《たつ》し、今《いま》や如水《ぢよすゐ》の來《き》たり壓《あつ》するに會《くわい》す。加之《しかのみならず》、前日《ぜんじつ》まで其部下《そのほうか》に屬《ぞく》せし香春《かはる》の兵《へい》まで戈《ほこ》を逆《さかし》まにして來《きた》り逼《せま》る。吉成《よしなり》憤恨《ふんこん》すれども、之《これ》を如何《いかん》ともする能《あた》はず。如水《ぢよすゐ》亦又《また〳〵》使《つかひ》を遣《つか》はして、開城《かいじやう》を諭《さと》す。吉成《よしなり》窘窮《きんきう》、十四日に至《いた》り薙髮《ちはつ》して罪《つみ》を謝《しや》し、城《しろ》を如水《ぢよすゐ》に致《いた》して去《さ》れり。是《これ》に於《おい》て乎《か》豐前《ぶぜん》の一州《しう》も亦旬日《またじゆんじつ》にして如水《ぢよすゐ》の經略《けいりやく》に入《い》れり。

* * * * * *

初《はじ》め如水《ぢよすゐ》の中津《なかつ》を發《はつ》するや、其軍《そのぐん》一萬《まん》と稱《しよう》したるも、見兵《けんぺい》は九千に足《た》らざりしが、二州《しう》を平定《へいてい》するに及《および》て、新附《しんぷ》の兵日《へいひ》に加《くは》はり、小倉《こくら》を降《すだ》すの後《のち》、其軍《そのぐん》は一萬《まん》三千に上《のぼ》れり。乃《すなは》ち之《これ》を督《とく》して、堂々《だう〳〵》筑前《ちくぜん》に入《い》り、轉《てん》じて筑後《ちくご》を徇《とな》へ、久留米《くるめ》に向《むか》ふ。久留《くる》米《め》の城主《じやうしゆ》毛利《まうり》侍從《じじゆう》秀包《ひでかね》は輝元《てるもと》の季弟《きてい》なり。夙《つと》に西軍《せいぐん》に應《おう》じて東《とう》上《じやう》し、七月《ぐわつ》以《い》降《かう》大津城《おほつじやう》の攻圍《こうゐ》にも參加《さんか》し、後《の》ち大阪《おほさか》に在《あ》り。桂《かつら》民部《みんぶ》快友等《くわいゝうら》をして久留米《くるめ》に留守《りうしゆ》せしめ、豫《あらかじ》め戒《いまし》めて曰《いは》く、西軍《せいぐん》にして若《も》し利《り》あらず、四隣《りん》の敵兵《てきへい》來《きた》り攻《せ》めなば、力《ちから》を竭《つく》して防《ばう》戰《せん》し、克《か》たざれば、吾《わが》妻《さい》孥《ど》を殺《ころ》し、城《しろ》と倶《とも》に亡《ほろ》ぶ可《べ》きのみ。幸《さいはひ》にして如水將《ぢよすゐしやう》として來《きた》らば、我《われ》、彼《かれ》と舊誼《きうぎ》あり。且《か》つ彼《か》れ洪量《こうりやう》、殺《さつ》を嗜《たし》むの人《ひと》に非《あら》ず。宜《よろし》く兵《へい》を收《をさ》めて城《しろ》を致《いた》し、命《めい》を彼人《かのひと》に歸《き》すべしと。既《すで》にして西軍《せいぐん》の敗報《はいはう》聞《きこ》え、鍋島《なべしま》の兵《へい》次《つ》ぎて到《いた》る。快《くわい》友等《いうら》善《よ》く戰《たゝか》ひ。一城《じやう》の滅盡《めつじん》を期《き》せり。忽《たちまち》にして中白《なかじろ》の旗《はた》東方《とうはう》より連《つらな》り來《きた》るあり。城兵《じやうへい》望見《ばうけん》して、如水《ぢよすゐ》の軍《ぐん》到《いた》ると傳《つた》ふ。近《ちか》づけば則《すなは》ち如水《ぢよすゐ》直《たゞ》ちに軍使《ぐんし》を發《はつ》して城《しろ》に入《い》らしめ、諭《さと》すに開城《かいじやう》を以《もつ》てす。城中《じやうちう》欣然《きんぜん》命《めい》を奉《ほう》じ、即日《そくじつ》城《しろ》を致《いた》す。如水《ぢよすゐ》乃《すなは》ち秀包《ひでかね》の妻子《さいし》を安藝《あき》に護送《ごそう》し、戍兵《じゆへい》を駐《とゞ》めて城《しろ》を守《まも》らしめ、轉《てん》じて柳河《やながは》に向《むか》へり。

四十七　知水の筑日經略

柳河城の降伏……日向方面の節度……薩隅征討の畫策

柳河《やながは》の城主《じやうしゆ》立《たち》花《はち》侍《じ》從《じゆう》宗《むね》茂《しげ》は、驍勇果毅《げうゆうくわき》を以《もつ》て、名《な》を諸侯《しよこう》の間《あひだ》に馳《は》せたり。初《はじめ》より西軍《せいぐん》に應《おう》じて東上《とうじやう》し、大津城《おほつじやう》を拔《ぬ》きて之《これ》を守《まも》りしが、西軍《せいぐん》關《せき》ケ原《はら》に敗《やぶ》るゝに及《およ》び、大阪《おほさか》に退《しりぞ》き、再擧《さいきよ》を策《さく》したるも、其議《そのぎ》行《おこな》はれず。乃《すなは》ち柳河《やながは》に還《かへ》りて、本城《ほんじやう》に據《よ》れり。時《とき》に隣州《りんしう》肥前《ひぜん》の主《しゆ》鍋島《なべしま》加賀守《かがのかみ》直茂《なほしげ》の子《こ》勝茂《かつしげ》も、亦《また》曩《さき》に要《えう》せられて西《せい》軍《ぐん》に屬《ぞく》し、伏《ふし》見《み》・安《あ》濃《の》津《づ》の攻《こう》城《じやう》に加《くは》はりしが、關《せき》ヶ原《はら》の敗《はい》を聞《き》きて、大《おほい》に畏《おそ》れ、家《いへ》康《やす》に哀《あい》訴《そ》し、功《こう》を建《た》てゝ自《みづか》ら贖《あがな》はんことを請《こ》ひ、亦《また》佐《さ》賀《が》に還《かへ》り來《きた》りたり。

如《ぢよ》水《すゐ》以《おも》爲《へ》らく、一方《ぱう》には鍋《なべ》島《しま》父《ふ》子《し》を用《もち》ひ、他《た》方《はう》には加《か》藤《とう》清《きよ》正《まさ》に約《やく》し、倶《とも》に會《くわい》して柳《やな》河《がは》を壓《あつ》しなば、宗《むね》茂《しげ》驍《げう》勇《ゆう》なりと雖《いへど》も、大《たい》勢《せい》既《すで》に定《さだ》まるの今《こん》日《にち》、城《しろ》を固《こ》守《しゆ》するの意《い》なきや必《ひつ》せり。乃《すなは》ち諭《ゆ》降《かう》して、宗《むね》茂《しげ》を先《せん》鋒《ぽう》とし、之《これ》に次《つ》ぐに直《なほ》茂《しげ》・勝《かつ》茂《しげ》を以《もつ》てし、之《これ》に次《つ》ぐに清《きよ》正《まさ》を以《もつ》てし、乃《だい》公《こう》節《せつ》度《ど》として薩《さつ》隅《ぐう》に向《むか》ひなば、惟《ゐ》新《しん》父《ふ》子《し》を降《くだ》し、九州《しう》を一統《とう》するは、吾《わが》方《はう》寸《すん》の裏《うち》に在《あ》りと。是《これ》に於《おい》て遠《とほ》くは清《きよ》正《まさ》の來《らい》會《くわい》を促《うなが》し、近《ちか》くは直《なほ》茂《しげ》に檄《げき》し、激《げき》勵《れい》する所《ところ》あり。直《なほ》茂《しげ》果《はた》して之《これ》に感《かん》奮《ぷん》し、封《ほう》内《ない》の衆《しゆう》三萬《まん》を擧《あ》げて先《ま》づ到《いた》り、宗《むね》茂《しげ》と戰《せん》鬪《とう》を開《かい》始《し》す。如《ぢよ》水《すゐ》亦《また》其《その》軍《ぐん》を柳《やな》河《がは》の附《ふ》近《きん》水《みづ》田《た》に屯《たむろ》して、聲《せい》威《ゐ》を示《しめ》す。在《あ》ること數日《すうじつ》にして、清正《きよまさ》も亦《また》手兵《しゆへい》千二百餘《よ》を率《ひき》ゐて瀨高《せだか》に到《いた》れり。如水《ぢよすゐ》即《すなは》ち二將《しやう》と議《ぎ》し、使《つかひ》を城中《じやうちう》に遣《や》りて、宗茂《むねしげ》の反省《はんせい》を求《もと》め、質《ち》を出《いだ》して、他《た》なきを表《へう》し、且《か》つ征薩《せいさつ》先鋒《せんぽう》の任《にん》を辭《じ》せずば、圍《かこみ》を釋《と》き、爲《ため》に救解《きうかい》の勞《らう》を執《と》る可《べ》しと告《つ》ぐ。宗茂《むねしげ》之《これ》を德《とく》とし、十月廿五日、兵《へい》を率《ひき》ゐて城《しろ》を出《い》づ。是《これ》に至《いた》りて柳河《やながは》も亦《また》如水《ぢよすゐ》の意圖《いと》に落《お》ち、筑後《ちくご》の一州《しう》亦《また》又《く》平定《へいてい》せり。

*　*　*　*　*　*

是《これ》より先《さ》き、日向《ひうが》飫肥《おび》の城主《じやうしゆ》伊東《いとう》民部大輔《みんぶのたいふ》祐兵《すけたけ》も亦《また》東上《とうじやう》して、大阪《おほさか》に在《あ》り。疾《やまひ》に罹《かゝ》りて淹留中《えんりうちう》、事端《じたん》は發《はつ》し、奉行《ぶぎやう》等に逼《せま》られて、已《や》むを得《え》ず、部下《ほうか》のみを遣《つか》はして、伏見《ふしみ》の攻城《こうじやう》に加《くは》はらしめたるも、固《もと》より其本意《そのほんい》に非《あら》ず。書《しよ》を如水《ぢよすゐ》に贈《おく》りて、救解《きうかい》を求《もと》む。如水《ぢよすゐ》之《これ》に復《ふく》し、西歸《せいき》して隣敵《りんてき》を攻《せ》め、以《もつ》て自《みづか》ら致《いた》す可《べ》しと勗《つと》む。祐兵《すけたけ》同意《どうい》したるも、疾《やまひ》癒《い》えず。其子《そのこ》左京亮《さきやうのすけ》祐慶《すけよし》を飫肥《おび》に下《くだ》し、且《か》つ如水《ぢよすゐ》の檢使《けんし》を請《こ》ふ。如水《ぢよすゐ》之《これ》を聽《ゆる》し戰略《せんりやく》を家士《かし》宮川《みやがは》半右衛門《はんゑもん》に授《さづ》けて、之《これ》に臨《のぞ》ましむ。十月朔、飫肥《おび》の兵《へい》は先《ま》づ高《たか》橋右近大夫元種《はしうこんのたいふもとたね》が屬城宮崎《ぞくじやうみやざき》を攻陷《こうかん》し、斬獲《ざんくわく》の首級《しゆきふ》を如水《ぢよすゐ》水田《みづた》の屯營《とんえい》に贈りて、投誠《とうせい》を表《へう》し、是《これ》より以降《いかう》戰鬪《せんとう》絶《た》えず。既《すで》にして島津氏《しまづし》以下《いか》皆《みな》家康《いへやす》に伏《ふく》したるに由《よ》りて、各自《かくじ》兵《へい》を收《をさ》め、日向《ひうが》も亦《また》鎭定《ちんてい》せり。而《しか》して此州《このしう》をして初《はじめ》より、西軍《せいぐん》の手《て》に落《お》ちざらしめたるものは、亦《また》一に如水《ぢよすゐ》の力《ちから》に頼《よ》れり。

＊　＊　＊　＊　＊　＊

十月廿五日如水《ぢよすゐ》は立花宗茂《たちはなむねしげ》を誘降《いうかう》して、其據城柳河《そのきよじやうやながは》を收《をさ》むるや、即日書使《そくじつしよし》を發《はつ》して、之《これ》を家康《いへやす》に報告《はうこく》し、進《す》みて肥後《ひご》に入《い》り、明《みやう》年春初《ねんしゆんしよ》を待《ま》ち、清正《きよまさ》・直茂《なほしげ》・宗茂《むねしげ》等《ら》と約《やく》し、薩摩《さつま》を征討《せいとう》せんことを請《こ》ふ。家康《いへやす》大《おほい》に喜《よろこ》び、手書《しゆしよ》して一旦《たん》之《これ》を許《ゆる》したるも、既《すで》にして惟新《ゐしん》父子《ふし》亦《また》家康《いへやす》に歸《き》し、事《こと》終《つひ》に罷《や》みたれば、如水《ぢよすゐ》の武《ぶ》、亦《また》用《もち》ふるに處《ところ》なく、振旅《しんりよ》して中津《なかつ》に還《かへ》れり。

＊　＊　＊　＊　＊　＊

如水《ぢよすゐ》既《すで》に九州《しう》平定《へいてい》の大功《たいこう》を奏《そう》し、長政《ながまさ》亦《また》關《せき》ケ原《はら》に殊勳《しゆくん》を建《た》つ。家康《いへやす》乃《すなは》ち長政《ながまさ》を筑前《ちくぜん》五十二萬《まん》三千石《ごく》に封《ほう》じ、以《もつ》て西海《せいかい》の重鎭《ぢうちん》と爲《な》す。是《これ》に至《いた》りて如水《ぢよすゐ》一代《だい》の事業《じげふ》は畢《をは》れり。長政《ながまさ》の意衷《いちう》は我《われ》知《し》らず。老雄《らうゆう》の跛子《ひし》に在《あ》りては、恐《おそ》らく此賞《このしやう》を視《み》て芻狗《すうく》と爲《な》し、吾《わが》事《こと》已《や》めりと嘆《たん》ぜしならん。

四十八　大勢一變

長政筑前に封ぜらる……左手を何とかしたる……如水の方寸

長《なが》政《まさ》筑《ちく》前《ぜん》に新《しん》封《ぽう》せられ、任《にん》に就《つ》くの途《と》次《じ》、中《なか》津《つ》に歸《かへ》り、如《ぢよ》水《すゐ》に見《まみ》えて曰《いは》く、關《せき》ケ原《はら》の役《えき》に、兒《じ》力《りよく》戰《せん》して西《せい》軍《ぐん》を破《やぶ》るや、內《ない》府《ふ》之《これ》を多《た》とし、三たび兒《じ》が手《て》を頂《いたゞ》かれたりと。當《たう》時《じ》の名《めい》譽《よ》、蓋《けだ》し焉《これ》より大《だい》なるものあらず。故《ゆゑ》に特《とく》に告《つ》げたるなり。如《ぢよ》水《すゐ》冷《れい》然《ぜん》として問《と》うて曰《いは》く、其《その》頂《いたゞ》かれたる手《て》は、果《はた》して左《さ》右《いう》の孰《いづ》れなりし歟《か》と。長《なが》政《まさ》則《すなは》ち右《め》手《て》なりしと答《こた》ふれば、如《ぢよ》水《すゐ》重《かさ》ねて、其際左手をば如何にか措きしやと問《と》ふ。長《なが》政《まさ》默《もく》然《ねん》たり。如《ぢよ》水《すゐ》の色《いろ》甚《はなは》だ懌《よろこ》ばざりしと云《い》ふ。

蓋《けだ》し惟《おも》ふに、東《とう》西《ざい》の兩軍《りやうぐん》關《せき》ケ原《はら》に相對《あひたい》するや、勢《せい》均力敵《きんりよくてき》して、旗鼓《きこ》相當《あひあた》り、雌《し》雄《ゆう》未《いま》だ判《はん》せず。其《そ》れをして戰鬪《せんとう》久《ひさ》しきに彌《わた》らしめん乎《か》、譬《たと》へば兩虎《りやうこ》の相搏《あひう》つが如《ごと》く、一虎《こ》は仆《たふ》れ、一虎《こ》は傷《きず》つかん。如水《じよすゐ》徐《おもむ》ろに其《その》困憊《こんぱい》に乘《じよう》ぜんと欲《ほつ》したるに、長政《ながまさ》察《さつ》せず、一意《い》家康《いへやす》を助《たす》け、早《はや》く大勢《たいせい》を定《さだ》め、如水《ぢよすゐ》肚裏《とり》の秘《ひ》計《けい》をして永《なが》く畫餅《ぐわへい》に歸《き》せしめたるの感《かん》あり。故《ゆゑ》に如水《ぢよすゐ》此言《このげん》を爲《な》したるなり。其人《そのひと》の大志《たいし》を蓄《たくは》へたる、是《これ》に由《よ》りても亦《また》觀《み》る可《べ》し。

＊　＊　＊　＊　＊　＊

然《しか》りと雖《いへど》も、如水《ぢよすゐ》の智術《ちじゆつ》を弄《ろう》するや、餘《あま》りに技巧《ぎこう》に過《す》ぎたるものあり。彼《かれ》は初《はじめ》より家康《いへやす》の終《つひ》に天下《てんか》を制《せい》す可《べ》きを看取《かんしゆ》し、京畿《けいき》の紛擾《ふんぜう》の當時《たうじ》より、長政《ながまさ》をして家康《いへやす》に從屬《じゆうぞく》せしめたれば、恪勤《かくきん》の長政《ながまさ》、豈《あに》其《そ》の事《つか》ふる所《ところ》に忠《ちう》ならざらんや。是《これ》を以《もつ》て長政《ながまさ》を責《せ》むる、寧《むし》ろ如水《ぢよすゐ》の酷《こく》なるを看《み》るのみ。如水《ぢよすゐ》は然《しか》く一方《はう》には家康《いへやす》の終《つひ》に天下《てんか》を制《せい》す可《べ》きを察《さつ》し、長政《ながまさ》をして從屬《じゆうぞく》せしめながら、他《た》方《はう》には東西《とうざい》の優劣《いうれつ》容易《ようい》に決《けつ》せざる場合《ばあひ》を豫想《よさう》し、四隣《りん》を征伏《せいふく》して、其力《そのちから》を蓄《たくは》へ、鹿《しか》を中原《ちうげん》に逐《お》ふの準備《じゆんび》に從事《にゆうじ》せり。是《これ》のみを觀《み》れば、其志望《そのしばう》も亦《また》雄大《ゆうだい》なれども、彼《かれ》の智《ち》は尚《な》ほ十の八九まで家康《いへやす》の大亂《たいらん》を戡定《かんてい》す可《べ》きを鑑照《かんせう》して、常《つね》に其胸間《そのきようかん》より離《はな》れず。故《ゆゑ》に等《ひと》しく四隣《りん》を征討《せいとう》して、其州郡《そのしうぐん》を徇《とな》へながら、名義《めいぎ》を東軍《とうぐん》の爲《ため》にすといふに藉《か》り、東軍《とうぐん》にして克《か》たば、自家《じか》の征戰《せいせん》は家康《いへやす》に對《たい》する奉効《ほうかう》なりと稱《しよう》し、東軍《とうぐん》にして克《か》たざれば、收《をさ》めて吾城《わがじやう》邑《いふ》と爲《な》さんと欲《ほつ》しゝなり。

故《ゆゑ》に一たび軍《ぐん》を中津《なかつ》より發《はつ》し、專《もつぱ》ら壯圖《さうと》を一世《せい》に伸《の》べんと志《こゝろざ》したる際《さい》に在《あ》りても、尚《な》ほ且《か》つ每戰捷《まいせんかちもの》を家康《いへやす》に報《はう》じ。以《もつ》て後日《ごじつ》一家《か》の計《けい》を怠《おこた》らず。若《も》し夫《そ》れ豐後《ぶんご》の征定《せいてい》を了《をは》り、豐前《ぶぜん》を徇《とな》へ、筑《ちく》前《ぜん》に入《い》りたる日《ひ》は、東軍《とうぐん》關《せき》ヶ原《はら》に克《か》ち、大勢《たいせい》既《すで》に定《さだ》まりたるの報《はう》。行營《かうえい》に達《たつ》したる後《のち》なるなり。是《これ》より以降《いかう》の戰鬪《せんとう》攻伐《こうばつ》に至《いた》りては、彼《かれ》が日頃《ひごろ》の大志《たいし》を抛棄《はうき》し、新《あらた》に成《な》りたる新權力《しんけんりよく》の爲《ため》に、能《あた》ふだけ多《おほ》く敵《てき》を驅《か》り、事後《じご》の行賞《かうしやう》を迎《むか》へんと欲《ほつ》したるに過《す》ぎざるのみ。顚《ころ》びても徒爾《とじ》には起《た》たずとは、豈《あに》此如水《このじよすい》の如《ごと》きを謂《い》ふ歟《か》。顧《おも》ふに天下《てんか》の大事《だいじ》なるものは、斯《か》かる技巧《ぎこう》の能《よ》く成就《じやうじゆ》する所《ところ》に非《あら》ず。成敗《せいはい》を忘《わす》れ、利鈍《りどん》を顧《かへり》みず。乾坤《けんこん》を一擲《てき》に賭《と》する者《もの》にして、而《しか》る後《の》ち始《はじ》めて之《これ》を庶幾《しよき》す可《べ》きのみ。如水《ちよすゐ》の遠《とほ》く家《いへ》康《やす》に及《およ》ばず、又三成《またみつなり》・兼續《かねつぐ》に比《ひ》して遜色《そんしよく》あるものは、此《こゝ》に在《あ》り。然《しか》りと雖《いへど》も、當時《たうじ》の世界《せかい》に在《あ》りて、家康《いへやす》・三成《みつなり》・兼續《かねつぐ》以外《いぐわい》に、大勢《たいせい》變轉《へんてん》の機《き》を看取《かんしゆ》し、天下《てんか》の志《こゝろざし》を存《そん》せし者《もの》を求《もと》むれば、獨《ひと》り斯人《このひと》ありしのみ。彼《かれ》亦《また》永《なが》く一人《じん》豪《がう》たるを失《うしな》はず。我《われ》其人《そのひと》を品《ひん》して、上の下にして、中の上なりと爲《な》すものは、則《すなは》ち是《こ》れを以《もつ》ての故《ゆゑ》なり。

四十九　如水の希望

藤堂高虎に與ふる書……英雄、英雄を知る

如水《ぢよすゐ》の大友《おほとも》義統《よしむね》を降《くだ》したるは、上國《じやうこく》に於《おい》て關《せき》ヶ原《はら》大戰《たいせん》の決《けつ》したる日《ひ》なり。是時《このとき》までは東軍《とうぐん》の捷報《せふはう》未《いま》だ到《いた》らず。如水《ぢよすゐ》は方《まさ》に雄心《ゆうしん》勃々《ほつ〴〵》の間《かん》に在《あ》るはずなり。然《しか》るに彼《かれ》は此《こゝ》際《さい》より早《はや》くも志《こゝろざし》を獲《え》ざりし場合《はあひ》の後計《こうけい》を怠《おこた》らず。其翌日《そのよくじつ》彼《かれ》は遙《はるか》に書《しよ》を藤堂《とうだう》佐《さ》渡《どの》守《かみ》高虎《たかとら》

に贈《ちく》りて、豐後《ぶんご》の戰捷《せんせふ》を報《はう》じ、同時《どうじ》に家康《いへやす》に請《こ》ひて父子《ふし》の分封《ぶんはう》を斡旋《あつせん》せんことを、高虎《たかとら》に依賴《いらい》せり。其書《そのしよ》に曰《いは》く、

『急度《きつと》申候《まをしそろ》。

一清須《きよす》に而《て》懸御目《おんめにかゝり》候《そろ》使者《しや》、去《さる》五日《か》に罷着候間《まかりつきそろあひだ》、内々《ない〱》加《か》主計《かぞへ》申《まをし》談候《だんじそろ》、急手《いそぎて》切《ぎれ》之《の》働《はたらき》を被仕《つかまつられ》候《さふら》へと申遣候《まをしつかはしそろ》。

一拙者《せつしや》事《こと》、去《さる》九日《か》に仲津《なかつ》を出勢《しゆつせい》して、十二日《にち》にカケヒ城《じやう》富來城取《とり》卷候處《まきそろところ》に、九日《か》に吉統《よしむね》義統豐後《ぶんご》之《の》内《うち》ヒヤウ別府ハマワキ濱脇と申《まをす》所《ところ》に被取上《とりのぼられ》、立石《たていし》と申所《まをすところ》に城《しろ》を拵《こしらへ》、紹忍《ぜうにん》、ムナカタ宗像掃部はせ參《さんじ》、同《どう》十一日《にち》に木《き》付《つき》杵築取《とり》懸《かけ》候通《そろとほり》、カケヒ城《じやう》へ注進《ちうしん》有之《これあり》に付而《ついて》、彼城《かのしろ》を打捨《うちすて》、一騎《き》かけに懸付申候《かけつけまをしさふら》へば、早《はや》引退《ひきしりぞき》、立《たて》石《いし》へ取籠候《とりこもりそろ》。同《どう》十三日《にち》に、木《き》付衆《つきしゆう》拙者《せつしや》先手《さきて》之《の》者《もの》、立石《たていし》表《おもて》へかけ付《つけ》、兩《りやう》三度《ど》合戰仕《かつせんつかまつり》、ムナカタ掃部《かもん》・吉弘《よしひろ》加兵衛《かへゑ》・其外《そのほか》歴々《れき〱》

之《の》者《もの》、數《すう》十人《にん》打取《うちとり》候《そろ》。其日《そのひ》は夜《よ》に入《いり》候《そろ》之間《あひだ》、十四日《か》に立石《たていし》之《の》城《しろ》可責崩《せめくづすべき》に相究候處《あひきはめそろところ》、殊外《ことのほか》大雨《だいう》降《ふり》相延《あひのべ》候《そろ》。然處《しかるところ》に十五日《にち》未《み》明《めい》に、吉統《よしむね》・紹忍《ぜうにん》母里《はり》多兵衛《たへゑ》陣所《ぢんしょ》へかけ入《いり》候《そろ》條《でう》、不及是非《ぜひにおよはず》一命《めい》を助《たすけ》、吉統《よしむね》は仲津《なかつ》へ遣置《つかはしおき》候《そろ》。紹忍《ぜうにん》儀《ぎ》は立石《たていし》に有之《これある》人數《にんず》召連《めしつれ》、拙者《せつしゃ》陣所《ぢんしょ》へ可參《まゐるべし》と約束《やくそく》仕《つかまつり》罷歸《まかりかへり》、其夜《そのよ》中川《なかがは》修理所《しゆりところ》へにげ入《いり》候《そろ》。中修《ちうしう》中川修理内府《ないふ》樣《さま》へ無別儀《べつぎなく》候《さふら》へば、紹忍《ぜうにん》・ムナカタ、吉統《よしむね》陣所《ぢんしょ》へ不出處《いださゞるところ》に候《そろ》。結句《けつく》人數《にんず》を相添《あひそへ》、指出《さしだし》候《そろ》由《よし》に候《そろ》。自然《しぜん》内府《ないふ》樣《さま》へ中修理《ちうしゆり》方《かた》ゟ使者《ししゃ》など上《のほ》せ候共《そろとも》、御取《おとり》相無之《あひこれなさ》樣《やう》に、内々《ない〱》可被仰上《あふせあげらるべく》候《そろ》。

一　熊谷《くまがや》カケヒ城《じやう》、五三日《にち》之《の》内《うち》に可相澄《あひすますべく》候《そろ》。筑前《ちくぜん》小倉《こくら》表《おもて》に罷出《まかりいで》、隙《ひま》を明《あけ》、加主計《かぞへ》申談《まをしだんじ》、關戸《せきのと》越《ごし》に而《て》、廣島《ひろしま》を取可申《とりまをすべく》と存《ぞんじ》候《そろ》。

一　江戸《こうど》合渡之《の》川《かは》、無理《むり》に御越《おんこえ》候而《そろて》、貴殿《きでん》田中《たなか》兵太《ひやうた》、甲斐守《かひのかみ》具々《とも〲》

御手柄之通承《おんてがらのとほりうけたまはり》、大慶此事《たいけいこのこと》に候《そろ》。

一井兵少《ゐひやうせう》（井伊兵部少輔）被仰談《あふせだんぜられ》、甲斐守に備前中（備前中納言宇喜多秀家）跡を被遣候様に、御取成頼申候。

一加主計、拙者事は、今度切取候分、内府様以御取成を、秀頼様ゟ拝領仕候様に、井兵被仰談、御肝煎頼存候。数年《すうねん》無《おん》御等閑《なほざりなき》は、此節《このせつ》に候《そろ》。

一甲斐守には、兎角上方にて御知行被遣、拙者と別家に内府様へ御奉公申様に御才覚頼申候。

一御在所之儀《ございしよのぎ》、切々申談候《せつ〱まをしだんじそろ》。御気遣被成《おきづかひなされ》まじく候《そろ》。互《たがひ》に吉事《きちじ》

追々可申承候《おひ〱まをしうけたまはるべくそろ》。恐々謹言《きよう〱きんげん》。

九月十六日　圓清《ゑんせい》華押《くわあふ》

尚々此書状《なほ〱このしよじやう》、御《ご》おんみつ被成《なされ》候《そろ》て可被下《くださるべく》候以上《そろいじやう》。如水《ぢよすゐ》

藤《とう》佐《さ》様《さま》』

即《すなは》ち長政《ながまさ》の爲《ため》には宇《う》喜《き》多《た》秀《ひで》家《いへ》の封土《ほうど》・備《び》前《ぜん》美作《みまさか》二州《しう》を請《こ》ひ、如水《ぢよすゐ》は、別《べつ》に其《そ》の征服《せいふく》したる豐《ぶ》前《ぜん》・豐《ぶん》後《ご》等《とう》の地《ち》を得《え》んことを求《もと》めしなり。

* * * * * *

海内《かいだい》平定《へいてい》の後《のち》、家康《いへやす》大《おほい》に諸將《しよしやう》の功《こう》を論《ろん》じ、首《しゆ》として長政《ながまさ》を筑前《ちくぜん》五十二萬《まん》三千石《ごく》に封《ほう》ず。藤堂高虎《とうだうたかとら》等乃《すなは》ち家康《いへやす》に見《まみ》え、如水《ぢよすゐ》九州《しう》鎮撫《ちんぶ》の勳《いさほし》を言《い》ひ、別《べつ》に之《これ》を重賞《ちようしやう》せられんことを請《こ》ふ。家康《いへやす》頭《とう》を掉《ふる》ひて曰《いは》く、如水《ぢよすゐ》の功勞《こうらう》、大《だい》は則《すなは》ち大《だい》なり。然《しか》も其擧は底意の知れぬ働なり。暫《しばら》く置《お》きて、亦《また》言《い》ふこと勿《なか》れと。英雄《えいゆう》の心事《しんじ》は英雄《えいゆう》知《し》る。家康《いへやす》の眼光《がんくわう》肺腑《はいふ》に入《い》れり。如水《ぢよすゐ》之《これ》を傳聞《でんぶん》したりし時《とき》は、頭《かうべ》を掻《か》きて、知つて居る歟と私語《しご》せしならん。

五十　如水の超脱

如水、家康に致されず……其大言……福岡の隠栖

慶長《けいちやう》六年《ねん》、如水《ぢよすゐ》上京《じやうきやう》し、五月《ぐわつ》四日《か》家康《いへやす》に謁《えつ》し、關《せき》ヶ原《はら》の戰捷《せんせふ》を賀《が》し、且《か》つ長政《ながまさ》受封《じゆほう》の恩《おん》を謝《しや》す。曩《さき》に家康《いへやす》一旦《たん》其人《そのひと》を斥《しりぞ》けたりと雖《いへど》も、彼《かれ》が九州《しう》平定《へいてい》の功績《こうせき》を顧《かへりみ》れば、亦之《またこれ》を放却《はうきやく》するを得《え》ず。且《か》つ彼《かれ》が軍國《ぐんこく》の大體《たいてい》に通明《つうめい》にして、兼《か》ねて世故《せいこ》に練達《れんたつ》せるを念《おも》ひ、收《をさ》めて政治《せいぢ》の顧問《こもん》と爲《な》さんと欲《ほつ》し、之《これ》を見《み》て、懇款《こんかん》備《つぶさ》に至《いた》り、奏請《そうせい》して官爵《くわんしやく》を進《すゝ》め、湯沐《たうほく》の邑《いふ》を畿内《きない》に於《おい》て與《あた》ふ可《べ》きの意《い》を示《しめ》す。如水之《ぢよすゐこれ》を辭《じ》して曰《いは》く、我《われ》衰老《すゐらう》して、又當世《またたうせい》に意《い》あらず。幸《さいはひ》にして賤息《せんそく》長政《ながまさ》の巨封《きよほう》を受《う》くるあり。就《つ》きて其奉養《そのほうやう》を享《う》け、

優悠《いう〱》自《じ》適《てき》、以《もつ》て餘《よ》生《せい》を娛《たのし》まんのみと。終《つひ》に受《う》けず。蓋《けだ》し彼《かれ》既《すで》に志《こゝろざし》を一世《せい》に得《え》ず。榮爵《えいしやく》優遇《いうぐう》の如《ごと》き、亦《また》彼《かれ》の芻狗《すうく》視《し》する所《ところ》。故《ゆゑ》に此《こゝ》に出《い》でたるなり。家康《いへやす》既《すで》に如水に致されず。如水《ぢよすゐ》亦家康の手に乘らず。吁《あゝ》晉人《しんびと》之《これ》を角《つの》どれば、諸戎《しよじう》之《これ》を椅《あし》とる。兩々《りやう〱》比觀《ひくわん》し來《きた》れば、覺《おぼ》えず一噱《こ》を發《はつ》す。

此次《このじ》如水《ぢよすゐ》暫《しばら》く寓《ぐう》して東山《ひがしやま》の麓《ふもと》に在《あ》り。列侯《れつこう》士《し》太《た》夫《いふ》より、藪澤《そうたく》の浮《ふ》浪《らう》まで、之《これ》を傳聞《でんぶん》し、訪者《はうしや》接踵《せつちよう》して、門前《もんぜん》に市《いち》を爲《な》せり。時《とき》に流言《りうげん》あり。如水《ぢよすゐ》尚《な》ほ異志《いし》を蓄《たくは》ふと。山名《やまな》禪高《ぜんかう》固《もと》より如水《ぢよすゐ》と親《しん》善《ぜん》なり。一日《じつ》來《きた》り告《つ》げて曰《いは》く、此頃《このごろ》聞《き》く内府《ないふ》頗《すこぶ》る足下《そくか》に警戒《けいかい》すと。内府《ないふ》の人《ひと》となりは、足下《そくか》の善《よ》く知《し》る所《ところ》なり。思《おも》ふに麕至《きんし》の訪客中《はうきやくちう》には、必《かな》らず探公《たんこう》の雜《まじ》れるあらん。宜《よろ》しく自《みづか》ら抑遜《よくそん》し、他《た》の嫌疑《けんぎ》より遠《とほ》ざかるべきのみと。語《ご》未《いま》だ終《をは》らざるに、如水《じよすゐ》呵《か》々、として大笑《たいせう》して曰《いは》く、是《こ》れ何《なん》の憂《うれ》ふる所《ところ》ぞ。客歳《きやくさい》の變《へん》に、我《われ》思《おも》ふ所《ところ》あり、兵《へい》を擧《あ》げて四隣《りん》を討伐《とうばつ》し、九州《しう》概《おほむ》ね吾《わが》節度《せつど》に歸《き》せり。我《われ》此《この》軍《ぐん》を率《ひき》ゐて東上《とうじやう》し、旗《はた》を播備《ばんび》の間《かん》に建《た》てん乎《か》、播磨《はりま》は吾生《わがせい》國《こく》なり、備前《びぜん》美作《みまさか》は空虚《くうきよ》なり。檄《げき》を四方《しはう》に傳《つた》へなば、十萬の衆《しゆう》を得《う》るは、我《われ》に於《おい》て難事《なんじ》に非《あら》ず。我《われ》此衆《このしゆう》を收《をさ》めて、再《ふた》たび東《ひがし》し、内府《ないふ》と畿甸《きでん》の間《あひだ》に見《まみ》えなば、中原《ちうげん》の鹿《しか》未《いま》だ孰《いづ》れの手《て》に落《お》ちたるやを知《し》らず。然《しか》も大事《だいじ》既《すで》に定《さだ》まり、大亂《だいらん》已《すで》に靖《やす》んせり。我《われ》亦《また》何《なに》をか事《こと》とせん。故《ゆゑ》に戡定《かんてい》せし州郡《しうぐん》を籍《せき》して公《こう》に納《い》れ、單身《たんしん》來《きた》りて捷《かちもの》を賀《が》するのみ。今日《こんにち》に當《あた》り、何者《なにもの》の痴漢《ちかん》か我《われ》を疑《うたが》ふ者《もの》あらんやと。禪高《ぜんかう》言《げん》なくして去《さ》れり。蓋《けだ》し如水《ぢよすゐ》既《すで》に意《い》を當世《たうせい》に絶《た》ち家康《いへやす》の亦《また》之《これ》を猜《さい》せざるを知《し》れり。故《ゆゑ》に其初志《そのしよし》を明言《めいげん》し、毫《がう》も忌《き》憚《たん》せず。聞《き》く者《もの》之《これ》を偉《ゐ》としたり。

黒田如水

＊　＊　＊　＊　＊　＊

既《すで》にして如水《ちよすゐ》は京《きやう》を辭《じ》して、長政《ながまさ》の封國《ほうこく》筑前《ちくぜん》に就《つ》き、初《はじめ》は太宰《だざい》府《ふ》に棲遅《せいち》せしが、福岡城成《ふくをかじやうな》るに及《およ》び、菟裘《ときう》を城内《じやうない》に營《いとな》みて、此《こゝ》に移居《いきよ》し、點茶《てんさ》連歌《れんか》して餘生《よせい》を娯《たのし》み、倦《う》めば則《すなは》ち一僕《ぼく》を從《したが》へて、近郊《きんかう》を徜徉《しやうやう》し、時々《とき〴〵》民家《みんか》に入《い》りて、農夫《のうふ》・商賈《しやうこ》及其子《およびそのし》女等《ぢよら》と雜談《ざつだん》し、殆《ほとん》ど身世《しんせい》を忘《わす》れたるものゝ如《ごと》し。是《これ》を以《もつ》て管民《くわんみん》深《ふか》く其人《そのひと》を景慕《けいぼ》し、出《い》づれば則《すなは》ち之《これ》を途《みち》に要《えう》し、爭《あらそ》ひて家《いへ》に迎《むか》へしと云《いふ》。彼《かれ》は既《すで》に世《よ》と相忘《あひわす》る。然《しか》れども是《こ》れ只《たゞ》其大志《そのたいし》を抛棄《はうき》したりといふのみ。内《うち》に在《あ》りては、一藩軍國《はんぐんこく》の政《まつりごと》を預《あづか》り聽《き》き、儉素《けんそ》を尙《たつと》びて、財政《ざいせい》を裕《ゆたか》にし、士風《しふう》を勵《はげ》まして、軍備《ぐんび》を怠《おこた》らず、慈愛《じあい》を主《しゆ》として、治民《ちみん》に勉《つと》めたり。凡《およ》そ福岡《ふくをか》の庶政《しよせい》、半《なかば》は如水《ちよすゐ》の方寸《はうすん》より出《い》でたり。彼《かれ》の時々《とき〴〵》民家《みんか》に遊《あそ》び、好《この》みて倶《とも》に談笑《だんせう》したりしが如《こと》き、其間《そのかん》に爲《ゐ》政《せい》の得失《とくしつ》と治民《ちみん》の便不便《べんふべん》とを察《さつ》せしなり。我《われ》、福岡《ふくをか》の地《ち》に生《うま》れ、屢〻《しば〳〵》城内《じやうない》に入《い》りて、如水《ぢよすゐ》菟裘《ときう》の跡《あと》を觀《み》る。其地《そのち》隆然《りうぜん》として高丘《かうきう》を爲《な》し、一たび此《こゝ》に登臨《とうりん》すれば、福岡《ふくをか》・博多《はかた》は脚下《きやくか》に簇《むらが》り、肥岳《ひがく》・豊山《ほうさん》・玄海《げんかい》の灘《なだ》と歴々《れき〳〵》指顧《しこ》の裏《うち》に在《あ》り。我是《われこれ》に由《よ》りて如水《ぢよすゐ》此地《このち》を擇《えら》ぶの偶然《ぐうぜん》に非《あら》ざるを知《し》る。古《いにしへ》にいふ、老《らう》驥《き》櫪《れき》に伏《ふく》す。志《こゝろざし》千里《り》に在《あ》り。烈士《れつし》の暮年《ぼねん》、壯心《さうしん》已《や》まずと。斯人《このひと》これ在《あ》り。

五十一　如水の風韻

茶の妙味……如水の茶法……如水の歌句

太閤《たいかふ》の代《よ》に、茶儀《ちやぎ》大《おほい》に行《おこな》はれ、侯伯士大夫《こうはくしたいふ》競《きそ》ひて之《これ》を修《をさ》む。如《ぢよ》水《すゐ》獨《ひと》り斥《しりぞ》けて曰《いは》く、我《われ》其《その》茶儀《ちやぎ》なるものを看《み》るに、晏居半日《あんきよはんじつ》にして、爲《な》す所《ところ》あらず。是《こ》れ不用《ふよう》なり。且《か》つ今《いま》の時《とき》、邊警《へんけい》未《いま》だ絶《た》えざるに、刀《たう》を脱《だつ》して室《しつ》に入《い》り、身《み》を方外《はうぐわい》の人《ひと》に擬《ぎ》す。是《こ》れ不虞《ふぐ》なり。不用不虞《ふようふぐ》は武夫《ぶふ》の取《と》らざる所《ところ》なり。我《われ》は爲《な》さずと。一日《じつ》太閤《たいかふ》茶《ちや》を以《もつ》て如水《ぢよすゐ》を招《まね》く。如水《ぢよすゐ》意《い》太《はなは》だ懌《よろこ》ばず。然《しか》も命《めい》辭《じ》す可《べ》からず。已《や》むを得《え》ずして、之《これ》に赴《おもむ》けり。既《すで》に到《いた》り、儀《ぎ》に從《したが》ひて、室《しつ》に入《い》れば、主公《しゆこう》先《さき》だちて在《あ》り。進《すゝ》めて膝《ひざ》を接《せつ》せしめ、與《とも》に倶《とも》に密勿《みつぶつ》に參《さん》せしむ。既《すで》にして其議《そのぎ》了《をは》れども、尚《な》ほ茶《ちや》を點《てん》せず。如水心《ぢよすゐこゝろ》に之《これ》を訝《いぶか》れり。太閤《たいかふ》其色《そのいろ》を察《さつ》して曰《いは》く、今日《こんにち》の事《こゝ》、内外《ないぐわい》耳《みゝ》を欹《そばだ》てり。若《も》し爾《なんぢ》を呼《よ》びて密議《みつぎ》すと傳《つた》へん乎《か》、揣摩《しま》百出《しゆつ》して秘計《ひけい》乃《すなは》ち見《あらは》れん。故《ゆゑ》に茶儀《ちやぎ》に託《たく》して招《まね》きしのみと。如水《ぢよすゐ》頓首《とんしゆ》して曰《いは》く、茶儀《ちやぎ》の妙用《めうよう》其《そ》れ此《こゝ》に在《あ》る歟《か》。今《いま》にして始《はじ》めて茶《ちや》の味《あぢはひ》を知《し》れり。殿下《でんか》の用意《ようい》、臣等《しんら》の遠《とほ》く及《およ》ぶ所《ところ》に非《あら》ずと。是《これ》より深《ふか》く斯道《このみち》に入《い》れり。

＊　＊　＊　＊　＊　＊

後《のち》に如水《ぢよすゐ》自《みづか》ら茶法《ちやはふ》を定《さだ》め、之《これ》を茶室《ちやしつ》の水屋《みづや》に掲《かゝ》ぐ。其文《そのぶん》に曰《いは》く、

『定《さだめ》

一茶挽《ちやひき》候事《そろこと》、如何《いか》にも静《しづか》に廻《まは》し、油断《ゆだん》なく、滞《とゞこほ》らぬ様《やう》に、挽《ひき》可㆑申《まをすべき》事《こと》。

一茶碗《ちやわん》以下《いか》垢《あか》づき不㆑申《まをさゞる》様《やう》に、度《たび》々〱洗《あらひ》可㆑申《まをすべく》候事《そろこと》。

一釜《かま》の湯《ゆ》一柄《ひとひ》杓《しやく》汲取《くみとり》候《さふら》はゞ、又水《またみづ》一柄《ひとひ》杓《しやく》さし候《そろ》て、まどひ置《おき》可㆑申《まをすべく》候《そろ》。使捨《つかひすて》、飲捨《のみすて》に仕間敷《つかまつるまじく》候事《そろこと》。

右我流《みぎがりう》にてはなく、利休流《りきうりう》に候間《そろあひだ》、能々《よく》〱守《まもり》可㆑申《まをすべく》候事《そろこと》。

惣而《そうじて》人《ひと》の分別《ふんべつ》も、靜《しづか》と思《おも》へば、油斷《ゆだん》に成《なり》、滯《とゞこほ》らぬと思《おも》へばせはしく成候《なりそろ》て、各々《おの〳〵》生付得方《うまれつきえかた》に成候《なりそろ》・又隨分義理明白《またずゐぶんぎりめいはく》なる樣《やう》にと思《おも》へども、欲垢《よくあか》に汚《けが》れ易《やす》く候《そろ》、又親《またおや》・主《しう》の恩《おん》を始《はじめ》朋輩《ほうはい》・家人《けにん》共《とも》の恩《おん》にも預《あづか》り候事《そろこと》多《おほ》く候處《そろところ》に、其《そ》の恩《おん》を可報《はうずべき》と思《おも》ふ心《こゝろ》なく、終《つひ》に神佛《しんぶつ》の罰《ばつ》を蒙《かぶ》り候《そろ》。然者《しかれは》右《みぎ》三箇條《かでう》、朝夕《あさゆふ》の湯《ゆ》水《みづ》の上《うへ》にても、能々《よく〳〵》分別《ふんべつ》候《そろ》ため、書付《かきつ》け置《おき》候《そろ》也《なり》。

慶長《けいちやう》四年《ねん》正月《じやうぐわつ》日《ひ》　　如《ぢよ》水《すゐ》』

人《ひと》の履《ふ》む可《べ》き大道《だいだう》を淡々《たん〳〵》たる茶儀上《ちやぎじやう》より說示《せつじ》し來《きた》る。彼《かれ》は果《はた》して、茶《ちや》の味《あぢはひ》を悟《さと》れり。後《のち》の斯道《このみち》を講《かう》ずる者《もの》、其《そ》れ如水《ぢよすゐ》に則《のつと》る可《べ》きなり。

＊　＊　＊　＊　＊　＊

如水《ぢよすゐ》又《また》風藻《ふうさう》あり。當時《たうじ》の名匠《めいしやう》紹巴《せうは》・昌琢《しやうたい》等《ら》と屢々《しば〳〵》唱和《しやうわ》し、間《まゝ》佳句《かく》あ

り。一日《じつ》百韻《ゐん》の連歌《れんか》を試《こゝろ》む。紹巴《せうは》先《ま》づ一句《く》を著《つ》けて曰《いは》く、

畏《おそ》るゝのみをゆゝしとはせじ

如水《ぢよすゐ》聲《こゑ》に應《おう》じて曰《いは》く、

虎走《とらはし》る野邊《のべ》は獸《けもの》の聲《こゑ》もなし

と。句《く》自《おのづか》ら其人《そのひと》と稱《かな》へり。將帥《しやうすゐ》の器度《きど》は箇中《こちう》に見《み》えたり。

五十二　如水の言行

萬人の敵……太閤、如水の將才を認む……如水父子の斤量……如水三罰を畏る

一年《ねん》如水《ぢよすゐ》大阪《おほさか》天滿《てんま》の邸《てい》に在《あ》り。糟谷《かすや》助左衞門《すけざゑもん》武則《たけのり》・遊左新左衞門《ゆさしんざゑもん》等《ら》來訪《らいはう》し、談偶《だんたま〳〵》軍事《ぐんじ》に及《およ》ぶ。一人《にん》曰《いは》く、足下《そくか》の勇武《ゆうぶ》は一世《せい》の推《すゐ》

稱《しよう》する所《ところ》なり。然《しか》も未《いま》だ斬將搴旗《ざんしやうけんき》の功《こう》を聞《き》かず。知《し》らずこれあるや否《いな》やと。如水《ぢよすゐ》夷然《いぜん》として曰《いは》く、人各《ひとおの〳〵》能《のう》あり。不能《ふのう》あり。我《われ》小少《せう〳〵》より戰鬪《せんとう》に從事《じゆうじ》したるも、槍《やり》を舞《ま》はし、刀《たう》を揮《ふる》ひ、一人《にん》の敵《てき》を取《と》るは、我《われ》の不能《ふのう》とする所《ところ》なり。然《しか》れども麾《き》を手《て》にして、戰陣《せんぢん》に臨《のぞ》み、一擧《きよ》して萬人《まんにん》の敵《てき》に克《か》つは、私《ひそか》に人《ひと》に讓《ゆづ》らずと爲《な》す。是《こ》れ我《われ》の能《のう》ならん歟《か》と。人皆《ひとみな》其將器《そのしやうき》に服《ふく》せり。

日南《にちなん》いふ、奥平謙介《おくたひらけんすけ》嘗《かつ》て懷《おもひ》を賦《ふ》して曰《いは》く、

一人敵耳劍何須。足レ記二名姓一書亦迂。我愛姦雄曹孟德。帷中不レ睡註二孫呉一。

如水《ぢよすゐ》亦《また》其《その》一人《にん》なる歟《か》。

＊　＊　＊　＊　＊　＊　＊

小田原《をだはら》の役《えき》に、一日《じつ》秀吉《ひでよし》諸營《しよえい》を巡閲《じゆんえつ》し來《きた》り、左右《さいう》に謂《いつ》て曰《いは》く、

黒田如水

昔《むかし》は頼朝《よりとも》富士川《ふじがは》に軍《ぐん》せし時《とき》、其衆《そのしゆう》二十萬《まん》なりしと云《い》ふ。頼朝《よりとも》の將才《しやうさい》も亦《また》想《おも》ふ可《べ》し。後世《こうせい》に及《およ》び、未《いま》だ彼《かれ》が如《ごと》き大軍《たいぐん》を節制《せつせい》せし者《もの》あるを聞《き》かず。而《しか》して現《げん》に吾衆《わがしゆう》は夐《はかる》に頼朝《よりとも》の軍《ぐん》の上《かみ》に在《あ》り。今《いま》の秋《とき》に當《あた》り、自在《じざい》に此大軍《このたいぐん》を操縦《さうじゆう》する者《もの》は、我《われ》を措《お》きて、海内《かいだい》に亦在《またあ》ること莫《な》けんと。暫《しばら》くして更《さら》に曰《いは》く、在《あ》り、在《あ》り、一人《にん》あり。秀吉《ひでよし》以外《いぐわい》に之《これ》を操縦《さうじゆう》し得《え》ん者《もの》は、其《そ》れ彼跛子《かのちんば》の勘《い》解《げ》由《ゆ》ならん。

*　*　*　*　*　*

長政勇猛《ながまさゆうまう》にして、毎戰衆《まいせんしゆう》に先《さき》んず。是《これ》を以《もつ》て長政《ながまさ》に從《したが》ひて戰場《せんぢやう》に臨《のぞ》める者《もの》は、戰《たゝかひ》了《をは》りて後《のち》、始《はじ》めて蘇生《そせい》の思《おもひ》を爲《な》したりと云《いふ》。

一日《じつ》老臣《らうしん》栗山利安《くりやまとしやす》入《い》りて如水《ぢよすゐ》に申《まを》して曰《いは》く、嗣君《しくん》毎戰《まいせん》先頭《せんとう》に在《あ》り。身《み》を挺《てい》して衆《しゆう》を指揮《しき》せらる。勇武《ゆうぶ》は寔《まこと》に欽《きん》す可《べ》し。然《しか》れども斯《か》くの如《ごと》きは自《おのづか》ら臣等《しんら》の任《にん》なり。主將《しゆしやう》の至危《しき》を冒《をか》したまふは一軍《ぐん》の憂《うれひ》なり。老公幸《らうこうさいはひ》に之《これ》を諭止《ゆし》せられよと。如水頭《ぢよすゐとう》を掉《ふる》ひて曰《いは》く、我將《われしやう》として自《みづか》ら出《い》でなば、設《たと》ひ軍後《ぐんご》に在《あ》るも、軍《ぐん》の操縦《さうじゆう》意《い》の如《ごと》くならざるを憂《うれ》ひず。長政《ながまさ》の分際《ぶんさい》にては、先頭《せんとう》に立《た》ちて努力奮闘《どりよくふんとう》して可《か》なり。否《しか》らざれば、勝《かち》を制《せい》するを得《え》ざる可《べ》きなりと。如水《ぢよすゐ》の抱負《はうふ》と斤量《きんりやう》と、此間《このかん》に於《おい》て亦《また》觀《み》る可《べ》し。

＊　＊　＊　＊　＊　＊

然《しか》れども長政《ながまさ》には又自《またおのづか》ら長政《ながまさ》の見《けん》あり。其言《そのげん》に曰《いは》く、戰鬪《せんとう》勝《かち》を制《せい》するには、將身《しやうみ》を以《もつ》て衆《しゆう》を率《ひき》ゐざる可《べ》からず。今《いま》や幸《さいはひ》にして家《いへ》に嚴君《げんくん》の在《ま》しますあり。設《たと》ひ我戰死《われせんし》すと雖《いへど》も、後顧《こうこ》の憂《うれひ》あらず。我《われ》の毎戰衆《まいせんしゆう》に先《さき》んずる所以《ゆゑん》なりと。

父《ちゝ》も父《ちゝ》たり。子《こ》も子《こ》たり。黒田氏《くろだし》の勃興《はつこう》したる、抑偶然《そも〳〵ぐうぜん》に非《あら》ざるを知《し》る可《べ》し。

＊　＊　＊　＊　＊

如《ちよ》水《すゐ》士《し》を好《この》み、衆《しゆう》を愛《あい》し、撫《ぶ》字《じ》至《いた》らざる所《ところ》あらず。是《これ》を以《もつ》て群《ぐん》下《か》喜《よろこ》びて其《その》用《よう》を爲《な》せり。後《ご》藤《とう》又《また》兵《べ》衞《ゑ》基《もと》次《つぐ》の如《ごと》き、夙《つと》に如《ちよ》水《すゐ》に子《し》養《やう》せられ、如《ちよ》水《すゐ》の爲《ため》に才《さい》力《りよく》を傾《けい》盡《じん》せしが、如《ちよ》水《すゐ》の逝《せい》去《きよ》するに及《およ》び、終《つひ》に筑《ちく》前《ぜん》を去《さ》れり。如《ちよ》水《すゐ》の常《じやう》言《げん》に曰《いは》く、我《われ》の畏《おそ》るゝ所《ところ》は、神罰と君罰と臣民罰となり。中《なか》に就《つ》き、神《しん》罰《ばつ》は祈《いの》りて幸《さいはひ》に免《まぬ》かる可《べ》し。君《くん》罰《ばつ》も亦《また》謝《しや》して或《あるひ》は宥《ゆる》さる可《べ》し。唯《た》だ其《そ》れ群《ぐん》下《か》離《はな》れ、百姓《しやう》怨《うら》み、一たび臣《しん》民《みん》罰《ばつ》を得《え》ん乎《か》。之《これ》を避《さ》くる所《ところ》なし。終《つひ》に家《か》國《こく》を失《うしな》はんのみ。故《ゆゑ》に我《われ》は三罰《ばつ》を恐《おそ》れ殊《こと》に最《さい》後《ご》の罰《ばつ》を恐《おそ》ると。如《ちよ》水《すゐ》の如《ちよ》水《すゐ》たる所以《ゆゑん》のものは、實《じつ》に此《こゝ》に在《あ》り。今《いま》の政《まつりごと》に從《したが》ふ者《もの》其《そ》れ之《これ》を思《おも》ふ可《べ》きなり。

五十三　同

如水の處世訓……時代に卓出せし大平民

如水《ぢよすゐ》畢生《ひつせい》勤儉を以《もつ》て衆《しゆう》を率《ひき》ゆ。一日《じつ》長政《ながまさ》と倶《とも》に藩府《はんぷ》に坐《ざ》し、諸《しよ》士《し》を戒《いまし》めて曰《いは》く、人各〻《ひとおのおの》其分《そのぶん》あり。日常《にちじやう》の衣・食・住《いしよくぢう》、寧《むし》ろ分より而下ならんことを要《えう》す。斯《か》くの如《ごと》くして而《しか》る後《のち》始《はじ》めて分に適《てき》するを得《え》ん。若《も》し其《そ》れ然《しか》らず、諸士《しよし》にして、一旦《たん》其分《その》を忘《わす》れん乎《か》、忽《たちま》ち家計《けい》の不給《ふきふ》を來《きた》す可《べ》し。奉公忠《ほうこうちう》を缺《か》き、處世信《しよせいしん》を失《しつ》するもの、大端《だいたん》皆此《みなこゝ》に在《あ》り。況《いはん》や一朝緩急《てうくわんきふ》の場合《ばあひ》に於《おい》てをや。諸士《しよし》其《そ》れ何《なに》を以《もつ》て之《これ》に應《おう》ずるを得《え》んや。曰《いは》く兵仗《へいぢやう》、曰《いは》く馬匹《ばひつ》、是《こ》れ士《し》の平素《へいそ》より備《そな》ふ可《べ》き所《ところ》なり。然《しか》も亦又《またまた》其分あり。甲《かふ》は堅《かた》きを尙《たつと》び、馬《うま》は健《けん》なるを要《えう》するのみ。若《も》し徒《いたづ》らに壯《さう》麗《れい》美《び》觀《くわん》を求《もと》めん乎《か》窮《きう》乏《はふ》従《したが》ひて至《いた》る可《べ》し。戒《いまし》めざる可《べ》けんやと。

* * * * * *

彼《かれ》の見《けん》地《ち》や斯《か》くの如《ごと》し。是《これ》を以《もつ》て自《みづか》ら奉《ほう》ずること質《しつ》素《そ》を極《きは》む。而《しか》して衣《い》服《ふく》器《き》物《ぶつ》久《ひさ》しく之《これ》を蓄《たくは》へず。用《もち》ふること暫《しばら》くすれば、賤《せん》償《しやう》を收《をさ》めて、近《きん》侍《じ》に沽《こ》却《きやく》し去《さ》る。一人《にん》あり、彼《かれ》に謂《いつ》て曰《いは》く、是《これ》等《ら》の物《もの》、之《これ》を臣《しん》等《ら》に賜《たま》ふも亦《また》可《か》ならずや。何《なん》ぞ必《かなら》ずしも代《だい》償《しやう》を事《こと》とせんと。如《ぢよ》水《すゐ》笑《わら》ひて曰《いは》く、吁《あゝ》是《こ》れ思《おも》はざるのみ。等《ひと》しく是《こ》れ衣《い》服《ふく》什《じふ》器《き》なり。自《みづか》ら買《か》ひたると、人《ひと》より貰《もら》ひたると、孰《いづ》れが貴《たつと》きや。且《か》つ其《そ》れ些《さ》末《まつ》の物《ぶつ》品《ぴん》なるも、故《ゆゑ》なく之《これ》を人《ひと》に與《あた》ふれば、受《じゆ》者《しや》は誇《ほこ》り、不《ふ》受《じゆ》着《しや》は憾《うら》む可《べ》し。人《ひと》の長《ちやう》として愛《あい》憎《ぞう》を以《もつ》て下《しも》に臨《のぞ》む。是《こ》れ豈《あに》衆《しゆう》を率《ひき》ゐるの道《みち》ならんや。

黒田如水

武《む》藏《さし》溫《をん》泉《せん》は福《ふく》岡《をか》の近《きん》郊《かう》に在《あ》り。如《ぢよ》水《すゐ》嘗《かつ》て此《こゝ》に留《りう》浴《よく》し、士《し》民《みん》の來《らい》訪《はう》する者《もの》常《つね》に絶《た》えず。一日《じつ》領《りやう》千石《こく》の士《し》來《らい》謁《えつ》し、乾《ほし》菜《な》一把《は》を饋《おく》る。如《ぢよ》水《すゐ》喜《よろこ》ぶこと甚《はなはだ》し。次《つ》ぎて領《りやう》七百石《こく》の士《し》來《きた》り見《まみ》え、一升《しやう》の酒《しゆ》樽《そん》を獻《けん》ず。亦《また》大《おほい》に其《その》意《い》に協《かな》へり。以《お》爲《も》へらく、皆《みな》其《その》分を失《うしな》はずと。次《つ》ぎて領《りやう》百石《こく》の士《し》あり。紅《た》鬣《ひ》の鮮《せん》魚《ぎよ》を好《かう》盤《はん》に載《の》せ、恭《うやうや》しく捧《さゝ》て、起《き》居《きよ》を候《こう》す。主《しゆ》人《じん》喜《よろこ》ずばして、曰《いは》く、爾《なんぢ》小《せう》祿《ろく》の身《み》を以《もつ》て、斯《かく》の如《ごと》き贈《ぞう》饋《くわい》を爲《な》す。分を忘《わす》るゝも亦《また》甚《はなはだ》し。想《おも》ふに爾《なんぢ》の資《し》財《ざい》贍《た》らず。一家《か》は乏《はふ》を告《つ》げ、兵《へい》仗《ぢやう》は缺《けつ》を生《しやう》じつらん。其《そ》れ何《なに》を以《もつ》て公《こう》に奉《ほう》せんとする歟《か》と。意《い》色《しよく》倶《とも》に惡《あし》し。其《その》士《し》額《ひたひ》を撫《な》でゝ曰《いは》く、明《めい》公《こう》其《そ》れ之《これ》を恕《ぢよ》せよ。是《こ》れ一商《しやう》戸《こ》の小《せう》臣《しん》に饋《おく》りし物《もの》なり。只《たゞ》其《その》魚《うを》の新《しん》鮮《せん》を思《おも》ひ、敢《あへ》て公《こう》に轉《てん》捧《ぽう》すのみ。不《ふ》敬《けい》を尤《とが》むる無《な》くば幸《さいはひ》甚《はなはだ》しと。頓首《とんしゅ》して罪《つみ》を謝《しや》す。如水釋然《ちよすゐしやくぜん》として曰《いは》く、然《しか》る歟《か》。其《そ》れ然《しか》らざる歟《か》。果《はた》して然《しか》らば、敢《あへ》て尤《とが》めず。魚《うを》は我《われ》之《こ》れを受《う》けん。盤子《はんし》は用《よう》なし。携《たづさ》へ歸《かへ》りて、之《これ》を沽却《こきやく》し、用度《ようど》の裏《うち》に收《をさ》む可《べ》し。戒《いまし》めて斯《か》かる擧《きよ》を再《ふた》たびすること勿《なか》れと。

＊　＊　＊　＊　＊　＊

如水《ちよすゐ》の儉素《けんそ》や斯《か》くの如《ごと》し。而《しか》して好《この》みて平民的交《へいみんてきまじはり》を納《い》る。是《これ》を以《もつ》て筑豐《ちくほう》の間今《あひだいま》に至《いた》るまで如水《ちよすゐ》の書《しよ》を傳《つた》へ藏《ざう》するものを觀《み》るに概《おほむ》ね瓜《うり》・柿《かき》・或《あるひ》は蜜柑《みかん》の類《るゐ》の時果《じくわ》を享《う》け、喜《よろこ》びて饋者《くわいしや》に復《ふく》するの手《しゆ》束《かん》なり。若《も》し單直《たんちよく》に其人《そのひと》を評《ひやう》しなば、彼《かれ》は時代《じだい》の風潮《ふうてう》を受《う》けず卓出超絶《たくしゆつてうぜつ》したる大平民なり。

五十四　同

晝盜…‥旱の傘、夏の火鉢…‥犬死

如水《ちよすゐ》の質素《しつそ》儉約《けんやく》なる、一品《ぴん》の細《さい》も徒《いたづ》らに費《つひや》さず。一物《ぶつ》の微《び》も苟《いやし》くも與《あた》へず。單《たん》に是《これ》のみに觀《み》れば、其《そ》の吝嗇《りんしよく》に幾《ちか》きを疑《うたが》はしめたるも、一《ひと》たび部下《ほうか》の勤勞《きんらう》あり戰功《せんこう》ある者《もの》に會《くわい》すれば、賞與《しやうよ》の豐裕《ほうゆう》、毎《つね》に人意《じんい》の上《かみ》に出《い》づ。是《これ》を以《もつ》て衆《しゆう》歡《よろこ》びて、其用《そのよう》を爲《な》せり。而《しか》して一《ひと》たび大事《だいじ》を發《はつ》すれば、金穀《きんこく》を視《み》ること土塊《どくわい》の如《ごと》く、其《その》間毫《かんがう》も渣滓《ささい》を留《とゞ》めず。

＊　＊　＊　＊　＊　＊

如水《ちよすゐ》の部下《ほうか》に伊藤次郎兵衛《いとうじらうべゑ》といふ者《もの》あり。其人《そのひと》庸才《ようさい》、功《こう》の看《み》る可《べ》き無《な》きも、恪勤多年《かくきんたねん》、未《いま》だ曾《かつ》て懈怠《かいたい》せず。如水《ぢよすゐ》漸次《ぜんじ》に登用《とうよう》し祿《ろく》二百石《こく》に至《いた》れり。一日《じつ》次郎兵衞《じらうべゑ》入《い》りて見《まみ》ゆ。如水《ぢよすゐ》其面《そのおもて》を熟視《じゆくし》して曰《いは》く、爾《なんぢ》の顏色甚《がんしよくはなは》だ惡《あし》し。豈宿痾《あにしゆくあ》を抱《いだ》くに由《よ》る歟《か》。次郎兵《じらうべ》衞《ゑ》曰《いは》く、これある無《な》しと。左右《さいう》も亦之《またこれ》を保《ほう》す。如水莞爾《ぢよすゐくわんじ》として曰《いは》く、果《はた》して然《しか》らば、爾《なんぢ》の瘦癯《さうく》は平素《へいそ》膏粱《かうりやう》に飽《あ》かざるの致《いた》す所《ところ》ならん。我今更《われいまさら》に飯米《はんまい》を與《あた》ふ可《べ》しと。一書《しよ》を裁《さい》して之《これ》を投《とう》ず。披看《ひかん》すれば、五十石增賜《こくぞうし》の令狀《れいじやう》なり。次郎兵衞《じらうべゑ》感泣恩《かんきふおん》を謝《しや》して退《しりぞ》けり。

又平素《またへいそ》缺勤《けつきん》の士某《しそれがし》あり。如水之《ぢよすゐこれ》を召《め》し、叱《しつ》して曰《いは》く、吁此痴漢《あゝこのたはけ》爾白晝公盗《なんぢはくちうこうたう》の道《みち》を知《し》らざる歟《か》。自今以往《じこんいわう》、勉《つと》めて此盗心《このたうしん》を養《やしな》ふ可《べ》しと。某解《それがしかい》せず。囁嚅《せふじゆ》して曰《いは》く、臣下愚《じんかぐ》なりと雖《いへど》も、未《いま》だ盗《たう》竊《せつ》を學《まな》ばず。公今臣《こういましん》が用《もち》ふ可《べ》からざるを思《おも》ほし、去《さ》りて、盗《たう》たれと宣《のたま》ふ歟《か》と。如水《ちよすゐ》曰《いは》く、爾《なんぢ》の事理《じり》を解《かい》せざるも、亦甚《またはなは》だしい哉《かな》。爾平素《なんぢへいそ》彼伊藤次郎兵衛《かのいとうじらうべゑ》を見《み》ずや。彼元凡庸《かれもとぼんよう》、故《ゆゑ》に小祿《せうろく》を與《あた》へたるも、彼毫《かれがう》も怨色《ゑんしよく》あらず。是《これ》を以《もつ》て増俸《ぞうほう》二百石《こく》に至《いた》れば、彼《かれ》は益〻精勤《ますくせいきん》し、十年《ねん》實《じつ》に一日《じつ》の如《ごと》し。我其志《われそのこゝろざし》を嘉《よみ》し、之《これ》を褒賞《ほうしやう》せんと欲《ほつ》するも、功《こう》の特《とく》に錄《ろく》すべきものあらず。乃《すなは》ち前日事《ぜんじつこと》を飯米《はんまい》の不給《ふきふ》に託《たく》し、更《さら》に又《また》五十石《こく》を増賜《ぞうし》せり。我《われ》に在《あ》りては是《こ》れ晝盗《ひるねすびと》を蓄《たくは》へたるものに非《あら》ずや。我居常自《われきよじやうみづか》ら視《み》て、魯《ろ》なりと爲《な》さず。然《しか》も吾部下《わがほうか》に顧《かへり》みれば、我《われ》の晝盗《ひるねすびと》に乘《じよう》ぜらるゝ、獨《ひと》り次《じ》郎兵衛《らうべゑ》のみならず。今爾《いまなんぢ》に敎《をし》ふるものは、此《こゝ》に在《あ》り。爾其《なんぢそ》れ之《これ》を思《おも》へやと。諭《さと》し了《をは》りて哄笑《こうせう》焉《これ》を久《ひさ》し。

※　※　※　※　※　※

如水《ぢよすゐ》、長政《ながまさ》に敎《をし》へて曰《いは》く、諺《ことわざ》に『旱《ひでり》の傘《からかさ》、夏《なつ》の火《ひ》鉢《はち》』といふ語《ご》あり。炎上《えんじやう》に炎《えん》を増《ま》し、熱上《ねつじやう》に熱《ねつ》を加《くは》ふるの謂《いひ》なり。我《われ》年《とし》三十を過《す》ぎて、豁然貫通《かつぜんくわんつう》する所《ところ》あり。能《よ》く其炎《そのえん》に堪《た》へ、又能《またよ》く其熱《そのねつ》に忍《しの》ぶの覺悟《かくご》ありて、而《しか》る後《の》ち始《はじ》めて士心《ししん》を得《う》べく、三軍《ぐん》を用《もち》ゆ可《べ》きなりと。

＊　＊　＊　＊　＊　＊

又《また》曰《いは》く、時流《じりう》の士《し》動《や》もすれば人《ひと》の死《し》を指斥《しせき》して犬死といふ。然《しか》れども犬死を畏《おそ》れざる者《もの》に非《あら》ざれば、以《もつ》て善士となるを得《え》ず。又《また》大事に任ずるに足らずと。

日南《にちなん》曰《いは》く、跛公《はこう》の言《げん》、皆《みな》喫辛啖苦《しんたんく》の裏《うら》より來《きた》る。犬死歟《か》、犬死歟《か》、緣下の力持も亦《また》箇中《こちう》に在《あ》り。此意《このい》に悟入《ごにふ》する所《ところ》の者《もの》は、永《なが》く天下《てんか》の好漢《かうかん》たらん。

五十五　同

盗を宥免す……首と財とを保たしむ

其《その》身《み》戰國《せんごく》の世《よ》に生《うま》れ、戰鬪攻伐《せんとうこうばつ》の間《あひだ》に長《ちやう》じながら、高度《かうど》なる文《ぶん》明《めい》の氣象《きしやう》を有《いう》し、畢生《ひつせい》人道《じんだう》と離《はな》れざりしは、如水《ぢよすゐ》なり。嘗《かつ》て作《さく》事《じ》奉行《ぶぎやう》に命《めい》じ、新邸《しんてい》の建築《けんちく》を管《くわん》せしむ。會《たま〳〵》工人《こうじん》の木材《もくざい》を竊《ぬす》む者《もの》あり。奉行《ぶぎやう》之《これ》を縛《ばく》して、如水《ぢよすゐ》に稟告《りんこく》す。如水《ぢよすゐ》怒《いか》りて曰《いは》く、其罪《そのつみ》斬《ざん》に當《あた》れりと。命《めい》じて之《これ》を囚《しう》し、番兵《ばんぺい》を附《ふ》して監守《かんしゆ》せしむ。在《あ》ること數日《すうじつ》なれども、問《と》ふ所《ところ》あらず。所司《しよし》旨《むね》を請《こ》ひて曰《いは》く、罪《ざい》囚《しう》今《いま》尙《な》ほ監《かん》に在《あ》り。刎《くびは》ねて以《もつ》て刑《けい》を正《たゞ》す可《べ》き歟《か》と。如水《ぢよすゐ》叱《しつ》して曰《いは》く、痴漢《たはけ》等《ら》何《なに》をか言《い》ふや。爾等《なんぢら》人命《じんめい》の貴《たうと》きを知《し》らざる歟《か》。今《いま》其《その》盜《たう》の首《かうべ》を斷《た》つとも、木材《もくざい》復《ふく》す可《べ》きに非《あら》ず。盍《なん》ぞ其《その》盜《たう》を戒《いまし》め、再《ふた》び犯《をか》さば斬《き》る可《べ》きを嚴飭《げんしよく》し、而《しか》る後《のち》之《これ》を工事《こうじ》に用《もち》ひざる。盜《たう》や必《かな》らず再生《さいせい》の恩《おん》に感《かん》じ、勞《らう》を以《も》て罪《つみ》を補《おぎな》はんことを努《つと》む可《べ》し。我《われ》命《めい》じて盜《たう》を嚴禁《げんきん》し、數日《すうじつ》罪《つみ》を問《と》はざるものは、爾等《なんぢら》の來《きた》りて宥《いう》免《めん》を請《こ》ふ可《べ》きを期待《きたい》しつればなり。然《しか》るに慮《おもんぱか》り此《こゝ》に出《い》でず、却《かへつ》て刑《けい》の執行《しつかう》を迫《せま》る。爾等《なんぢら》人命《じんめい》を何《なに》とか思惟《しゐ》するや。且《か》つ其《そ》れ爾《なんぢ》等《ら》を奉行《ぶぎやう》に命《めい》ずるものは、豫《あらかじ》め盜脱《たうだつ》等《とう》を防《ふせ》がんが爲《ため》のみ。而《しか》して爾等《なんぢら》は職分《しよくぶん》を忽《ゆるがせ》にし、亡材《ばうざい》の失態《しつたい》を呈《てい》しながら、罪人《ざいにん》を出《いだ》して得《とく》々たり。斯《か》くの如《ごと》くば、奉行《ぶぎやう》何《なん》の要《えう》かある。爾等《なんぢら》宜《よろ》しく自《みづか》ら將來《しやうらい》を戒《いまし》むべしと。奉行《ぶぎやう》等惶懼《くわうく》、慙謝《ざんしや》して退《しりぞ》けり。

* * * * * * *

太閤《たいかふ》の代《よ》に、如水《ぢよすゐ》一年《ねん》京《きやう》に在《あ》り。部下《ほうか》の下士《かし》桂菊右衞門《かつらきくゑもん》といふ者《もの》、私《ひそか》に藩邸《はんてい》を出《い》でゝ、人家《じんか》に就《つ》き、賭博《とはく》の禁《きん》を犯《をか》して、徹宵《てつせう》樗蒲《ちよほ》を試《こゝろ》み、大《おほい》に金品《きんぴん》を羸《か》ち得《え》て、翌朝《よくてう》邸《てい》に歸《かへ》り來《きた》る途上《とじやう》、如《ちよ》水《すゐ》の早《はや》く聚樂《じゆらく》に出仕《しゆつし》するに邂逅《かいこう》せり。菊《き》右《く》衞《ゑ》倉皇《さうくわう》度《ど》を失《うしな》ひ、拜《はい》跪《き》して曰《いは》く、小臣《せうしん》の出《い》でたるは博奕《はくえき》の爲《ため》ならずと。如水《ぢよすゐ》聞《きこ》えざる爲《まね》して去《さ》れり。菊《き》右《く》衞《ゑ》室《しつ》に入《い》りて、前言《ぜんげん》の自白《じはく》に當《あた》れるに念《おも》ひ到《いた》り、悔恨《くわいこん》すれども、既《すで》に及《およ》ばず。同僚《どうれう》三五之《これ》を聞《き》きて、亦《また》其室《そのしつ》に聚《あつま》れり。頃刻《けいこく》にして如水《ちよすゐ》歸邸《きてい》し、菊《き》右《く》衞《ゑ》の同僚《とうれう》を召《め》す。皆《みな》謂《い》ふ菊《き》右《く》衞《ゑ》に切腹《せつぷく》の命《めい》下《くだ》るならんと。恐懼《きようく》して出《い》で候《こう》す。如水《ちよすゐ》曰《いは》く、我《われ》庭前《ていぜん》に墀牆《ちしやう》を遶《めぐ》らさんと欲《ほつ》す。爾等《なんぢら》助《たす》けて之《これ》を成《な》せと。衆《しゆう》始《はじ》めて憂慮《いうりよ》を釋《と》き、其事《そのこと》に從《したが》へり。一人《にん》あり、走《はし》り歸《かへ》りて菊《き》右《く》衞《ゑ》に報《はう》ず。菊《き》右《く》衞《ゑ》心《こゝろ》に鬼胎《きたい》を懷《いだ》きながら、亦《また》出《い》でゝ役《えき》に就《つ》く。作業《さげふ》終日《しうじつ》衆《しゆう》將《まさ》に散《さん》せんとす。如水《ちよすゐ》急《きふ》に菊《き》右《く》衞《ゑ》を人《ひと》なき處《ところ》に招《まね》き、低聲《ていせい》問《と》うて曰《いは》く、昨夜《さくや》爾《なんぢ》は何《いづ》れの家《いへ》に博戯《はくぎ》せしや。今朝《こんてう》爾《なんぢ》の狀《じやう》を瞥見《べつけん》したるに、大《おほい》に贏得《かちえ》たる物《もの》あるが如《ごと》し。所得《しよとく》果《はた》して幾何《いくばく》なりし歟《か》と。菊右衞《きくゑ》色《いろ》を失《うしな》ひ、其實《そのじつ》を白《はく》して、罪《つみ》を待《ま》つ。如水《ぢよすゐ》重《かさ》ねて曰《いは》く、爾《なんぢ》の贏得《えいとく》や甚《はなは》だ大《だい》なり。一《ひと》つには首《かうべ》を獲《え》、二《ふた》つには金《かね》を得《え》たり。自今《じこん》謹《つゝし》みて兩者《りやうしや》を愛護《あいご》す可《べ》し。再犯《さいはん》せん乎《か》。直《たゞ》ちに其首《そのかうべ》を喪《うしな》ふ可《べ》く、濫費《らんぴ》せん乎《か》、忽《たちま》ち其金《そのかね》を失《うしな》ふ可《べ》しと。菊右衞《きくゑ》感泣《かんきふ》して恩《おん》を謝《しや》し、歸《かへ》りて之《これ》を同僚《どうれう》に語《かた》り、永《なが》く正經《せいけい》の士《し》となれり。

五十六　同

明敏…神識…厚生　利用…特種の懲戒法

如水《じよすゐ》天性《てんせい》快活《くわいくわつ》にして、人《ひと》と交《まじ》はるに城府《じやうふ》を設《まう》けず。其《そ》の居《を》る處《ところ》は、嚴寒《げんかん》の候《こう》と雖《いへど》も、障屏《しやうへい》を開放《かいはう》し、來謁《らいえつ》する者《もの》あれば、目迎《めむか》へて、其人《そのひと》を呼《よ》び、近況《きんきやう》を問《と》ひ、希望《きばう》を質《たゞ》し、其間《そのかん》毫《がう》も芥滯《かいたい》あらず。

彼《かれ》又《また》賦性《ふせい》明敏《めいびん》にして、物《もの》を察《さつ》すること響《ひゞき》の聲《こゑ》に應《おう》ずるが如《ごと》きものあり。其《そ》の中津《なかつ》に在《あ》りし時《とき》、別業《べつげふ》を興《おこ》し、部下《ほうか》の士《し》手塚《てづか》久左《きうざ》衞門《ゑもん》といふ者《もの》をして作事《さくじ》奉行《ぶぎやう》に當《あた》らしむ。一日《じつ》如水《ぢよすゐ》客《かく》と碁局《ききよく》を圍《いこ》む。久左來《きうざきた》り見《まみ》え、工事《こうじ》を稟《りん》す。如水石《ぢよすゐいし》を手《て》にしながら、顧《かへり》みて何《なに》をか請《こ》ふと問《と》ふ。久左口訥《きうざこうとつ》、言《い》はんと欲《ほつ》して能《あた》はず。單《た》だ一再《さい》夕、、、といふ。如水笑《ぢよすゐわら》ひて曰《いは》く、夕、桷歟《たるきか》。桷足《たるきた》らずば、直《たゞ》ちに買取《かひと》りて工匠《こうしやう》に附《ふ》せよと。久左拜謝《きうざはいしや》して退《しりぞ》けり。

※　※　※　※　※　※

其人又神識《そのひとまたしんしき》あり。讖緯《しんゐ》の說《せつ》に惑《まど》はされず。其《そ》の戰陣《せんぢん》に臨《のぞ》むや、左右《さいう》日《ひ》の吉凶《きつきよう》を言《い》ふ者《もの》あれば、之《これ》を斥《しりぞ》けて曰《いは》く、我《われ》に凶日《きようじつ》ならば、敵《てき》にも亦凶日《またきようじつ》ならん。兵元《へいもと》凶事只將略《たゞしやうりやく》如何《いかん》と顧《かへり》みるのみと。豐後《ぶんご》征討《せいとう》に凶日《きようじつ》を以《もつ》て兵《へい》を出《いだ》したるが如《ごと》き、其《その》一なり。又此役《またこのえき》に彼《かれ》の乘用《じようよう》せし馬《うま》二頭《とう》あり。一を百會《もゝゑ》といひ、他《た》を矢負《やおひ》と呼《よ》べり。皆旋毛《みなせんまう》ありて、凶相《きようさう》を具《そな》ふ。人《ひと》の之《これ》を言《い》ふ者《もの》あり。主人《しゆじん》平《へい》然《ぜん》として曰《いは》く、我亦之《われまたこれ》を知《し》らざるに非《あら》ず。然《しか》れども妖《えう》は固《もと》より人《ひと》に勝《か》たず。我《われ》にして若《も》し無《ぶ》道《だう》ならば、亡《ほろ》ぶる此《この》馬《うま》を待《ま》たじ。幸《さいはひ》にして有《いう》道《だう》たらば、旋《せん》毛《まう》我《われ》に於《おい》て何《なに》かあらんと。

※　※　※　※　※　※

彼《かれ》は利用厚生を逸豫の間《あひだ》にも忘《わす》れず。又《また》懲罰の際《さい》にまで忽《ゆるかせ》にせず。居《きよ》常《じやう》間《かん》暇《か》あれば、人《ひと》を従《したが》へて河《か》海《かい》に遊《あそ》び、巨《きよ》網《まう》を投《とう》じて魚《うを》を漁《すなど》り、身《み》自《みづか》ら之《これ》を扶《たす》け、老《おい》に至《いた》るまで衰《おとろ》へず。其《その》間《かん》諸《しよ》士《し》をして游《いう》泳《えい》せしめ、以《もつ》て水《すゐ》練《れん》に習《なら》はしめたり。封《ほう》建《けん》の世《よ》を終《をは》るまで一藩《はん》寒《かん》素《そ》の士《し》が漁《ぎよ》獲《くわく》して家《か》計《けい》の助《たす》けと為《な》し、且《か》つ人《ひと》々《〴〵》游《いう》泳《えい》を能《よ》くしたるものは、是《これ》にこれ由《よ》りたるなり。

※　※　※　※　※　※

一年《ねん》夏《か》季《き》に、士《し》民《みん》より多《おほ》く甘《あぢ》瓜《うり》を献《けん》ず。如《ぢよ》水《すゐ》在《ざい》邸《てい》の士《し》をして之《これ》を分《ぶん》食《しよく》せしめ、諭《さと》して曰《いは》く、人《ひと》々《〴〵》其《その》皮《かは》を剝《へ》ぐ宜《よろ》しく厚かるべしと。一人《にん》曰《いは》く、剝《へ》ぐこと厚《あつ》ければ、食《くら》ふ可《べ》き分少《ぶんすくな》からんことを恐《おそ》る。主人《しゆじん》重《かさ》ねて曰《いは》く、之《これ》を食《くら》ふ何《なん》ぞ一顆《くわ》に限《かぎ》らん。二顆《くわ》三顆《くわ》皆其意《みなそのい》に委《まか》すのみと。乃《やが》て庖人《はうじん》に命《めい》じ、悉《ことごと》く剝棄《へぎす》てたる分《ぶん》を收《をさ》めて一槽《さう》に盛《も》り、鹽漬《しほづけ》にせしめらる。曰《いは》く、是《これ》あれば、僮僕《どうぼく》の食《しよく》に副菜《ふくさい》なきを憂《うれ》へじと。

* * * * * *

蒼頭《さうとう》に龍若《たつわか》といふ者《もの》あり。一日《じつ》惡戯《あくぎ》を爲《な》す。如水《ぢよすゐ》命《めい》じて之《これ》を柱《はしら》に縛《はく》す。左右《さいう》爲《ため》に謝《しや》せんと欲《ほつ》す。暫《しばら》くして如水《ぢよすゐ》一事《じ》を按出《あんしゆつ》し、龍若《たつわか》に謂《いつ》て曰《いは》く、郡宰某《ぐんさいそれがし》献瓜《けんくわ》の約《やく》あり。爾赴《なんぢおもむ》きて疾《と》く取來《とりきた》れと。縛《はく》を解《と》きて之《これ》を遣《や》る。龍奴喜《たつどよろこ》びて出《い》で、數時間《すうじかん》の後《のち》、瓜《うり》を負《お》ひて歸《かへ》り來《きた》れば、如水《ぢよすゐ》其《その》二三顆《くわ》を與《あた》へて之《これ》に喫《くら》はしむ。左《さ》右《いう》謂《おも》へらく主公《しゆこう》の怒釋《いかりと》け。宥免《いうめん》を賜《たま》ふと。何《なん》ぞ知《し》らん喫了《きつれう》すれば、再《ふた》び彼《かれ》を縛《ばく》せしむ。曰《いは》く灑掃《せいさう》、曰《いは》く開閉《かいへい》、復《ま》た解《と》き、復《ま》た縛《ばく》することと舊《きう》の如《ごと》し。三日《じつ》にして始《はじ》めて之《これ》を免《ゆる》せり。其言《そのげん》に曰《いは》く、縛《ばく》すること久《ひさ》しければ、其膚《そのはだへ》を傷《そこな》はん。擱《さしお》けば則《すなは》ち吾用《わがよう》を缺《か》く。傷《そこな》はず、擱《さしお》かず、罰《ばつ》其裏《そのうち》に在《あ》りと。

五十七　同

長政への遺訓……父子の優劣……草履一隻、下駄一隻

如水《ちよすゐ》漸《やうや》く病篤《やまひあつ》し。長政《ながまさ》を召《め》して語《かた》りて曰《いは》く、我《われ》熟〻《つらつら》父子《ふし》の際《さい》を思《おも》ふに、爾《なんぢ》の我《われ》に勝《まさ》れるもの五《いつ》つありて、我《われ》の爾《なんぢ》に勝《まさ》れるもの亦《また》二《ふた》つあり。我《われ》の故右府《こうふ》及故《およびこ》太閤《たいかふ》に事《つか》ふるや、旨《むね》に違《たが》ひて屏居《へいきよ》し

たる、前後《ぜんご》三回《くわい》、遂《つひ》には髮《はつ》まで削《けづ》れり。之《これ》に反《はん》して、爾《なんぢ》は故《こ》太《たい》閤《かふ》及《および》内府《ないふ》父子《ふし》に歴事《れきじ》し、未《いま》だ嘗《かつ》て一失《しつ》だにあらず。是《こ》れ爾《なんぢ》の我《われ》に勝《まさ》れる一《ひとつ》なり。我《われ》は多年《たねん》公事《こうじ》に勤勞《きんらう》しながら、食邑《しよくいふ》豐前《ぶぜん》の十八萬《まん》石《ごく》に過《す》ぎざるに、爾《なんぢ》は年壯《ねんさう》にして、早《はや》くも筑前《ちくぜん》の五十二萬《まん》石《ごく》に封《ほう》せらる。是《こ》れ爾《なんぢ》の我《われ》に勝《まさ》れる二《ふたつ》なり。我《われ》は畢生《ひつせい》兵革《へいかく》に從《じゆう》事《じ》したるも、未《いま》だ一《ひと》たびも手《て》に斬將搴旗《ざんしやうけんき》の功《こう》あらず。而《しか》も爾《なんぢ》は自《みづか》ら敵《てき》を取《と》りたる七八回《くわい》以上《じやう》に及《およ》べり。是《こ》れ爾《なんぢ》の我《われ》に勝《まさ》れる三《みつ》なり。由來《ゆらい》我《われ》の行動《かうどう》は輕卒《けいそつ》の譏《そしり》を免《まぬ》かれず。之《これ》に反《はん》して、爾《なんぢ》は事々《じゞ》愼重《しんちよう》に愼重《しんちよう》を加《くは》へ、思慮《しりよ》餘《あま》りあり。是《こ》れ爾《なんぢ》の我《われ》に勝《まさ》れる四《よつ》なり。最後《さいご》に我《われ》の男子《だんし》を擧《あ》げたるは、僅《わづか》に爾《なんぢ》一人《にん》のみなるに、爾《なんぢ》は忠之《たゞゆき》・長興《ながおき》・隆政《たかまさ》の三兒《じ》を擧《あ》げたり。是《こ》れ爾《なんぢ》の我《われ》に勝《まさ》れる五《いつ》なり。然《しか》れども我《われ》亦《また》自《みづか》ら言《い》ふ可《べ》きもの無《な》しとせず。若《も》し爾《なんぢ》不幸《ふかう》にして我《われ》に先《さき》だちて歿《ぼつ》すとも、麾《き》下《か》皆《みな》言《い》はん、如《ぢよ》水《すゐ》の在《あ》ることあり。吾曹《わがともがら》將《は》た何《なに》をか憂《うれ》へんやと。而《しか》して我《われ》今《いま》逝《ゆ》かば、其《そ》の老《らう》卒《そつ》と新《しん》撫《ぶ》とを問《と》はず、咨《し》嗟《さ》惋《ゑん》惜《せき》、或《あるひ》は爾《なんぢ》の棄《き》館《くわん》の際《さい》よりも甚《はなはだ》しきものあらん。卽《すなは》ち衆心を得る、爾《なんぢ》は我《われ》に如《し》かず。是《こ》れ其《その》一《ひとつ》。又《また》我《われ》聊《いさ》か天下の活機を知《し》れり。關《せき》ヶ原《はら》の役《えき》に、內《ない》府《ふ》、治《ぢ》部《ぶ》と相《あひ》持《ぢ》すること十旬《じゆん》に彌《わた》りなば、我《われ》九州《しう》中《ちう》國《ごく》の衆《しゆう》を擧《あ》げて東上《とうじやう》し、此《この》漁《ぎよ》夫《ふ》鷸《きつ》蚌《ぼう》の利《り》を制《せい》し、以《もつ》て大《おほい》に爲《な》す所《ところ》あらんと欲《ほつ》したるも、時《じ》運《うん》會《くわい》せず、素《そ》志《し》終《つひ》に一空《くう》に歸《き》したり。斯《か》くの如《ごと》き大《おほ》博《はく》奕《ち》、以《もつ》て時變に應ずるは、亦爾《またなんぢ》の我《われ》に如《し》かざる所《ところ》。是《こ》れ其《その》二《ふた》つ。今《いま》や則《すなは》ち吾《わが》事《こと》已《や》む。爾《なんぢ》宜《よろ》しく爾《なんぢ》の我《われ》に如《し》かざるものを省《せい》察《さつ》し、工《こう》夫《ふ》を此《こゝ》に用《もち》ふべきなりと。

更《さら》に左《さ》右《いう》を顧《かへり》みて、一紫《し》袱《ふく》を取《とり》來《きた》らしめ、出《いだ》して之《これ》を長《なが》政《まさ》に授《さづ》けて曰《いは》く、是《こ》れ吾遺物《わがゐぶつ》なりと。長政《ながまさ》拜受《はいじゆ》し、披《ひら》きて之《これ》を視《み》れば草履《ざうり》一隻《かた〳〵》、下駄《げた》一隻《かた〳〵》と及漆《およびぬり》椀《わん》一箇《こ》なり。長政《ながまさ》謹《つゝし》みて敎《をしへ》を請《こ》へば如水《じよすゐ》懇諭《こんゆ》して曰《いは》く、草履《ざうり》、下駄《げた》各《おの〳〵》其對《そのつゐ》あり。出行《しゆつかう》必《かなら》ず其對《そのつゐ》に於《おい》てする、是《こ》れ常道《じやうだう》なり。唯《たゞ》夫《そ》れ事變《じへん》の會《くわい》は、間《かん》、髮《はつ》を容《い》れず。若《も》し其時《そのとき》に際會《さいくわい》せば、草履《ざうり》一隻《かた〳〵》、下駄《げた》一隻《かた〳〵》、趕々《かん〳〵》走《はし》りて之《これ》に赴《おもむ》くに非《あら》ざれば、以《もつ》て其機に應ず可からず。大事《だいじ》を成《な》すは、箇中《こちう》に在《あ》り。爾《なんぢ》の思慮周密《しりよしうみつ》に過《す》ぐ。宜《よろ》しく之《これ》を思《おも》ふべし。又此《またこの》一椀《わん》太《はなは》だ麤《そ》なり。然《しか》も用《もち》ひて以《もつ》て飯《はん》を取《と》るに餘《あま》りあり。夫《そ》れ缺《か》く可《べ》からざるものは則《すなは》ち食にして、周《あまね》くすべからざるものは則《すなは》ち器なり。食《しよく》を足《た》し、又兵《またへい》を足《た》す、是《こ》れ則《すなは》ち經國《けいこく》の道《みち》なり。此椀《このわん》に觀《み》て、其用《そのよう》を察《さつ》し、奢侈《しやし》を斥《しりぞ》けて、儉素《けんそ》を尙《たつと》ばゝ、食常《しよくつね》に足《た》りて、兵《へい》も亦從《またしたが》ひて足《た》らん。

五十八　同

末期の狀態……殉死の停止……豫め死期を知る……太閤の如水評

如水《ぢよすゐ》疾《やまひ》に臥《ふ》せしより、其意《そのい》氣《き》平生《へいぜい》の寛裕《くわんゆう》に似《に》ず。事《こと》の少《すこ》しく意《い》に滿《み》たざるあれば、勃然《ほつぜん》として怒罵《どば》し、假借《かしやく》する所《ところ》あらず。左《さ》右之《いうこれ》を苦《くるし》みて、長政《ながまさ》に告《つ》ぐ。長政乃《ながまさすなは》ち小間《せうかん》を候《うかゞ》ひ、言《げん》を進《すゝ》めて曰《いは》く、此頃《このごろ》家君《かくん》の左右《さいう》を視《み》るに、畏懼《ゐく》自《みづか》ら安《やす》んぜざるの狀《じやう》あり。願《ねが》はくば少《すこ》しく寛待《くわんたい》を賜《たま》へと。如水點頭《ぢよすゐてんとう》して長政《ながまさ》を近《ちか》づけ、低《てい》聲之《せいこれ》に耳語《じご》して曰《いは》く、群下《ぐんか》平生《へいぜい》我《われ》に親《したし》みて、爾《なんぢ》を畏《おそ》る。我今狂《われいまきやう》勃《ほつ》なれば、衆皆《しゆうみな》爾《なんぢ》を思慕《しぼ》す可《べ》し。我の瞑目《めいもく》其《そ》れ遠《とほ》からじ。今日《こんにち》豫《あらかじ》め爾《なんぢ》が爲《ため》に素地《そち》を爲《な》すのみ。爾以《なんぢもつ》て憂《うれ》ふる勿《なか》れと。

黒田如水

古《こ》賀《が》侗《どう》菴《あん》之《これ》を評《ひやう》して、智《ち》者《しや》垂《すゐ》死《し》、猶《な》ほ其《その》智《ち》を弄《ろう》す。之《これ》を薑《きやう》桂《けい》の性《せい》老《お》いて愈《いよ〳〵》辣《らつ》なるに譬《たと》へん乎《か》といへり。雀《すゞめ》百歳《さい》まで踊《をどり》忘《わす》れず。如《ちよ》水《すゐ》軒《けん》入《にふ》道《だう》圓《ゑん》清《せい》在《あ》り。

＊　＊　＊　＊　＊　＊

既《すで》にして彼《かれ》の病《やまひ》革《あらた》まるや、枕《まくら》を欹《そばだ》てゝ遺《ゐ》言《げん》して曰《いは》く、世《せ》間《けん》往《わう》々《〳〵》主《しゆ》の爲《ため》に殉《じゆん》死《し》する者《もの》あり。忠《ちう》志《し》嘉《よみ》す可《べ》からざるに非《あら》ず。然《しか》れども人《ひと》一たび幽《いう》冥《めい》に入《い》る。天《てん》道《だう》・地《ぢ》獄《ごく》まで何《なん》ぞ從《じゆう》隷《れい》を用《おも》ひんや。宜《よろ》しく其《その》忠《ちう》志《し》を移《うつ》して、之《これ》を後《こう》主《しゆ》に盡《つく》すべし。人《じん》臣《しん》の道《みち》は此《こゝ》に在《あ》り。敢《あへ》て或《あるひ》は違《たが》ふこと勿《なか》れと。嚴《おごそ》かに命《めい》じて殉《じゆん》死《し》を禁《きん》止《し》せり。

＊　＊　＊　＊　＊　＊

性《せい》靈《れい》瑩《えい》徹《てつ》の人《ひと》は死《し》期《き》を未《み》然《ぜん》に知《し》ると云《い》ふ。如《ぢよ》水《すゐ》亦《また》其《そ》の一人《にん》歟《か》。彼《かれ》は永《えい》眠《みん》に先《さき》だつこと二十日《はつか》、其《その》死《し》期《き》を豫《よ》言《げん》せしが、果《はた》して其《その》言《げん》の如《ごと》し。慶長九年三月廿日、端然《たんぜん》として坐《ざ》し、福岡城内菟萊《ふくをかじやうないとらい》の地《ち》に逝去《せいきよ》せられたり。時《とき》に年《とし》五十九歳、法諡《はふし》は龍光院《りうくわうゐん》。十里《り》の松原《しようげん》崇福寺《そうふくじ》に葬《はふむ》る。喪《も》の一たび發《はつ》せらるゝや、闔藩《こうはん》の士《し》民《みん》之《これ》を哀傷《あいしやう》し、父母《ふぼ》を失《うしな》ふが如《ごと》くなりしと云《い》ふ。

＊　＊　＊　＊　＊　＊

太閤《たいかふ》世《よ》に在《あ》りし時《とき》、一日《じつ》左右《さいう》と語《かた》り、偶《たま〳〵》侯伯《こうはく》の品評《ひんぴやう》に及《およ》ぶ。太閤《たいかふ》意《い》を寛《くつろ》げて、問《と》うて曰《いは》く、我《われ》歿後《ぼつご》、誰《たれ》か天下《てんか》を掌握《しやうあく》せんと。左右《さいう》敢《あへ》て答《こた》ふる者《もの》なし。強《しひ》て問《と》へば、僉《みな》曰《いは》く、或《あるひ》は五大老《たいらう》中《ちう》に在《あ》らんと。太閤《たいかふ》頭《とう》を掉《ふる》ひて曰《いは》く、當《あた》らず。我《われ》の見《み》る所《ところ》を以《もつ》てすれば、跛子《ちんば》其《そ》れ庶幾《ちか》からん歟《か》。僉《みな》曰《いは》く、彼《かれ》や其祿《そのろく》十餘《よ》萬石《まんごく》。一中侯《ちうこう》に過《す》ぎず。何《なん》ぞ能《よ》く之《これ》に當《あた》らんやと。太閤《たいかふ》笑《わら》ひて曰《いは》く、爾《なんぢ》等《ら》未《いま》だ彼《かれ》を知《し》らざるに由《よ》るのみ。我《われ》嘗《かつ》て備中《びつちう》を徇《とな》ふ。會《たま〳〵》右府《うふ》の訃《ふ》至《いた》り、程《てい》を兼《か》ねて東上《とうじやう》し、勝龍寺《しようりうじ》に戰《たゝか》ひて、遂《つひ》に逆賊《ぎやくぞく》を取《と》めたる。概《おほむ》ね彼《かれ》の獻策《けんさく》に頼《よ》れり。爾後《じご》大事《だいじ》に臨《のぞ》み大難《たいなん》に會《くわい》し、往《わう》〻智《ち》竭《つ》き謀屈《はうくつ》し、氣息窒息《きそくちつそく》の時《とき》に當《あた》り、計《けい》を彼跛子《かのちんば》に問《と》へば坐決立斷《ざけつりつだん》、未《いま》だ嘗《かつ》て澁滯《じうたい》せしことあらず。而《しか》して其計屢〻吾意表《そのけいしば〳〵わがいへう》に出《い》づ。且《か》つ其《そ》の人《ひと》となり、剛毅《がうき》且《か》つ慧敏《けいびん》にして、人《ひと》を知《し》りて善《よ》く任《にん》ず。宏度深謀《くわうどしんぼう》、未《いま》だ其匹《そのひつ》を覩《み》ず。我《われ》に代《かは》らん者《もの》は、恐《おそ》らく彼跛子《かのちんば》ならん乎《か》と。太閤《たいかふ》果《はた》して然《しか》く此人《このひと》に許《ゆる》せしや否《いな》やを知《し》らざるも、亦以《またもつ》て如水《ぢよすゐ》一代《だい》の人物《じんぶつ》たりしを概見《がいけん》するに足《た》らん。

附録

黒田氏の家系

近江《あふみ》源氏《げんじ》は宇《う》多《た》天皇《てんわう》の皇子《くわうじ》敦實《あつざね》親王《しんわう》より出《い》づ。七世《せい》の孫《そん》佐《さ》々木《き》秀義《ひでよし》に至《いた》りて大《おほい》に顯《あら》はる。其家《そのいへ》世《よ》ゝ近江《あふみ》の守護《しゆご》たりしより、近江源氏の稱《しよう》あり。

秀義《ひでよし》五子《し》あり。長《ちやう》は定綱《さだつな》、次《つぎ》は經高《つねたか》、次《つぎ》は盛綱《もりつな》、次《つぎ》は高綱《たかつな》、次《つぎ》は義清《よしきよ》と爲《な》す。定綱《さだつな》の後裔《こうえい》正宗《せいそう》を承《う》け、累世《るゐせい》近江《あふみ》の觀音寺城《くわんおんじじやう》に治《ぢ》せり。其京邸《そのきやうてい》、六角《かく》に在《あ》りしを以《もつ》て、世《よ》に之《これ》を六角佐々木と稱《しよう》し、又單《またたん》に六角といふ。

同《おな》じく定綱《さだつな》の孫《そん》にして、氏信《うぢのぶ》別《べつ》に一家《か》を成《な》す。其《その》後裔《こうえい》の京邸《きやうてい》、京極《きやうごく》に在《あ》りしが故《ゆゑ》に、世《よ》に之《これ》を京極佐々木と呼《よ》び、又《また》單《たん》に京極」とも稱《しよう》せり。

秀義《ひでよし》・定綱《さだつな》・氏信《うぢのぶ》を經《へ》て、滿信《みつのぶ》に至《いた》り、二子《し》あり。長《ちやう》は宗氏《むねうぢ》、京極《きやうごく》氏《し》の系統《けいとう》を承《う》く。次《つぎ》は宗清《むねきよ》一に宗滿之《これ》を黒田《くろだ》氏《し》の祖《そ》先《せん》と爲《な》す。世《よ》々宗家《そうけ》六角《かく》佐《さ》々木《き》氏《し》に屬《ぞく》し、近江《あふみ》に居《ゐ》たり。

黒田氏と黒田

宗清《むねきよ》始《はじ》めて近江《あふみ》の伊香《いか》郡《ぐん》黒田《くろだ》に住《ぢう》せり。今は木之本村に屬せり由《よ》りて焉《これ》を氏《うぢ》とせり。黒田家譜、名跡記及貝原益軒の諸州巡

黒田《くろだ》氏《し》の所出《しよしゆつ》は此《こゝ》に在《あ》り。而《しか》して偶《たま》く同《どう》州《しう》阪田《さかた》郡《ぐん》にも亦《また》同名《どうめい》

の黒田村《くろだむら》あるを以《もつ》て、此地《このち》の出《しゆつ》かと疑《うたが》ふ者《もの》あれど、是《こ》れには非《あら》ず。又野史《またやし》に黒田氏《くろだし》の黒田《くろだ》を甲賀郡《かふがぐん》に在《あ》りといふ。最《もつと》も誤《あやま》れり。

然《しか》るに播磨鑑《はりまかゞみ》に、同州多可郡《どうしうたかぐん》の『領主《りやうしゆ》は黒田下野守重隆《くろだしもつけのかみしげたか》』といひ、『又《また》黒田家《くろだけ》多可郡黒田村《たかぐんくろだむら》の產《さん》と云《い》ふ。今《いま》九州《しう》の大名也《だいみやうなり》』といひ、又其由來《またそのゆらい》を詳記《しやうき》して、『宇多源氏《うたげんじ》の後胤黒田判官備前守《こういんくろだはんぐわんびぜんのかみ》高滿《たかみつ》が末葉《まつえふ》、下野守重隆《しもつけのかみしげたか》故有《ゆゑあつ》て當國多可郡黒田村《たうこくたかぐんくろだむら》に住《ぢう》す。嫡子《ちやくし》官兵衞孝高《くわんべゑよしたか》は姬路《ひめぢ》の城主《じやうしゆ》なり』といふより、又往々誤認《またわう〳〵ごにん》して此地《このち》と爲《な》す者《もの》あり。而《しか》も是《こ》れ黒田氏《くろだし》が備前《びぜん》の福岡《ふくをか》を大去《たいきよ》したる後《の》ち、三世《せい》播磨《はりま》に居《ゐ》たりしより、同州《どうしう》の黒田《くろだ》に附會《ふくわい》したるのみ。書中其祖《しよちうそのそ》を高滿《たかみつ》といひ、又重隆《またしげたか》多可郡《たかぐん》を領《りやう》せしといひ、又孝高《またよしたか》を重隆《しげたか》の嫡子《ちやくし》といひ、多可郡黒田村《たかぐんくろだむら》の產《さん》といふが如《こと》き、畢竟《ひつきやう》作者《さくしや》の揑造《ねつざう》のみ。

黑田氏と福岡　其一

宗清《むねきよ》六世《せい》の孫《そん》右近太夫《うこんのたいふ》高政《たかまさ》、永正《えいしやう》八年《ねん》山城《やましろ》船岡山《ふなをかやま》の戰《たゝかひ》に、軍令《ぐんれい》に違《たが》ひたる故《ゆゑ》を以《もつ》て。大將軍《たいしやうぐん》足利義植《あしかゞよしたね》の譴《けん》に遭《あ》ひたれば、備前《びぜん》に同族《どうぞく》加地氏飽浦《あくら》氏《し》等《とう》の在《あ》るに因《ちな》み、同州《どうしう》邑久郡《おほくぐん》福岡《ふくをか》の邑《いふ》に移《うつ》れり。黑田家譜 在《あ》ること十餘年《よねん》にして、大永《たいえい》三年《ねん》、高政《たかまさ》卒《そつ》す。家譜 墓《はか》は蓋《けだ》し福岡《ふくをか》に在《あ》らん。余が福岡探討記を參看す可し。高政《たかまさ》の第《だい》二子《し》を下野守《しもつけのかみ》重隆《しげたか》と爲《な》す。永正《えいしやう》五年《ねん》、近江《あふみ》の黑田《くろだ》の邑《いふ》に生《うま》る。幼《えう》にして父《ちゝ》に從《したが》ひて、福岡《ふくをか》に來《きた》る。父《ちゝ》の卒後《そつご》、家《いへ》を繼《つ》ぎ、尙《な》ほ此地《このち》に在《あ》り。浦上《うらかみ》村宗《むらむね》備前《びぜん》を横領《わうりやう》するに及《およ》び、其子《そのこ》職隆《もとたか》等《ら》を携《たづさ》へ、難《なん》を播磨《はりま》に避《さ》け、居《きよ》を姫路《ひめぢ》に徙《うつ》せり。家譜惟《おも》ふに浦上《うらかみ》村宗《むらむね》が其主《そのしゆ》赤松《あかまつ》政則《まさのり》を弑《しい》し、備前《びぜん》を奪《うば》ひたるは、大永二年なり。而《しか》して高政《たかまさ》の福岡《ふくをか》に卒《そつ》したるは、同三年にして、職隆《もとたか》の同地《どうち》に生《うま》れたるは、同四年家譜なり。是《これ》に由《よ》りて之《これ》を觀《み》れば、黒田氏《くろだし》の福岡《ふくをか》に住《ぢう》したるは、父子《ふし》通《つう》じて十餘年間なり。其《そ》の播磨《はりま》に徙遷《しせん》したるは、亦《また》此《この》大永年中に在《あ》らん。

黒田氏と福岡　其二

播磨《はりま》の人《ひと》福岡某《ふくをかそれがし》、其家《そのいへ》の系譜《けいふ》を副《そ》へて一書《しよ》を寄《よ》せ、問《と》うて曰《いは》く吾家《わがか》系《けい》も亦《また》近江《あふみ》源氏《げんじ》より出《い》で、中世《ちうせい》以降《いかう》備前《びぜん》の福岡《ふくをか》を領《りやう》し、世《よ》世《よ》其地《そのち》に在《あ》りしが、戰國《せんごく》の時《とき》領地《りやうち》を失《うしな》ひて、播磨《はりま》に遷《うつ》り、編戸《へんこ》に落《お》つ。而《しか》も家《いへ》世《よゝ》黒田氏《くろだし》と同族《どうぞく》たりと傳《つた》ふ。但《た》だ其系譜《そのけいふ》相合《あひあ》はず。知《し》らず果《はた》して同族《どうぞく》なるや。又孰《またいづ》れか正宗《せいそう》なるやと。我受《われう》けて其系譜《そのけいふ》を看《み》、頗《すこぶ》る吾《わが》史《し》趣味《しゆみ》を充《み》たし、又史實《またしじつ》に獲《う》る所《ところ》あり。今其系譜《いまそのけいふ》を按《あん》ずるに、其先《そのせん》佐《さ》々木《き》秀義《ひでよし》の三男《なん》盛綱《もりつな》より、信實《のぶざね》太郎と稱す。秀忠《ひでたゞ》を經《へ》て、秀實《ひでざね》、越後《ゑちご》蒲原郡《かんはらぐん》加治《かぢ》に住《ぢう》す。由《よ》りて加治氏を稱《しよう》す。又《また》七傳《でん》して盛一《もりかず》の時《とさ》、室町氏《むろまちし》より備前《びぜん》の福岡《ふくをか》を賜《たま》ひ、奥山城に居《を》れり。是《これ》より福岡氏《ふくをかし》とはなれりと云《い》ふ。乃《すなは》ち之《これ》を古《こ》書《しよ》に徴《ちよう》するに、越後《ゑちご》蒲原郡《かんはらぐん》賀《か》地《ぢ》郷《がう》（今は北蒲原郡に屬し加治村と稱す。）は加地又《また》加治とも記《しる》せり。盛綱の子信實、加地の庄を賜はり、加地太郎と稱《しよう》す。子孫繁衍《しそんはんえん》して、下《しも》越後《ゑちご》の名族《めいぞく》たり。（佐々木系圖、北越軍記、大日本史）而《しか》して加治氏《かぢし》の事《こと》は東鑑《あづまかゞみ》及《および》太平記《たいへいき》にも屢ゝ散見《しば〳〵さんけん》せり。福岡氏《ふくをかし》の系譜《けいふ》に秀《ひで》實《さね》に至《いた》りて、始《はじ》めて加《か》治《ぢ》氏《し》を稱《しよう》すと注《ちう》せるは、其《その》人《ひと》の最《もつと》も著《ちよ》名《めい》なりしに由《よ》り、然《しか》く傳《つた》へしならん。又《また》此《この》加《か》治《ぢ》氏《し》と備《び》前《ぜん》との關《くわん》係《けい》は、盛《もり》一《かず》を待《ま》ちて生《しやう》ぜしに非《あら》ず。北《ほく》朝《てう》の永《えい》和《わ》年《ねん》中《ちう》に、以《い》上《じやう》の加地の庄を鎌《かま》倉《くら》の圓《ゑん》覺《がく》寺《じ》に寄《き》進《しん》したる人《ひと》に、佐佐木備前々司時秀あり。圓覺寺古文書 時《とき》秀《ひで》は信《のぶ》實《ざね》の子《こ》なれば、恐《おそ》らく秀《ひで》忠《たゞ》の兄《けい》弟《てい》ならん。而《しか》して盛《もり》一《かず》に至《いた》り、福《ふく》岡《をか》を賜《たま》はり、奥山城に居《を》るといふもの、亦《また》前《さき》の縁《えん》故《こ》に由《よ》るものあらん。其《そ》の別《いは》謂《ゆる》奥山城は、奥の城を指《さ》すものならん。奥《おく》の城《しろ》は福《ふく》岡《をか》の庄《しやう》に在《あ》り。稻《いな》荷《り》山《やま》又《また》中《なか》島《じま》山《やま》の別《べつ》稱《しよう》あり。頓《とん》宮《ぐう》氏《し》及《および》赤《あか》松《まつ》氏《し》の族《ぞく》等《ら》の交《かは》る〳〵之《これ》に據《よ》りたる事《こと》あれば、福《ふく》岡《をか》氏《し》の據《きよ》治《ぢ》せしも、亦《また》此《こゝ》に在《あ》らん。但《たゞ》し奥山の語《ご》に就《つ》きても、亦《また》想《おも》ひ合《あ》はさるゝもの無《な》しとせず。北《ほく》越《ゑつ》加《か》治《ぢ》氏《し》の別《べつ》族《ぞく》に奥山鬼《おに》九郎《らう》資《すけ》國《くに》あり。城氏系圖 氏族志 奥の城を奥山城といふもの或《あるひ》は焉《これ》に因《ちな》める歟《か》。

故《ゆゑ》に黒田氏《くろだし》と福岡氏《ふくをかし》とは、等《ひと》しく近江《あふみ》源氏《げんじ》にして、等《ひと》しく佐々《さゝ》木氏《きし》の後裔《こうえい》たるも、黒田氏《くろだし》は京極佐々木の別家《べつけ》に屬《ぞく》し、福岡氏《ふくをかし》は加治佐々木の系統《けいとう》に屬《ぞく》せり。但《た》だ此《この》福岡氏《ふくをかし》の系譜《けいふ》見《あら》はれたるに由《よ》り、史實《しじつ》に一光明《くわうみやう》を加《くは》へたるは、黒田氏《くろだし》の中祖《ちうそ》右近大夫《うこんのたいふ》高政《たかまさ》が、備前《びぜん》に同族《どうぞく》加地氏《かちし》飽浦氏《あくらし》の在《あ》るに因《ちな》み、福岡《ふくをか》に移《うつ》られたる一事《じ》なり。譜家 即《すなは》ち往昔《わうせき》より佐々木家《さゝきけ》と備前《びぜん》とは關係《くわんけい》あり。之《これ》に加《くは》ふるに同宗《どうそう》加地佐々木氏の福岡《ふくをか》に在《あ》るあれば、之《これ》を賴《たよ》りて高政《たかまさ》の此《こゝ》に遷《うつ》られたるを知《し》れり。

因《ちな》みに飽浦氏も亦《また》備前《びぜん》佐々木氏《さゝきし》の一族《ぞく》、胤泰《たねやす》以來《いらい》兒島郡《こじまぐん》の飽浦《あくら》に住《ぢう》したれば、直《たゞ》ちに之《これ》を氏《うぢ》とはしたり。南朝《なんてう》の興國元年《こうこくぐわんねん》に、義兵《ぎへい》を擧《あ》げ、小豆島《せうどじま》に據《よ》りて、足利氏《あしかゞし》海路《かいろ》の策應《さくおう》を中斷《ちうだん》したる佐々木飽浦三郎左衛門尉信胤《らうざゑもんのじやうのぶたね》は其《その》裔《えい》なり。（太平記）子《し》孫《そん》世《よ》々、此《この》地《ち》に在《あ》り。後年《こうねん》宇喜多氏《うきたし》の時《とき》に、四千石《こく》を食《しよく》して、其家《そのいへ》に仕《つか》へたる飽浦美作《あくらみまさく》も、亦其系流《またそのけいりう》なり。（備前軍記）

黒田氏と姫路

姫路城《ひめぢじやう》は赤松圓心《あかまつゑんしん》の創始《さうし》する所《ところ》なり（野史）といふ。是《し》に幾《ちか》し。世《よ》々、其老臣小寺氏《そのらうしんこでらし》をして之《これ》を守《まも》らしむ。小寺氏《こでらし》も亦源氏《またげんじ》、其先《そのせん》黒田《くろだ》石原《いしはら》と同族《どうぞく》なり（野史）といふ。同《おな》じく赤松氏《あかまつし》老臣《らうしん》の一人浦上村宗《にんうらかみむらむね》が其主政則《そのしゆまさのり》を弑《しい》して備前《びぜん》を横奪《わうだつ》するに當《あた》り、小寺氏《こでらし》は尚心《なほこゝろ》を主家《しゆか》に寄《よ》す。黒田下野守重隆《くろだしもつけのかみしげたか》が其子職隆《そのこもとたか》等を携《たづさ》へて姫路《ひめぢ》に歸《き》したるは、蓋《けだ》し同族《どうぞく》に因《ちな》み、小寺氏《こでらし》に歸《き》したるなり。爾來重隆《じらいしげたか》は小寺《こでら》氏旗下《しきか》の一客將《かくしやう》として、相當《さうたう》の地位《ちゐ》を占《し》めけんは、天文《てんもん》二十年《ねん》三月《ぐわつ》、宗家《そうけ》六角義賢《かくよしざね》が大將軍《たいしやうぐん》足利義輝《あしかゞよしてる》を觀音寺城《くわんおんじじやう》に延請《えんせい》し、諸《しよ》將《しやう》と倶《とも》に各《おの〳〵》歌《うた》を献《けん》じたる中《うち》に、重隆《しげたか》亦《また》座《ざ》に在《あ》りて、一首《しゆ》を詠上《えいじやう》し、翌々《よく〳〵》二十二年《ねん》の冬《ふゆ》には、特使《とくし》を義賢《よしざね》の許《もと》に遣《つか》はして、候問《こうもん》の禮《れい》を行《おこな》へり。江源武鑑是等《これら》の事《じ》相《さう》に由《よ》りて察《さつ》す可《べ》し。

但《たゞ》し江源武鑑《こうげんぶかん》に當時《たうじ》重隆《しげたか》は備前《びぜん》赤坂郡《あかさかぐん》の福岡城《ふくをかじやう》に在《あ》りと註《ちう》せるは誤《あやま》りなり。

其後《そのご》重隆《しげたか》の事《こと》聞《きこ》える所《ところ》なし。豈《あに》老《らう》を告《つ》げて遲棲《ちせい》したりし歟《か》。其《その》人《ひと》は永祿《えいろく》七年《ねん》二月《ぐわつ》六日《か》、姫路《ひめぢ》に於《おい》て卒《そつ》せり。享年《きやうねん》五十七。法諡《はふし》は春光院善巖宗卜《しゆんくわうゐんぜんがんそうぼく》。同地《どうち》の心光寺《しんくわうじ》に葬《はふむ》れり。家譜

職隆《もとたか》、本名《ほんめい》は滿隆《みつたか》野史初《はじ》め兵庫助《ひやうごのすけ》と稱《しよう》す。父《ちゝ》に從《したが》ひて、姫路《ひめぢ》に來《きた》る。時《とき》に小寺《こでら》加賀守《かゞのかみ》政職《まさもと》は御着《ごちやく》の城《しろ》に治《ぢ》す。兵庫助《ひやうごのすけ》幼《えう》より之《これ》に

仕《つか》へ、恪勤職《かくきんしよく》に稱《かな》ふ。頻《しきり》に登庸《とうよう》せられて、老臣《らうしん》に列《れつ》し、姓諱《せいゐ》を授《さづ》けられて小寺美濃守《こでらみののかみ》職隆《もとたか》と改《あらた》む。家譜、舊記野史等思《おも》ふに職隆《もとたか》の重用《ぢうよう》此《こゝ》に至《いた》る、固《もと》より其《そ》の人《ひと》の才幹衆《さいかんしゆう》に超《こ》えたるにも由《よ》るべけれど一つには亦同族《またどうぞく》の關係《くわんけい》なしとせじ。或《あるひ》に政職《まさもと》、職隆《もとたか》を養《やしな》ひて義《ぎ》子《し》と爲《な》すと傳《つた》ふ。姫路城主歷代記亦偶然《またぐうぜん》に非《あら》じ。職隆乃《もとたかすなは》ち姫路城《ひめぢじやう》を守《まも》り、以《もつ》て其子官兵衛孝高《そのこくわんべゑよしたか》に及《およ》べり。故《ゆゑ》に當初《たうしよ》は姫路《ひめぢ》の城代《じやうだい》たりしも、後《のち》には嚴然《げんぜん》たる城主《じやうしゆ》となりたるなり。

職《もと》隆《たか》既《すで》に姫路《ひめぢ》の城主《じやうしゆ》となりたる後《のち》、其勢力《そのせいりよく》の尋常《じんじやう》ならざりけん事《こと》は、元龜元年《げんきぐわんねん》十月《ぐわつ》、六角義秀《かくよしひで》と織田信長《おだのぶなが》との戰《たゝかひ》に、職隆《もとたか》一軍《ぐん》を率《ひき》ゐ、入《い》りて宗家《そうけ》を助《たす》け、宇治川《うぢがは》の下流《かりう》に於《おい》て織田軍《おだぐん》の先鋒《せんぽう》を破《やぶ》り、斬首《ざんしゆ》八百七十二級《きふ》に及《およ》び、同《どう》二年《ねん》二月《ぐわつ》には傳家《でんけ》の寶刀《はうたう》を宗家《そうけ》に獻《けん》じて、誠意《せいい》を表《へう》したる等《とう》の事實《じじつ》江原武鑑に徵《ちよう》して、之《これ》を知《し》るに足《た》らん。孝高《よしたか》一に孝隆の姫路《ひめぢ》に生《うま》れたるは、天文《てんもん》十五年《ねん》十一月《ぐわつ》廿九日《にち》なり。長《ちやう》じて父《ちゝ》の箕裘《ききう》を繼《つ》ぎ、姫路《ひめぢ》の城主《じやうしゆ》たり。羽《は》柴《しば》筑前守《ちくぜんのかみ》秀吉《ひでよし》播磨《はりま》に主《しゆ》たりし後《の》ち、天正《てんしやう》八年《ねん》、城《しろ》を秀吉《ひでよし》に獻《けん》じて、山崎城《やまざきじやう》に移《うつ》るまで、父子《ふし》倶《とも》に姫路《ひめぢ》に在《あ》り。致城《ちじやう》の後《のち》も私邸《してい》は尚此《なほこゝ》に置《お》きたる可《べ》きは、天正十三年八月《ぐわつ》廿二日《にち》。宗圓入道職隆《そうゑんにふだうもとたか》、姫路《ひめぢ》に於《おい》て卒《そつ》し、其地《そのち》の心光寺《しんくわうじ》に葬《はふむ》る家譜もの、以《もつ》て證《しよう》とす可《べ》し。而《しか》して孝高《よしたか》の豊前中津《ぶぜんなかつ》に封《ほう》ぜられたるは、同十五年七月《ぐわつ》なり。故《ゆゑ》に播備兩州《はんびりやうしう》は黒田氏《くろだし》夙契《しゆくけい》の地《ち》、即《すなは》ち前《さき》に福岡《ふくをか》に在《あ》ること十餘年にして、後《のち》に姫路《ひめぢ》に住《ぢう》するもの亦《また》六十餘年、通《つう》じて七十七年の久《ひさ》しきに亙《わた》れり。兩州人士《りやうしうじんし》と黒田氏《くろだし》との關係《くわんけい》、一にして足《た》らざるものは、則《すなは》ち是《これ》を以《もつ》ての故《ゆゑ》なり。茲《こゝ》に其《その》一端《たん》を記《き》して、或《あく》問《もん》に答《こた》ふること爾《しか》り。

如水の年壽

如水《ぢよすゐ》の碑文《ひぶん》は、後嗣《こうし》長政《ながまさ》の命《めい》を受《う》け、僧《そう》玄蘇《げんそ》の草《さう》する所《ところ》なり。顧《おも》ふに當時《たうじ》長政《ながまさ》は如水《ぢよすゐ》の行狀《ぎやうじやう》を具《ぐ》して之《これ》を囑《しよく》したる可《べ》ければ、設《たと》ひ文中《ぶんちう》には溢美《いつび》の點《てん》なきにあらずとするも、前後《ぜんご》の干支《かんし》月日《げつじつ》には誤《あやまり》なかる可《べ》きの理《り》なり。然《しか》も如水《ぢよすゐ》壯歳《さうさい》の事《こと》を記《き》する、往々《わう〱》、時日に舛錯《しやうさく》を免《まぬ》かれず。蓋《けだ》し戰國《せんごく》の際《さい》には、家々《いへ〱》多《おほ》く記錄《きろく》を存《そん》せず。其人《そのひと》の行實《かうじつ》の如《ごと》き、口々《くち〱》に之《これ》を傳《つた》ふるのみ。是《これ》を以《もつ》て此《この》誤《あやまり》を貽《のこ》せり。故《ゆゑ》に貝原《かひばら》益軒《えきけん》の黒田家譜《くろだかふ》を修《をさ》むるや、博《ひろ》く古文書《こぶんしよ》に徵《ちよう》して、是正《しせい》する所《ところ》あり。それすら尚《な》ほ遺失《ゐしつ》あり。我《われ》の本篇《ほんぺん》を草《さう》し、又《また》年譜《ねんぷ》を作《つく》る、頗《すこぶ》る意《い》を此《こゝ》に致《いた》したり。

唯《た》だ如水《ぢよすゐ》の生死《せいし》に關《くわん》する時日《じじつ》に至《いた》りては、後嗣《こうし》長政《ながまさ》の記憶《きおく》に誤《あやまり》ある可《べ》きに非《あら》ず。碑上《ひじやう》の勒《ろく》する所《ところ》を正確《せいかく》と認《みと》む。之《これ》に據《よ》れば、『如水居士《ぢよすゐこじ》は天文《てんもん》十五年《ねん》丙午《へいご》冬《ふゆ》十一月《ぐわつ》二十九日《にち》に生《うま》る』。『慶長《けいちやう》九年《ねん》甲辰《かふしん》春《はる》三月《ぐわつ》念日《ねんじつ》辰刻《たつのこく》逝《せい》す。壽《ことぶき》五十又九也《なり》』といふ。而《しか》して玄《げん》蘇《そ》の此文《このぶん》を草《さう》する。其歳《そのとし》即《すなは》ち『慶長第《けいちやうだい》九暦《れき》龍集《りうしふ》甲辰《かふしん》端午《たんご》前《ぜん》一日《じつ》』と記《き》すれば、如水《ぢよすゐ》の享年《きやうねん》五十九たるや、亦明《またあきら》けし。

然《しか》るに藩翰《はんかん》譜《ふ》・國史《こくし》實錄《じつろく》に一たび逝年《せいねん》六十九と傳《つた》へしより、諸書《しよしよ》其誤《そのあやまり》を承《う》け、近《ちか》くは參謀《さんはう》本部《ほんぶ》の關《せき》ヶ原《はら》戰史《せんし》に當時《たうじ》諸將《しよしやう》の年齡表《ねんれいへう》を撰《せん》する、亦藩翰譜《またはんかんふ》に據《よ》りて之《これ》を推算《すゐさん》し、同《おな》じく其謬《そのあやまり》を重《かさ》ぬ。

蓋《けだ》し惟《おも》ふに、如水元來夙成《ぢよすゐぐわんらいしゆくせい》の人《ひと》、壯歳《さうさい》より其所爲《そのしよゐ》に客氣《かくき》を睹《み》ず。之《これ》に加《くは》ふるに、天正《てんしやう》十七年《ねん》以後《いご》老《らう》を告《つ》げ、文祿《ぶんろく》二年《ねん》に入《い》りては薙《ち》髮《はつ》して如水《ぢよすゐ》圓淸《ゑんせい》と號《がう》し、且《か》つ其《その》思《し》慮《りよ》老熟《らうじゆく》し、言《げん》行《かう》諸將《しよしやう》の表《へう》に在《あ》り。是《これ》を以《もつ》て人《ひと》其《その》老齡《らうれい》を想《おも》ひ、終《つひ》に此《こゝ》に至《いた》りしのみ。又《また》川《かは》角《かく》太《たい》閤《かふ》記《き》には、如本《ぢよすゐ》終焉《しうえん》の地《ち》を以《もつ》て伏見《ふしみ》と爲《な》し、長政《ながまさ》筑前《ちくぜん》より上省《じやうせい》し、遺《ゐ》訓《くん》を受《う》くるの事《こと》を載《の》す。是《こ》れ蓋《けだ》し如水《ぢよすゐ》の曾《かつ》て暫《しばら》く京洛《きやうらく》に寓《ぐう》居《きよ》したることあるを、後年《こうねん》長政《ながまさ》の京中《けいちう》に客逝《かくせい》したりしとに混《こん》じ、之《これ》に傳《でん》聞《ぶん》の如水《ぢよすゐ》遺《ゐ》訓《くん》をすら附會《ふくわい》し、且《か》つ之《これ》を敷《ふ》衍《えん》して、彼《かれ》が如《ごと》き謬傳《びやうでん》を播《ひろ》げしなり。抑《そもそも》川《かは》角《かく》太《たい》閤《かふ》記《き》は軍記《ぐんき》中《ちう》出色《しゆつしよく》の書《しよ》として、史《し》家《か》の多《おほ》く參《さん》稽《けい》するところ。それすら謬妄《びやうはう》斯《か》くの如《ごと》し。悉《ことごと》く書《しよ》を信《しん》ずれば、書《しよ》なきに若《し》かず。古《こ》人《じん》我《われ》を欺《あざむ》かず。又《また》世《せ》間《けん》に如水《ぢよすゐ》は慶長《けいちやう》九年《ねん》に歿《ぼつ》せず、存《そん》して元《げん》和《な》中《ちう》まで在《あ》り。秀《ひで》頼《より》の家康《いへやす》と兵《へい》を構《かま》ふるや、如水《ぢよすゐ》竊《ひそか》に大《おほ》阪《さか》に入《い》りて、軍事《ぐんじ》を節度《せつど》し、後藤《ごとう》基次《もとつぐ》の筑前《ちくぜん》を大去《たいきよ》して、同《おな》じく秀頼《ひでより》を助《たす》けたるが如《ごと》き一に如水《ぢよすゐ》の方寸《はうすん》より出《い》でたりと傳《つた》ふる者《もの》あり。是《こ》れ畢竟《ひつきやう》如水《ぢよすゐ》の機略縱橫《きりやくじゆうわう》にして、多《おほ》く奇計《きけい》を出《いだ》したるに由《よ》り、臆測妄想《おくそくはうさう》して、之《これ》を揑造《ねつざう》したりしのみ。其《そ》の齊東野人《せいとうやじん》の語《ご》たるや、辯《べん》をも待《ま》たず。

如水父子の羅馬字印

十六世紀《せいき》の中葉《ちうえふ》、基督敎《クリストけう》の始《はじ》めて吾國《わがくに》に傳來《でんらい》したりしより、一世《せい》は靡然《ひぜん》として之《これ》に嚮《むか》ひ、永祿中《えいろくちう》には織田信長《おだのぶなが》爲《ため》に京都《きやうと》に永祿寺《えいろくじ》後に南蠻寺と改む。を興《おこ》し、其敎義《そのけうぎ》益〻播《ますますひろ》がり、諸侯伯《しよこうはく》の之《これ》に改宗《かいしう》する者《もの》五十餘名に達《たつ》せしと云《いふ》。其盛況《そのせいきやう》想《おも》ふ可《べ》し。其後豐臣《そののちとよとみ》・德川《とくがは》兩氏《りやうし》相《あひ》次《つ》ぎて奉敎《ほうけう》の禁《きん》を布《し》きたれば、當時《たうじ》の史蹟《しせき》概《おほむ》ね堙滅《えんめつ》し、今日僅《こんにちわづか》に西史《せいし》に傳《つた》はりゝるものゝ由《よ》りて、其《その》一端《たん》を窺《き》知《ち》するのみ。如《ちよ》水《すゐ》の如《ごと》き、蓋《けだ》し亦《また》當年《たうねん》歸依《きえ》者《しや》の一人《にん》なり。

フィリッピン群島《ぐんたう》の首府《しゅふ》マニラのサン・セヴァスチャン寺記《じき》の一に節《せつ》曰《いは》く、

羽柴オーギァスチンは早《はや》く聖教《せいけう》を奉《ほう》じ、躬《み》親《みづか》ら人々《ひと〴〵》を勸誘《くわんいう》せしを以《もつ》て、名家《めいか》の新《あらた》に敎《をしへ》に入《い》る者《もの》十名《めい》に及《およ》べり。中《なか》に就《つ》き、其《その》門地《もんち》オーギュスチンに讓《ゆづ》らず、太閤樣《タイカフサマ》の眷顧《けんこ》を受《う》くること亦《また》彼《かれ》に劣《おと》らざる人《ひと》に、騎兵《きへい》大將《たいしやう》クデラあり。斯人《このひと》夙《つと》にジュスト高山友祥と友《とも》とし善《よ》く、其《そ》の幹旋《あつせん》に由《よ》りて改宗《かいしう》し、名《な》をシモン・クデラ(Simon Coudera)と稱《しよう》し、ジュストに則《のつと》りて、大《おほい》に其《その》德《とく》を修《をさ》めたり。

神父グーズマンの記事。

シモン・クデラの改宗《かいしう》に次《つ》ぎ、其《その》同胞《どうはう》サエモンドノも、亦《また》同《おな》じく聖教《せいけう》に入《い》れり。彼等《かれら》兄弟《けいてい》は筑後《ちくご》筑前の誤傳。の内《うち》、秋月《あきづき》・甘木《あまぎ》及其《およびその》他《た》の各處《かくしよ》に教會《けうくわい》を創立《さうりつ》したり。太閤樣《タイカフサマ》が弘教《こうけう》の禁令《きんれい》を布《し》くや、オーギュスチン及《および》シモンは大《おほい》に聖教《せいけう》の救護《きうご》に力《ちから》を盡《つく》し、神父等《しんぷら》を庇蔭《ひいん》給養《きふやう》する所《ところ》あり。以上神父ペドロ、モルジヨンの記事。と。

又《また》九州《しう》征《せい》討《とう》當時《たうじ》の狀《じやう》を記《しる》して曰《いは》く、

關白殿《クワンパクドノ》がシモ原註、日本の西部九州をシモといふ。九州征討《せいとう》の役《えき》を興《おこ》すや、其軍《そのぐん》に參加《さんか》したる重《おも》なる將軍《しやうぐん》には、クデラ・カムビヨヰドノ(Cou dera Quamvioyidono)オーギュスチン等《とう》あり。其他《そのた》の諸將中《しよしやうちう》にも、聖教《せいけう》を奉《ほう》ずる者尠《ものすくな》からず。是等《これら》の諸將《しよしやう》が軍旗《ぐんき》ゾ上《うへ》には、何《いづ》れも齊《ひと》しく十字架の徽章を用《もち》ひたり。同上神父の記事。と。

以上《いじやう》擧《あ》ぐる所《ところ》のクデラ・カムビヨヰドノは、即《すなは》ち小寺官兵衞殿にして、シモン・クデラは即《すなは》ちシモン小寺なり。サン・セヴァスチャン寺《じ》の古《こ》記《き》錄《ろく》や斯《か》くの如《ごと》し。而《しか》して今日《こんにち》黑田《くろだ》侯《こう》爵《しやく》家《け》に在《あ》る如水《ぢよすゐ》の手書《しゆしよ》に就《つ》き、鈐《きん》印《いん》の蹟《あと》に徴《ちよう》すれば、印《いん》の中央《ちうあう》亦《また》十字架を見《あらは》して、周圍《しうゐ》には、Simeo nJosui の羅馬《ローマ》字《じ》を刻《こく》せり。

シモンジヨスイ

黑田如水印

フランシスコ

大友宗麟印

クロナガマサ

黑田長政印

タダヲキ

細川忠興印

兩者《りやうしや》の吻合《ふんがふ》や斯《か》くの如《ごと》し。亦《また》以《もつ》て如水《ぢよすゐ》と基督敎《クリストけう》との關係《くわんけい》を概見《がいけん》するに足《た》らん。

按《あん》ずるに、Simon 即《すなは》ちシモンは基督《クリスト》十二徒弟《とてい》の一にして、同敎徒《どうけうと》の聖シモンとして崇尚《そうしやう》する所《ところ》なり。而《しか》して Simeon 即《すなは》ちシメオンは基督《クリスト》の從兄弟《じうけいてい》、或《あるひ》は兄弟《けいてい》と稱《しよう》せらる者《もの》にして、亦《また》同教徒《どうけうと》の聖シエモンとして尊敬《そんけい》する所《ところ》なり。從《したが》ひて後世《こうせい》何《いづ》れも基督《クリスト》教名《けうめい》の一となれり。彼《かれ》如水《ぢよすゐ》の稱《しよう》、西書《せいしよ》にはシモンと記《しる》して、印章《いんしやう》にはシエモンと刻《こく》す。由來《ゆらい》邦人《はうじん》甚《はなは》だ稱呼《しようこ》に拘々《かう〳〵》たらず。如水《ぢよすゐ》豈《あに》或時《あるとき》はシモンと稱《しよう》し、又《また》或時《あるとき》はシエモンと號《がう》したる歟《か》。

又吾《またわが》戰國《せんごく》時代《じだい》に於《お》ける金箔《きんぱく》着《つき》の基督《クリスト》教徒《けうと》大友《おほとも》宗麟《そうりん》の印蹟《いんせき》を看《み》れば、FCO の三羅馬字《ローマじ》を刻《こく》せり。是《こ》れ彼《かれ》が基督《クリスト》教名《けうめい》 Francisco 即《すなは》ちフランシスコの略符《りやくふ》なり。彼《かれ》と是《これ》とを合《あは》せ考《かんが》ふれば、如水《ぢよすゐ》の同《どう》教《けう》に對《たい》する感念《かんねん》の如何《いかん》、思《おも》ひ半《なかば》に過《す》ぐるもあり。而《しか》して長政《ながまさ》の手書下《しゆしよか》に、亦往々《またわう〳〵》乃父《だいふ》の印《いん》を襲用《しふよう》せるものあり。當時《たうじ》の簡易《かんい》サも亦觀《またみ》る可《べ》し。

但《たゞ》し長政《ながまさ》の自印《じいん》には別《べつ》に Kuro NGMS と刻《こく》せるものあり。是《こ》れ黒田長政の略符《りやくふ》なり。之《これ》と相匹《あひひつ》するものは、細川忠興《ほそかはたゞおき》の印歟《いんか》。其印上《そのいんじやう》には tada uoqui 即《すなは》ちタヾヲキと刻《こく》せり。如水《ぢよすゐ》の嫡《ちやく》、幽斎《いうさい》の嗣《し》、即《すなは》ち慶長元和《けいちやうげんな》の侯伯《こうはく》までは、尚《な》ほ此好奇《このかうき》の跡《あと》を看《み》る。是《こ》れ亦《また》十六世紀《せいき》に於《お》ける東漸文明《とうぜんぶんめい》の餘情《なごり》なる歟《か》。

黒田如水

附錄（二）

孝高年譜

天文一五　丙午　一歳　十一月廿九日孝高姫路ニ生ル。幼字ハ萬吉。長シテ官兵衛ト改ム。父ハ職隆、母ハ明石氏。父ト同シク小寺氏ヲ冒セリ。

天文一六　丁未　二歳

天文一七　戊申　三歳

天文一八　己酉　四歳　（此歳、フランソワ、ザヴイエー來ル。）（織田信長家ヲ嗣グ。）

天文一九　庚戌　五歳

天文二〇　辛亥　六歳

天文二一　壬子　七歳　一寺ニ就キテ書ヲ學ブ。

天文二二　癸丑　八歳

天文二三	甲寅 九歳	(毛利元就、陶晴賢ヲ滅ス。)
弘治元	乙卯 十歳	
弘治二	丙辰 十一歳	
弘治三	丁巳 十二歳	
永祿元	戊午 十三歳	
永祿二	己未 十四歳	十一月廿八日母明石氏卒ス。姫路ノ心光寺ニ葬ル。法諡性譽長壽。
永祿三	庚申 十五歳	
永祿四	辛酉 十六歳	
永祿五	壬戌 十七歳	始メテ地方ノ戰鬪ニ入ル。
永祿六	癸亥 十八歳	當時頗ル國風ニ耽ル。圓滿房ニ聽キテ、感悟スル所アリ。思ヲ韜略ニ潜ム。
永祿七	甲子 十九歳	二月六日祖父下野守重隆卒ス。歳五十七。姫路ノ心光寺ニ葬ル。法諡春光院善巖宗ト。
永祿八	乙丑 二十歳	
永祿九	丙寅 廿一歳	志方ノ城主櫛橋豊後守伊定ノ女ヲ娶リタル、蓋シ此前後ニ在ラン。

永祿一〇	丁卯 廿二歳	十二月三日長政生ル。幼字ハ松壽。長シテ吉兵衛ト稱ス。母ハ孝高ノ正室櫛橋氏。
永祿一一	戊辰 廿三歳	(此歳信長旗ヲ京師ニ建ツ。)
永祿一二	己巳 廿四歳	赤松下野守政秀ヲ姫路ノ西郊青山ニ破ル。
元龜元	庚午 廿五歳	(北條氏康卒シ、子氏政家ヲ嗣グ。)
元龜二	辛未 廿六歳	(毛利元就卒シ、孫輝元家ヲ嗣グ。)
元龜三	壬申 廿七歳	
天正元	癸酉 廿八歳	(足利氏亡ブ。) (武田晴信卒シ、子勝頼家ヲ嗣グ。)
天正二	甲戌 廿九歳	
天正三	乙亥 三十歳	小寺政職ニ勸メ、七月岐阜ニ使シ、款ヲ織田信長ニ納ル。
天正四	丙子 三十一歳	毛利軍ヲ播磨ノ英賀浦ニ破ル。
天正五	丁丑 三十二歳	長政質子トナリ、長濱ニ寘カル。羽柴秀吉ヲ迎ヘテ姫路城ニ容レ之ヲ奉ズ。時ニ秀吉四十一歳。

天正六	戊寅 三十三歳	佐用上月ノ兩城ヲ攻略ス。 三月三木城ノ攻圍ニ參加シテ、功アリ。 四月入リテ阿部城ヲ守リ、毛利氏ノ援軍ヲ破ル。 毛利氏ノ軍大ニ出ヅ。織田信忠、來リテ秀吉ヲ援ク。 宇喜多直家ニ說キ、織田氏ニ屬セシム。 十月攝津ノ伊丹ニ赴キ、荒木村重ニ說ク。村重ノ爲ニ有岡城ニ幽セラル。 職隆善ク姫路ヲ留守ス。 （此歲上杉輝虎卒シ、景勝家ヲ嗣グ。）
天正七	己卯 三十四歳	十一月有岡城陷落シ、孝高脫シテ歸ル。 （此歲六月竹中重治陣中ニ歿ス。時ニ年三十六。）
天正八	庚辰 三十五歳	此間姓ヲ黑田ニ復ス。 九月播磨揖東郡ノ內一萬石ヲ增賜セラレ、山崎城ニ居ル。
天正九	辛巳 三十六歳	秀吉大ニ姫路ニ築ク。 四國ニ入リテ、阿波ヲ徇フ。 長政歸リテ山崎城ニ入ル。

天正一〇	壬午 三十七歲	秀吉ノ參謀トシテ中國征討軍ノ帷幕ニ在リ。六月朔夜ノ本能寺變ニ接シ、秀吉ヲ佐ケテ、四日毛利氏ト媾和シ、東上ノ計ヲ決ス。 同月勝龍寺ノ戰ニ參加シテ、功アリ。
天正一一	癸未 三十八歲	二月賤ケ岳ノ戰ニ參加シテ、功アリ。
天正一二	甲申 三十九歲	中國劃界委員トナル。 七月播磨宍粟郡ヲ增封セラル。
天正一三	乙酉 四十歲	五月四國征討軍ノ監軍トナリ、秀次ヲ佐ケテ、到ル處ニ殊功アリ。終ニ四國ヲ平定ス。 八月廿二日、父美濃守職隆卒ス。歲六十二。姫路ノ心光寺ニ葬ル。法諡滿譽宗圓。 此歲七月、秀吉關白ニ任ズ。
天正一四	丙戌 四十一歲	勘解由次官ニ任ズ。 七月九州征討軍ノ監軍トナリ、毛利氏ノ軍ヲ催促シテ西下シ、頻ニ豐筑ヲ徇フ。長政亦從軍ス。
天正一五	丁亥 四十二歲	征討南軍ニ屬シ、島津氏ヲ壓シテ功アリ。 七月豐前ノ六郡十八萬石ニ封ゼラル。 此歲封內ニ土寇起ル。長政ト倶ニ之ヲ討平ス。

年號	干支・年齢	事蹟
天正一六	戊子 四十三歳	治ヲ中津ニ定ム。此春孝高出デ、肥後ノ土寇ヲ鎭ム。留守中、長政、宇都宮鎭房ヲ誘殺ス。
天正一七	己丑 四十四歳	孝高老ヲ告グ。長政ヲシテ封ヲ繼ガシム。六月長政甲斐守ニ任ズ。
天正一八	庚寅 四十五歳	關東征討ノ軍ニ從ヒ、北條氏政父子ヲ誘降シテ、功アリ。
天正一九	辛卯 四十六歳	名護屋ノ地ヲ巡見シ、行營ノ設計ヲ立ツ。長政造營奉行トナリ、十月二日工ヲ起シ、明年二月成ヲ告グ。此歳秀吉職ヲ秀次ニ讓リ、太閤ト稱ス。
文祿元	壬辰 四十七歳	三月征韓ノ軍發ス。孝高參謀長トシテ、名護屋ノ行營ニ在リ。長政一軍ヲ率ヰテ、彼岸ニ航ス。孝高亦訓令ヲ齎シテ京城ニ入リ、軍議ヲ定メ、七月本營ニ歸ル。
文祿二	癸巳 四十八歳	二月再航シテ、節度ヲ授ケ、暫ク東萊ニ在リ。淺野長政ト碁局ヲ圍ミ、石田三成ノ憤恚ヲ買ヒタルハ、此間ニ在リ。既ニシテ歸朝シ、太閤ノ怒ニ遭ヒ、薙髪シテ如水圓清ト號ス。
文祿三	甲午 四十九歳	

文祿四	乙未 五十歳	關白秀次ヲ諫メタルハ、此間ニ在リ。 七月秀次亡ブ。
慶長元	丙申 五十一歳	多ク京師ニ在リシガ如シ。
慶長二	丁酉 五十二歳	復タ彼岸ニ航シ、父子同ジク梁山ニ在リ。
慶長三	戊戌 五十三歳	如水梁山ニ留守シ、明軍ヲ擊退ス。 八月十八日、太閤薨ズ。如水父子前後ニ歸朝ス。
慶長四	己亥 五十四歳	長政早ク德川家康ニ屬ス。如水頗ル大體ヲ持ス。 此歳三月、前田利家亦薨ズ。
慶長五	庚子 五十五歳	春來中津ニ在リ。 六月六日、家康、保科正直ノ女ヲ養ヒテ、長政ニ嫁ス。 此月長政、家康ガ景勝征討ノ軍ニ屬シテ、東下ス。 九月九日、如水中津ヲ發シテ南征ス。 同十三日、如水ノ別軍、大友ノ軍ヲ石垣原ニ破ル。 同十五日、大友義統ヲ降ス。此日關ケ原ノ大戰モ亦決ス。 同廿二日、安岐城ヲ降ス。 十月二日富來城ヲ降ス。 同四日、臼杵城ヲ降ス。

慶長六	辛丑 五十六歳	同五日(?)香春城ヲ降ス。 同十四日、小倉城ヲ降ス。 此月角牟禮及日隈ノ二城ヲ降ス。 又久留米城ヲモ降ス。 同廿五日、柳河城ヲ降ス。 又日向ヲ節度ス。 次ギテ高瀬ニ到リテ兵ヲ收ム。 此月、長政筑前五十二萬三千石ニ封ゼラル。 此歳、如水モ亦長政ノ新封ニ就ク。 五月四日、上京シテ徳川家康ニ見エ、爵封辭ス。 此歳福岡城ヲ經始ス。七年ニシテ成レリ。
慶長七	壬寅 五十七歳	
慶長八	癸卯 五十八歳	此歳長政筑前守ニ任ズ。
慶長九	甲辰 五十九歳	三月二十日卒ス。福岡ノ東郊十里ノ松原崇福寺ニ葬ル。法諡龍光院。

黒田如水 終

明治四十四年四月廿八日印刷
明治四十四年五月一日發兌

黒田如水奥附

正價金壹圓五拾錢

不許複製

著者　福本誠

發行者　伊東芳次郎
東京市神田區鍛治町八番地

印刷者　山田英二
東京市小石川區久堅町百〇八番地

發行所　東京市神田區鍛治町八番地
電話本局八八四番
振替東京一七一番
東亞堂書房

特約大賣捌　東京神田表神保町　振替東京二七〇番　東京堂書店
名古屋市本町　振替東京五八〇一番　川瀬書店

特約大賣捌　大阪北渡邊町角　振替東京二八一三番　杉本梁江堂
久留米米屋町　振替福岡五〇五番　菊竹金文堂

（博文館印刷所梓行）

解説　「史論家」としての福本日南

石瀧豊美

福本日南は『英雄論』（東亜堂書房、一九一一）の自叙に「今や海内《かいだい》に英雄なし」と書いた。現代日本には英雄がいない、だから古今東西に英雄を求めるしかない。日南が英雄中の英雄とみたのがナポレオンと豊臣秀吉である。

勃拿破爾都《ボナパルト》冠《かむり》擲《なげう》ち去りしより百年《ももとせ》経たり秋風の前に

明治三十一（一八九八）年、数え年四十二歳の日南は欧州へ旅立った。パリ・ロンドン・ベルリンに滞在し、パリではナポレオンの墓前に額《ぬか》ずいた。事の優劣を問わないとすれば、日南の歴史観は「英雄史観」と言っても間違いではない。

さて、『黒田如水』は明治四十四（一九一一）年五月一日、東京の東亜堂書房から刊行された。私の持っているのは大正二（一九一三）年八月二十五日の五版だから、その売れ行きの好調なことがうかがわれる。同八年刊の『縮刷　英雄論』は日南の既刊三部作「英雄論」「黒田如水」「直江山城守」（一九一〇）を一冊に合したものである。

日南はベストセラー作家であり、『黒田如水』巻末に載せた『豊太閤』の出版予告（「起稿中」）で、東亜堂が「当代の文豪日南先生」と、「文豪」を冠して呼んだことは注意したい。ただ何らかの事情から『豊太閤』は大正三（一九一四）年に植竹書院から出された。

日南の業績は多方面にわたるが、その一分野として歴史上の人物の評伝がある。日南の最初の成果が、明治四十二（一九〇九）年刊行の『元禄快挙録』だ。「忠臣蔵」として知られる赤穂義士（赤穂浪士）の仇討ち事件を扱ったものだが、脚色されて真実から遠ざかっていると見た日南は、できうる限り同時代の史料を探索して史実に迫ろうとした。「快挙」とか「義士」という言葉はすでに一定の価値観を含むが、それにしても日南が四十七士ひとりひとりに生命力を吹き込み、個性を際立たせることに成功したのは認めてよい。

「九州日報」（後の「西日本新聞」の前身のひとつ）の主筆兼社長だった日南は、明治四十一（一九〇八）年八月に「元禄快挙録」の連載を始め、二九五回に及んだ。この年十二月十四日、すなわち討ち入りの日には、九州日報主催で博多における初の「義士会」が行われた。この延長上に大正五（一九一六）年二月、日南を創立委員長に中央義士会が設立され、十二月十四日に東京高輪泉岳寺で発会式を挙行してその幹事長になった。

この『元禄快挙録』の系譜に『直江山城守』『黒田如水』『元禄快挙真相録』『大石内蔵助』『豊太閤』『栗山大膳』『清教徒神風連』『堀部安兵衛』『大阪陣』『大阪城の七将星』などがある。日南は豊臣秀吉の詳細な伝記の執筆をライフワークと考えていたが、大正十（一九二一）年、志半ばで死去し、実現には至らなかった。

安政四（一八五七）年、日南は現在の福岡市中央区今川一丁目で生まれた。父福本泰風《やすかぜ》も、母の兄日高四郎も、平野国臣《くにおみ》と親交のある、福岡藩の勤王家だった。ことに国臣の家は日南の生家に近く、日南は幼児期に国臣と面識があった。日南は万葉調の歌を詠む歌人でもあるが、平野国臣の影響が色濃い。

幼児期から神童と呼ばれ、藩校修猷館に学んだ。明治九（一八七六）年、フランス法導入を前提として設置された司法省法学校に入学した。ここは全国の俊秀を選りすぐった学校だったが、学生騒動に巻き込まれて退学した。この時、行動を共にしたのが陸羯南《くがかつなん》、加藤恒忠《つねただ》（外交官）、国分青厓《せいがい》（漢詩人）、原敬（首相）らで、明治二十二（一八八九）年に新聞「日本」が創刊されると、陸羯南とともに日南も加わった。

日南が九州日報社長に迎えられたのは明治三十八（一九〇五）年。明治四十一（一九〇八）年には憲政本党から立候補して衆議院議員となった。翌年、九州日報社長を辞任。この時、雑賀《さいが》博《ひろ》愛《よし》、矢田挿雲《そううん》ら十一人が辞任し（連袂辞職）、雑賀・矢田らは上京してそれぞれに健筆をふるうことになる。日南の史論家としての活躍もこれ以降のことである。

黒田騒動を扱った『栗山大膳』（一九一五）の中で、日南は森鷗外を批判しながら、歴史叙述のあり方について述べている（「誤《あやまり》にも三種あり」）。後に行く程責任は重くなる。

・「古人の妄説《ぼうせつ》に誤られる」……（判断材料がなければ）やむをえない点もある。

・「古書を誤解して、誤りを世に伝へる」……精読が足りないことによる。

・「臆測して事実を捏造する」……歴史的小説となる。

日南は自らこの三種に陥ることを避けたので、信頼できる史料を吟味して用いる実証史学の立場に立っていることは間違いない。もちろん時代の限界はある。日南が見ることのできなかった史料を出して、現在の目で日南の誤りを指摘するのはアンフェアである。本書でも、日南は多くの史書を引用しながら、それが信頼できるかどうかを振り分けていく。たとえば一一〇頁では、あることを「妄伝《ぼうでん》も亦甚《またはなはだ》し」と否定し、別のことを「此記事実を得たり」と肯定する類いである。

黒田如水は諱《いみな》を孝高《よしたか》、通称を官兵衛《かんびょうえ》、キリシタンとしてはシメオン（十字架を中央に配した「Simeon Josui」（シメオン・ジョスイ）のローマ字印を用いた）、隠居後の名を如水《じょすい》という（日南によれば「如水軒」が正しい）。信長・秀吉・家康の三代に仕え、子・長政の代に福岡藩を開いた。それで初代藩主黒田長政に対し、如水は藩祖に位置づけられる。日南は「叙言」で「孝高の太閤に追随する廿余年、鱗甲首尾《りんこうしゅび》悉《ことごと》く露《あら》はる。……其規模固《もと》より太閤に及ばずと雖《いえど》も、亦裕《またゆう》に良優（良い俳優・役者）の域に入れるものあり。彼の意気、画策、言動、宛《えん》として太閤の小模型にあらざる無し」と述べている。秀吉と如水を重ね合わせているわけである。日南は『栗山大膳』の中でこう述べていた。

惟《おもん》みれば、国人《こくじん》の戦闘に強き、国史ありて以来、未だ元亀《げんき》、天正、文禄、慶長の間の如くなるはあらず。六雄並び興り、八将交《こもごも》見《あら》はる。豈啻《あにただ》六雄八将のみならんや。苟《いやしく》も干戈《かんか》を執りて起《た》つ者は、一夫《いっぷ》、一卒の末に至るまで、謂ふ所の金革《きんかく》を衽《しとね》にし、死して悔いざるもの、唯此時を然りと為す。

問題は六雄八将とは誰かだ。日南と同時代の読者には自明だったのか、何の説明もなく通り過ぎる。安土・桃山時代の英雄一四人を数えたのは、幕末水戸藩の儒学者青山延光《のぶみつ》だ。日南はこの箇所で、嘉永元（一八四八）年刊行の青山著『六雄八将論』を下敷きにした。六雄は上杉謙信、武田信玄、北条早雲、毛利元就、織田右府（右府は右大臣を指し、信長のこと）、豊臣太閤（太閤は前関白を指し、秀吉のこと）、八将は蒲生氏郷《がもううじさと》、佐々成政《さっさ》、小早川隆景、加藤清正、加藤嘉明《よしあき》、黒田如水、前田利家、伊達政宗を言う。青山によって、黒田如水は安土・桃山時代を代表する武人とみられていたわけである。

日南は言う。「今日一藩閥の力を頼みて、天下の民を疎外し、国勢の振興を思はざる者、如水に睹《み》て其れ愧死《きし》す可きのみ」（一七四〜五頁）

現代の政治家は如水の生涯を省み、恥を知って死ぬべきである、と述べた。歴史に関する日南の著作には常に現代への批評・渇望が隠されている。それが「史論家」と評されるゆえんか。

福岡市文学館選書 1

黒《くろ》田《だ》如《じょ》水《すい》

著者 福本《ふくもと》日南《にちなん》

発行日 2013年11月20日 第1刷発行
2013年12月7日 第2刷発行
企画・編集 福岡市文学振興事業実行委員会
発行 福岡市文学館
〒814-0001 福岡市早良区百道浜3丁目7番1号
電話 092-852-0606
制作・発売 有限会社海鳥社
〒810-0072 福岡市中央区長浜3丁目1番16号
電話 092-771-0132
FAX 092-771-2546
http://www.kaichosha-f.co.jp
印刷・製本 大村印刷株式会社
デザイン 長谷川義幸 office Lvr

ISBN978-4-87415-899-9
［定価は表紙カバーに表示］